21世纪交通版高等学校教材

Introduction to Intelligent Transportation System

智能运输系统(ITS)概论

（第二版）

黄 卫 路小波 编著

人民交通出版社

内 容 提 要

智能运输系统(ITS)是目前国际公认的解决交通拥挤、改善行车安全、提高运行效率、减少空气污染等的有效途径。本书全面系统地介绍了智能运输系统的基本概念、基本构成、规划方法,详细讨论了城市信号控制系统、车辆定位与导航系统、高速公路管理系统及电子收费等ITS应用系统中的理论与关键技术。

本书是国内第一部关于智能运输系统的书籍,内容丰富,取材新颖,可作为高等院校交通信息工程及控制、交通运输规划与管理、道路与铁道工程、载运工具运用工程等交通运输工程类专业及相关专业本科生、研究生的参考教材,也可供智能运输系统等相关领域的研究人员、工程技术人员和管理人员参考。

图书在版编目(CIP)数据

智能运输系统(ITS)概论/黄卫,路小波编著.—2版.—北京:人民交通出版社,2008.7

ISBN 978-7-114-07203-1

I.智… II.①黄…②路… III.公路运输—交通运输管理—自动化系统 IV.U495

中国版本图书馆CIP数据核字(2008)第079402号

书　　名:21世纪交通版高等学校教材
　　　　　智能运输系统(**ITS**)概论(第二版)
著 作 者:黄　卫　路小波
责任编辑:沈鸿雁　刘永超
出版发行:人民交通出版社
地　　址:(100011)北京市朝阳区安定门外外馆斜街3号
网　　址:http://www.ccpress.com.cn
销售电话:(010)59757973
总 经 销:人民交通出版社发行部
经　　销:各地新华书店
印　　刷:北京盈盛恒通印刷有限公司
开　　本:787×1092　1/16
印　　张:13.5
字　　数:333千
版　　次:1999年9月　第1版
　　　　　2008年7月　第2版
印　　次:2018年1月　第2版　第3次印刷　　总第7次印刷
印　　数:14501-15500册
书　　号:ISBN 978-7-114-07203-1
定　　价:24.00元

21世纪交通版
高等学校教材(公路与交通工程)编审委员会

总　序

当今世界，科学技术突飞猛进，全球经济一体化趋势进一步加强，科技对于经济增长的作用日益显著，教育在国家经济与社会发展中所处的地位日益重要。进入新世纪，面对国际国内经济与社会发展所出现的新特点，我国的高等教育迎来了良好的发展机遇，同时也面临着巨大的挑战，高等教育的发展处在一个前所未有的重要时期。其一，加入 WTO，中国经济已融入到世界经济发展的进程之中，国家间的竞争更趋激烈，竞争的焦点已更多地体现在高素质人才的竞争上，因此，高等教育所面临的是全球化条件下的综合竞争。其二，我国正处在由计划经济向社会主义市场经济过渡的重要历史时期，这一时期，我国经济结构调整将进一步深化，对外开放将进一步扩大，改革与实践必将提出许多过去不曾遇到的新问题，高等教育面临加速改革以适应国民经济进一步发展的需要。面对这样的形势与要求，党中央国务院提出扩大高等教育规模，着力提高高等教育的水平与质量。这是为中华民族自立于世界民族之林而采取的极其重大的战略步骤，同时，也是为国家未来的发展提供基础性的保证。

为适应高等教育改革与发展的需要，早在 1998 年 7 月，教育部就对高等学校本科专业目录进行了第四次全面修订。在新的专业目录中，土木工程专业扩大了涵盖面，原先的公路与城市道路工程，桥梁工程，隧道与地下工程等专业均纳入土木工程专业。本科专业目录的调整是为满足培养"宽口径"复合型人才的要求，对原有相关专业本科教学产生了积极的影响。这一调整是着眼于培养 21 世纪社会主义现代化建设人才的需要而进行的，面对新的变化，要求我们对人才的培养规格、培养模式、课程体系和内容都应作出适时调整，以适应要求。

根据形势的变化与高等教育所提出的新的要求，同时，也考虑到近些年来公路交通大发展所引发的需求，人民交通出版社通过对"八五"、"九五"期间的路桥及交通工程专业高校教材体系的分析，提出了组织编写一套 21 世纪的具有鲜明交通特色的高等学校教材的设想。这一设想，得到了原路桥教学指导委员会几乎所有成员学校的广泛响应与支持。2000 年 6 月，由人民交通出版社发起组织全国面向交通办学的 12 所高校的专家学者组成 21 世纪交通版高等学校教材(公路类)编审委员会，并召开第一次会议，会议决定着手组织编写土木工程专业具有交通特色的**道路专业方向、桥梁专业方向以及交通工程专业**教材。会议经过充分研讨，确定了包括**基本知识技能培养层次、知识技能拓宽与提高层次**以及**教学辅助层次**在内的约 130 种教材，范围涵盖**本科与研究生用**教材。会后，人民交通出版社开始了细致的教材编写组织工作，经过自由申报及专家推荐的方式，近 20 所高校的百余名教授承担约 130 种教材的主编工作。2001 年 6 月，教材编委会召开第二次会议，全面审定了各门教材主编院校提交的教学大纲，之后，编写工作全面展开。

21 世纪交通版高等学校教材编写工作是在本科专业目录调整及交通大发展的背景下展开的。教材编写的基本思路是：(1)顺应高等教育改革的形势，专业基础课教学内容实现与土木工程专业打通，同时保留原专业的主干课程，既顺应向土木工程专业过渡的需要，又保持服务公路交通的特色，适应宽口径复合型人才培养的需要。(2)注重学生基本素质、基本能力的培养，为学生知识、能力、素质的综合协调发展创造条件。基于这样的考虑，将教材区分为二个主层次与一个辅助层次，即基本知识技能培养层次与知识技能拓宽与提高层次，辅助层次为教学参考用书。工作的着力点放在基本知识技能培养层次教材的编写上。(3)目前，中国的经济发展存在地区间的不平衡，各高校之间的发展也不平衡，因此，教材的编写要充分考虑各校人才培养规格及教学需求多样性的要求，尽可能为各校教学的开展提供一个多层次、系统而全面的教材供给平台。(4)教材的编写在总结"八五"、"九五"工作经验的基础上，注意体现原创性内容，把握好技术发展与教学需要的关系，努力体现教育面向现代化、面向世界、面向未来的要求，着力提高学生的创新思维能力，使所编教材达到先进性与实用性兼备。(5)配合现代化教学手段的发展，积极配套相应的教学辅件，便利教学。

教材建设是教学改革的重要环节之一，全面做好教材建设工作，是提高教学质量的重要保证。本套教材是由人民交通出版社组织，由原全国高等学校路桥与交通工程教学指导委员会成员学校相互协作编写的一套具有交通出版社品牌的教材，教材力求反映交通科技发展的先进水平，力求符合高等教育的基本规律。各门教材的主编均通过自由申报与专家推荐相结合的方式确定，他们都是各校相关学科的骨干，在长期的教学与科研实践中积累了丰富的经验。由他们担纲主编，能够充分体现教材的先进性与实用性。本套教材预计在二年内完全出齐，随后，将根据情况的变化而适时更新。相信这批教材的出版，对于土木工程框架下道路工程、桥梁工程专业方向与交通工程专业教材的建设将起到有力的促进作用，同时，也使各校在教材选用方面具有更大的空间。需要指出的是，该批教材中研究生教材占有较大比例，研究生教材多具有较高的理论水平，因此，该套教材不仅对在校学生，同时对于在职学习人员及工程技术人员也具有很好的参考价值。

21世纪初叶，是我国社会经济发展的重要时期，同时也是我国公路交通从紧张和制约状况实现全面改善的关键时期，公路基础设施的建设仍是今后一项重要而艰巨的任务，希望通过各相关院校及所有参编人员的共同努力，尽快使全套21世纪交通版高等学校教材(公路类)尽早面世，为我国交通事业的发展做出贡献。

21世纪交通版

高等学校教材(公路类)编审委员会

人民交通出版社

2001年12月

前　言

改革开放以来，我国国民经济快速发展，交通基础设施建设初具规模。截至2007年底，公路通车总里程达358.37万公里，其中高速公路总里程达5.39万公里，以高速公路为主的全国干线公路网络初具规模，初步缓解了交通在经济建设中的瓶颈制约。

随着经济发展、交通量的持续增加，尽管修建了大量的交通设施，但交通拥挤状况仍十分严重，交通事故高发。国内外实践经验表明，单纯依靠修建道路设施和采用传统的管理方式难以有效解决交通问题。电子、计算机和控制等信息技术的发展，为解决交通问题提供了新的思路。解决交通问题不仅应修建更多的交通基础设施，而且更应采用先进技术对道路交通进行更有效的控制与管理，提高交通的机动性、安全性，最大限度地发挥现有道路系统的效率，智能运输系统（Intelligent Transportation Systems，简称ITS）是提高道路交通效率和安全性、解决交通问题的有效方法。智能运输系统是将先进的信息技术、传感器技术、控制技术、人工智能等综合运用于交通运输、服务和车辆制造，加强车辆、道路、使用者三者之间的联系，从而形成一种实时、准确、高效的综合运输系统。实践证明，智能运输系统是解决当前交通拥堵、交通事故频发和环境污染等的有效途径。

与欧美、日本等发达国家相比，我国的交通状况比较复杂，智能运输系统的研究、开发和实践起步较晚。如何学习、借鉴发达国家在智能运输系统方面的经验，结合我国国情，加速我国智能运输系统的研究、开发和实施，是面临的一个新课题。东南大学教育部智能运输系统工程研究中心是一个跨学科的研究机构，一直从事ITS项目的研究、开发和工程实践工作。为了推进我国ITS的研究、开发和工程实践，结合我们从事ITS的研究、实践经验，并收集、整理了国外资料，作者在20世纪90年代末编写出版了国内第一部ITS领域的著作《智能运输系统（ITS）概论》一书，希望能推动我国ITS学科的建立和发展。

《智能运输系统（ITS）概论》一书出版以来，ITS得到迅速发展，一些研究人员和高校教师结合研发工作和授课需求，对本书的修改提出了好的建议。作者结合近年来东南大学教育部智能运输系统工程研究中心的研究工作，以及国内外智能运输系统研究的最新成果，对《智能运输系统（ITS）概论》一书进行了修订。全书由两大部分组成，第一部分包括第一章至第四章，主要阐述智能运输系统的基本概念、基本构成及规划方法，使读者了解智能运输系统的概貌、ITS主要解决什么问题及解决问题的思路；第二部分包括第五章至第八章，主要介绍智能运输系统的典型应用，讨论实际应用中的ITS理论与关键技术，包括城市信号控制系统、车辆定位与导航系统、高速公路管理系统、电子收费系统，为读者从事ITS研究工作提供技术基础。

本书可作为本科高年级学生和研究生的教材，也可作为从事ITS研究开发的技术人员和交通管理工作者的参考书。作为本科生教材，可选用第一部分内容，并根据具体情况，选择第二部分的部分内容；作为研究生教材，可讲授全部内容，或以第二部分内容为主，简要介绍第一部分内容。

本书由黄卫教授主编，路小波参加第一章至第三章、第五章至第八章的编写，陈里得参加

第八章的编写，柴干参加第四章的编写。路小波教授协助黄卫教授做了统稿工作。作者的研究生朱周、魏运、钟琨等参加了资料收集和部分章节的编写工作。在本书的编写过程中，参考引用了国内外相关文献，在此表示衷心感谢。

智能运输系统所涉及的学科门类众多，加之作者学识水平有限，书中难免有不当之处，敬请读者批评指正。

作者

2008 年 5 月于东南大学

目　　录

第一章 绪 论

第一节 概 述

一、 智能运输系统的概念

智能运输系统(Intelligent Transportation Systems，ITS)是当代信息社会的产物,它的产生极大地提高了人们的出行效率和安全性,也提高了社会效益。下面对智能运输系统的概念及其名称演变作一介绍。

1.智能运输系统的概念

目前对智能运输系统没有一个统一的定义,美国《ITS手册2000》对智能运输系统的定义是:ITS由一系列广泛的用于运输网络的先进技术以及为出行者所提供的服务所组成,又名"运输通信",ITS技术是基于信息、通信和集成三大核心特征。ITS的核心为信息的采集、处理、集成以及信息的提供。无论在提供交通网络的实时交通信息方面,还是计划在线旅行信息方面,ITS技术都能够使管理者、运营者和个体出行者得到很好的出行信息,更加协调以及给出更加智能的交通决策。

美国运输工程师学会(Institute of Transportation Engineer,ITE)给出的定义:智能运输系统是把先进的检测、通信和计算机技术综合应用于汽车和道路而形成的道路交通运输系统。

日本汽车道路交通智能化协会(Vehicle Road and Traffic Intelligence Society,VERTIS)给出的定义:智能运输系统是运用最先进的信息、通信和控制技术,即运用"信息化"、"智能化"解决道路交通中的交通事故、交通堵塞和环境破坏等各种问题的系统,是人、车、路之间接收和发送信息的系统。

我国有些交通工程学者给出的定义:智能运输系统是在关键基础理论模型研究的前提下,把先进的信息技术、通信技术、电子控制技术及计算机处理技术等有效地综合运用于地面交通运输体系,从而建立起的一种大范围、全方位发挥作用,实时、准确、高效的交通运输系统。

综合国内外对ITS的定义,结合当今ITS的发展状况及作者从事ITS研究、实践的经验,本书给出ITS的定义如下:在较完善的道路设施基础上,将先进的信息技术、计算机技术、通信技术、传感器技术、控制技术、人工智能等综合运用于交通运输、服务和车辆制造,加强了车辆、道路、使用者三者之间的联系,从而形成的一种实时、准确、安全、高效的综合运输系统。

下面对ITS定义做几点解释:

(1)ITS既不是传统的交通运输工程也不是信息技术的简单叠加,而是运用信息技术改善道路交通运输的一项复杂的系统工程。

(2)ITS的运作是建立在各种交通运输信息共享的基础上,通过对这些信息的采集、融合与提炼,达到对交通流的控制与诱导等功能,使出行者由被动地遵守交通管制,变为主动地选择出行方式。因此,先进的交通管理系统与先进的出行者信息系统是ITS的基础。

(3)形成准时、高效的综合运输系统,实现车辆自动化与公路自动化是 ITS 的最终目的。

从 ITS 的定义看出,ITS 是通过信息通信技术,将人、车、路联系起来,通过提高道路的使用效率以及减轻出行者的负担来达到其"保障安全、提高效率、改善环境、节约能源"的目标。ITS 的概念如图 1-1 所示。

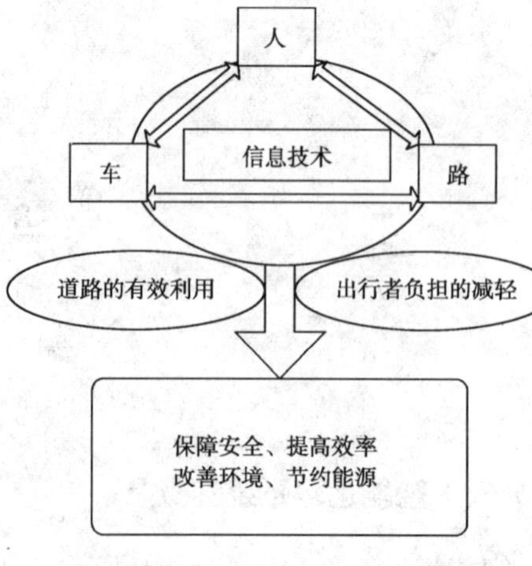

图 1-1　ITS 系统概念图

2. 智能运输系统名称的变迁

智能运输系统发展的早期,世界上各个发展智能运输系统的国家没有一个统一的名称,同时各国对于道路交通的研究集中于具体的技术层面,各种名称大都体现于一种先进的技术。美国、日本、欧洲的智能运输系统研究走在了世界的前列,在世界各国的相互交流中促进了智能运输系统的发展,也带来了智能运输系统名称的变迁。智能运输系统(Intelligent Transport Systems,ITS)这个名称是日本最先于 1990 年提出的,但当时并未得到公认。

在日本,有关智能运输系统的活动曾经称为路车间通信系统(Road/Automobile Communication Systems,RACS)、先进的机动车交通信息和通信系统(Advanced Mobile Traffic Information and Communication System,AMTICS)、通用交通管理系统(Universal Traffic Management System, UTMS)、先进的道路交通系统(Advanced Rood Traffic System,ARTS)、超级智能车辆系统(Super Smart Vehicle System,SSVS)和先进的安全车辆(Advanced Safety Vehicle,ASV)。

在欧洲,最初称为道路运输信息技术(Road Transport Information,RTI),后来又称为先进的运输技术(Advanced Transport Technology,ATT)。

在美国,智能运输系统起初称为智能车－路系统(Intelligent Vehicle－Highway Systems,IVHS)。

1994 年春,为了筹备在日本横滨召开的第二届智能运输系统世界大会,日本道路交通车辆智能化推进协会(Vehicle,Road and Traffic Intelligence Society,VERTIS)提出采用简洁、中立的名称"ITS(Intelligent Transport Systems)"的建议,得到了欧美的赞成。美国 IVHS 组织(IVHS AMERICA)也于 1994 年 9 月更名为 ITS AMERICA。至此,智能运输系统(ITS)这一名称才逐步被世界各国接受。

二、智能运输系统的起源与发展

ITS 的产生起源于汽车和公路交通运输的发展。随着汽车普及率的提高和公路交通需求的增加,交通拥挤问题日益突出,公路和城市道路运输的效率受到制约。为解决这一矛盾,各国纷纷加大了道路建设的力度。与此同时,为缓解新建道路在土地占用和建设资金等方面的压力,提高现有道路、公路网络的运输能力和运输效率,成为解决交通运输问题的另一重要途径。

1. ITS 发展的背景和动力

(1)道路交通面临的问题

20 世纪六七十年代,世界经济发展进入了一个高速增长期。汽车数量急剧增加导致已有的道路远不能满足经济发展的需要，交通状况日益恶化。为了解决交通拥挤问题，必须修建足够的道路。但是由于道路建设资金的不足，以及道路用地的困难，道路里程的增长速度往往落后于汽车增长的速度，交通问题依然很突出。人们不断尝试许多新方法来提高道路的通行能力。例如，改进道路信号控制、采用道路可变信号、在交通高峰期通过改变车道的方向等。事实证明，这些措施在一定程度上缓解了交通拥挤状况。但这些方法是针对预先建立的交通模式而制定的，并不能对交通拥挤做出实时的动态反应，也不能根据具体情况迅速改变交通处理准则。很多学者和工程技术人员也注意到：在交通高峰时期，城市道路系统和高速公路系统并不是都发生交通堵塞，有相当一部分道路仍然很畅通，于是他们设想，如果能及时地将道路网的交通信息通知驾驶员，并提示他们可以绕行那些路段，则道路网的资源就可以得到充分利用。换句话说就是将交通高峰时期的车辆，有效地分布在道路网中，尽量缩短人们的出行时间，实现这一想法的途径就是充分利用高速发展的电子信息技术，于是他们不断扩大研究、开发和试验的范围，充分利用系统的观点，对运输系统进行重新审视，导致了智能运输系统(ITS)的诞生。

在20世纪60年代末期，美国开始智能运输系统方面的研究。之后，日本、欧洲等国家和地区也相继进行相关研究和开发，经过30余年的发展，美国、日本、欧洲已经成为世界ITS研究的三大基地。此外，澳大利亚、加拿大、韩国、中国等国家的ITS研究也具有相当规模。

(2)智能运输系统发展的理论基础

进入20世纪80年代之后，计算机技术、信息技术、通信技术、电子控制技术等有了飞速的发展。人们意识到利用这些新技术把车辆、道路、使用者紧密结合起来，不仅能够有效地解决交通拥挤问题，而且对交通事故的应急处理、环境保护、能源的节约等都有显著的效果。同时，在研究这一问题的过程中，科学家们发现，如果将电子信息技术引入运输系统，不但可以解决交通拥挤问题，而且对交通安全管理、交通事故的处理和救援、客货运输管理、高速公路收费系统等方面都会产生巨大的影响，因此ITS发展到今天，其理论研究和诸多学科息息相关，这些学科涉及通信、信息、计算机、人工智能、管理科学、行为科学、控制科学、交通运输以及系统科学等，这些学科构成ITS的理论基础。

2. ITS世界大会

智能交通世界大会(ITS world congress)由区域性的三大智能运输系统组织(日本ITS协会、美国ITS协会及欧洲ITS协会，即ITS JAPAN、ITS AMERICA及欧洲ERTICO)于1994年联合倡议而创立，于每年的秋季在北美、亚太和欧洲三个地区轮流举办。经过十多年的发展，ITS世界大会已成为一个真正国际性的行业盛会，是目前国际ITS领域规模最大、影响力最为广泛的国际性ITS会议。世界ITS大会几乎涉及了智能交通的所有领域，包括智能车路系统、地理信息系统、车辆导航产品、车载终端系统、出行者信息系统、公共交通管理、交通运营管理系统、交通信号设备及系统、通信系统、商业车辆应用、监控设备、电子收费设备、智能卡技术、系统设计和集成技术、原厂设备制造及备用零件产品、安全系统，以及其他促进ITS构想变成现实的产品、系统和创新观念等等。

1993年，美国智能车路协会(IVHS)(Intelligent Vehicle－Highway Society)在其年会上提出了召开ITS会议的倡议，并建议在欧洲、亚洲和美国轮流举行。

1994年11月至12月，由欧洲道路运输通信技术应用协调组织ERTICO(European Road Transport Telematics Implementation Coordination Organization)负责在法国巴黎召开了第一届ITS世界大会(当时称ATT & IVHS世界会议)，3 000多人出席了大会，发表会议论文近500篇。法国交通运输部长、日本驻法大使、美国驻法大使作了讲演。

1995年11月，在日本横滨召开了第二届ITS世界大会，会议由日本道路交通车辆智能化推进协会VERTIS主办。日本的皇子及多国驻日本大使出席会议并作了讲演。会议共发表论文近500篇，40多个企业和组织参加了展览会的展出。总参加人员达到3 400多人。

1996年10月，由ITS AMERICA在美国佛罗里达的奥兰多召开了第三届ITS世界大会，来自37个国家的约5 000人参加了会议。

1997年10月，第四届ITS世界大会在德国柏林召开。参加人数约为5 000人，有189家厂商和组织参加了展览。

1998年10月，第五届ITS世界大会在韩国汉城召开。

1999年11月8日至11月12日在加拿大多伦多召开的第六届ITS世界大会，致力于加强各地区ITS技术交流，寻求广泛的合作机会，并强调国际间发展ITS应遵循的公约。

2000年11月在意大利的都灵举办了第七届ITS世界大会，共有来自世界各地的3 400多代表注册参加了学术会议，2 300多人注册参加展览会，来访者超过1 600人。

2001年10月在澳大利亚的悉尼举行第八届ITS世界大会，共有来自世界各地的3 800多名代表参加了大会或参观了展览会，其中有2 100多人注册参加全部会议。与大会同时举行的展览会展出面积为15 000m²，参展商超过170多个。

2002年10月中旬在美国第三大城市芝加哥举行了第九届ITS世界大会，本届大会的主题为——智能交通点亮生活(ITS：enriching our lives)。

2003年11月16日至20日在西班牙的马德里召开了第十届ITS世界大会，大会的主题是“今天和明天的解决方案”(Solutions for Today and Tomorrow)。各国的政府、组织、企业和专家对大会给予了高度的关注，有来自75个国家的6 270名代表参加了大会。在本届会议上，全体委员一致同意2007年的第十四届ITS世界大会在中国北京举行。

2004年10月18日至24日在日本的名古屋召开了第十一届ITS世界大会，共有130个国家和地区的1000余家企业派出代表团出席会议或参展，参会人员达5 000余人，大会共举办专题技术交流100余场次，技术观摩150余场次，会议参观人数逾10万。

2005年11月6日至10日在美国旧金山举行第十二届ITS世界大会，本届大会的主题为“让交通拥有更多选择(Enabling Choices in Transportation)”。本次大会的参会人员超过7 000人。

2007年10月9日至13日第十四届ITS世界大会在中国北京举行，大会的主题是“智能交通创造美好生活”。

历届ITS世界大会举办国家和时间如表1-1所示。

ITS世界大会举办国家和时间 表1-1

序号	时间(年)	国家	城市	序号	时间(年)	国家	城市
第一届	1994	法国	巴黎	第八届	2001	澳大利亚	悉尼
第二届	1995	日本	横滨	第九届	2002	美国	芝加哥
第三届	1996	美国	奥兰多	第十届	2003	西班牙	马德里
第四届	1997	德国	柏林	第十一届	2004	日本	名古屋
第五届	1998	韩国	首尔	第十二届	2005	美国	旧金山
第六届	1999	加拿大	多伦多	第十三届	2006	英国	伦敦
第七届	2000	意大利	都灵	第十四届	2007	中国	北京

3. 世界 ITS 发展综述

20 世纪 60 年代末期，美国就开始了智能运输系统方面的研究，之后，欧洲、日本等也相继加入这一行列。经过几十年的发展，美国、欧洲、日本成为世界 ITS 研究的三大基地。目前，另外一些国家和地区的 ITS 研究也有相当规模，如澳大利亚、韩国、新加坡、中国、中国香港等。可以说，全球正在形成一个新的 ITS 产业，难以计数的大小项目正在开展，发展规模和速度惊人，以“保障安全、提高效率、改善环境、节约能源”为目标的 ITS 概念正在逐步形成。下面对美国、日本、欧洲以及中国的智能运输系统(ITS)发展历程作简要介绍。

(1)美国 ITS 发展历程

20 世纪 60 年代后期，美国开始了 ITS 的第一个项目——电子路径引导系统(Electronic Route Guidance System，ERGS)。这可能是世界上最早的 ITS 研究开发活动，尽管当时的研究者并没有意识到这一点，而且当时也没有 ITS 这一称呼。美国早期的项目和试验是由各州或各城市分别进行的。

20 世纪 80 年代后期，加利福尼亚交通部门研究的驾驶员寻路系统(PATH FINDER)获得了成功。同时，在 1987 年，许多对 ITS 活动有兴趣的人员成立了一个非正式团体——Mobility 2000。Mobility 2000 成功地使国家把注意力集中到许多正在进行的 ITS 项目上。1989 年，由于 Mobility 2000 的努力，有关支持 IVHS 计划发展的一系列文件获得通过。

1990 年 8 月，美国成立了智能化车辆道路系统组织(即 IVHS AMERICA：Intelligent Vehicle-Highway Society of America)。IVHS AMERICA 是美国运输部(USDOT)的一个顾问委员会，其组织成员和它的技术委员会由联邦政府、州政府、地方政府的代表以及企业与学术机构的代表组成。IVHS AMERICA 的主要任务之一是向运输部门提供有关 IVHS 计划的需求、目标、目的、计划及进展等。IVHS AMERICA 于 1994 年更名为 ITS AMERICA(Intelligent Transportation Society of America)。1991 年美国国会通过了“综合地面运输效率法案”(ISTEA：Intermodal Surface Transportation Efficiency Act)，希望利用高新技术和合理的交通分配提高整个路网的效率。ISTEA 的主要内容就是实施智能运输系统，并确定由美国交通运输部负责全国的 ITS 发展工作，并在以后的 6 年中由政府拨款 6.6 亿美元，进行 ITS 的研究。之后，美国的 ITS 研究就从以前的以州政府或地方政府为主的方式进入到以联邦政府宏观指导调控、共同投资发展的方式。为此，美国联邦公路局在全美建立了 3 个 ITS 研究中心，中心的经费由联邦政府和地方共同提供。1996 年初联邦运输部对 ITS 的发展又提出了新的要求，“建立全国性的智能运输基础设施(ITI)以节省交通时间，减少伤亡事故，提高全国人民生活质量”，具体规定出交通信息管理、紧急事故响应、旅行信息等 9 个子系统作为该计划的基本构成，明确了到 2001 年的发展目标。1997 年又完善了《综合地面运输效率法案》为《综合运输法》(ISTEAⅡ)，对如何采用先进技术以提高运输网络的效能做了相应规定。1998 年又制定了《面向 21 世纪的运输平衡法案》(TEA-21，the Transportation Equity Act for the 21st Century)，TEA-21 和 ISTEA 这两部道路交通建设法案从立法的高度统一规划 IVHS/ITS 的发展，制定投资计划。1996 年 1 月，美国交通运输部部长 PENA 宣布了于 2006 年在美国 75 个大都市实施综合的城市 ITS 基础设施的目标，1997 年，这个目标被新上任的交通运输部部长 SLATER 再次认可，并且扩大至 78 个大都市。

2001 年美国“9.11”恐怖袭击事件的发生引发了美国交通界人士的反思，并于 2002 年 1 月发布了“美国十年 ITS 项目计划”。

(2)日本ITS发展历程

1973年,由日本通商产业省投资80亿日元,进行了日本第一个ITS项目——机动车综合控制系统(CACS:Comprehensive Automobile Control System)。CACS的重点在开发和测试一种车载动态路线指示系统。通过研究,于1977年到1978年6月间,在东京大约90个道路交叉口设置了该装置,并在1 330辆机动车上安装了路线诱导装置。这个试验的规模和时间跨度在世界各ITS项目中是屈指可数的。20世纪80年代上半期,日本着重于CACS的继续深化和成果的转化应用。警察厅经过近10年的工作准备,成立了日本交通管理技术协会(JTMTA:Japanese Traffic Management Technology Association),负责研究开发机动车信息和控制系统(ATICS:Automobile Traffic Information and Control System),包括交通信号控制、交通信息的收集提供、交通数据库的研究。与此同时,建设省和通商产业省进行了路车间通信和车车间通信的进一步研究。

20世纪80年代后半期,智能运输系统的研究活动迅速发展。代表项目有建设省研究的路车间通信系统(RACS:Rood/Automobile Communication System),警察厅下属的日本交通管理技术协会(JTMTA)开发的先进的机动车交通信息和通信系统(AMTICS:Advanced Mobile Traffic Information and Communication Systems)。

进入20世纪90年代,在政府、产业界、学术界进行研究、开发的基础上,ITS活动进入实用阶段。运输省、警察厅、通产省、邮政省、建设省开展了一系列的新项目,推动ITS发展应用。这些项目包括:①车辆信息和通信系统(VICS:Vehicle and Information and Communication System);②通用交通管理系统(UTMS:Universal Traffic Management System);③超级智能车辆系统(SSVS:Super Smart Vehicle System):④先进的安全车辆(ASV:Advanced Safety Vehicle);⑤先进的道路交通系统(ARTS:Advanced Road Traffic Systems)。通过这些活动,日本在许多领域走在了世界ITS研究的前沿。1994年,日本成立了道路交通车辆智能化推进协会VERTIS,代替以前的日本国家政策机构(NPA)进行ITS活动的指导,其地位类似于ITS AMERICA和欧洲的ERTICO。1995年6月,日本内阁正式通过“推进高度信息通信社会的基本方针”。同年8月,又提出了“在道路、交通和车辆中增加信息通信技术的使用”基本措施。该措施由警察厅、建设省、能产省、运输省、邮政省联合制定。在此基础上,制定了11个促进政策和9个方面共20个用户服务的开发内容。至此,日本的官民学ITS推进协调体制形成。1996年7月由5家政府部门合作制定了《推进日本智能交通系统(ITS)总体规划》。1998年建设省制定了新的5年发展计划,目的是提高生活质量和促进国内经济增长,整个计划需投资78万亿日元(约6 500亿美元)用于道路改建。

为推广应用ITS的研究成果,实现ITS的多元化,日本又制定了Smartway(智能道路)计划和Smartcar/ASV计划。Smartway计划的实施方案为:1999年产、学、官结合的“推进委员会”开始运作,2000年为正式引进AHS(Advance cruise—assist Highway System,先进的行车辅助道路系统)进行试验验证,2001完成有关智能道路标准,2002年智能道路在全国主要道路上引进。Smartcar ASV计划是在汽车上装备电子导航系统、车辆间通信设备、自动驾驶装置等设备,使之能了解行车道路上的交通状况,选择最佳行车路线,实现自动或半自动驾驶。

电子不停车收费(ETC,Electronic Toll Collection)技术在日本发展得很成功,到2002年底,具有ETC服务的收费站达到900个。装备VICS设备的车辆已超过317万辆,提供VICS服务的地区有32个县。

(3)欧洲ITS发展历程

欧洲最早的ITS项目是20世纪70年代初期进行的欧洲科技研究领域的合作项目COST30(Cooperation in the field of Scientific and Technical research)，而全欧洲范围的统一规划项目则始于20世纪80年代后期。1986年，西欧汽车产业界组织了PROMETHEUS计划。PROMETHEUS是Program for a European Traffic with Highest Efficiency and Unprecedented Safety的缩写，其含义是最高效能和空前安全的欧洲交通计划。这项为期8年的计划是欧洲尤里卡(EUREKA)联合发展计划的一部分，包括五个发展目标：安全、经济、效率、便利和环境保护。从总体上看，PROMETHEUS计划的重点在于对车辆的改进上，即注重于车辆的智能化。该计划的成果在1994年巴黎召开的ITS世界大会上得到了演示，从而标志着该计划的完成。1988年，欧盟委员会发起了欧洲的车辆安全专用道路基础设施DRIVE(Dedicated Road Infrastructure for Vehicle Safety in Europe)计划，旨在增加道路交通安全设施，提高运输效率，减少车辆对环境影响。与民间主导型的PROMETHEUS不同的是，DRIVE是一个政府主导型的研究开发计划，注重于道路基础设施智能化的研究。1988～1991年进行的DRIVE-I计划，以基础研究和标准化工作为主。这些研究课题主要围绕以下四个方面：模型建立及一般问题、安全性及人的行为分析、交通控制、其他方面问题等。1992～1994年开展的DRIVE-Ⅱ研究，集中在以下7个方面：需求管理(Demand Management)、交通和出行信息(Traffic and Traval Information)、城市间综合交通管理(Integrated Inter Urban Traffic Management)、辅助驾驶(Driver Assistance and Cooperative Driving)、货运和车队管理(Freight and Fleet Management)、公共交通管理(Public Transport Management)。欧盟委员会每年为计划的实施提供1.2亿欧元货币单位的经费。1994～1998年的DRIVE-III，也称TELEMATICS FOR TRANSPORT，它作为欧盟委员会第四个框架计划的一部分。该计划围绕道路、航空、铁路、水上运输及复合运输方式进行研究，力求在全欧范围内建立专门的交通(以道路交通为主)无线数据通信网。1995年，欧洲机动性运输计划PROMOTE(Program for Mobility in Transportation in Europe)开始实施。PROMOTE不是PROMETHEUS的简单延续，它发展的重点从车辆技术转移到交通管理系统与安全系统，参与者不仅包括汽车制造商，还包括电子公司和公路管理人员。

在智能运输系统的实施方面，欧盟已经取得了实质性的进展，从欧洲的交通网络(TEN-T)项目预算中对ITS进行了重点的支持。与硬件的基础设施建设相比，交通管理系统和交通信息系统等所需的投入较少，但是对欧盟整体的交通体系却有着重要的影响。在1995～1999年的TEN-T项目中，欧盟共拨出3.4亿欧元支持各种运输方式下涉及ITS的项目，其中对项目的可行性研究，欧盟支持50%的经费；对项目的实施，欧盟支持10%的经费，在第一期的计划期间，向道路交通和用户信息服务的智能化项目投入9 000万欧元。第二阶段(2000～2006年)，欧盟对ITS项目同样给予了重点财政支持。

(4)中国ITS发展历程

早在20世纪70年代末，我国就已经开始了ITS的发展，当时称为交通工程，交通部公路科学研究所与北京市公安局合作，首次在中国进行计算机控制交通信号的工程试验。从20世纪80年代初开始重视运用高科技来发展交通运输系统。从城市交通管理入手，在广泛开展城市交通调查、规划、治理的同时，开始对城市交通控制技术进行研究。

20世纪90年代初，一些高校和交通研究机构开始了城市交通控制系统技术的研究尝试，这些研究主要借鉴了英国、美国和澳大利亚等国的先进控制系统(如TRANSYT、SCOOT、SCATS等)的理论和思想，并在北京、上海、南京等城市进行了试点。与此同时，北京、上海、沈阳和杭州等城市先后从英国、澳大利亚等国引进了SCOOT或SCATS控制系统。

1996年开始，科技部组织了ITS领域的一系列国际交流和合作，支持在国内开展研究和开发，1996年，国家自然基金委员会重点资助我国第一个智能运输系统研究项目。1997年和1998年由欧盟委员会信息总司和中国国家科委，共同组织在北京和布鲁塞尔召开了中欧智能交通系统研讨会，这些会议对中国有关方面和技术人员认识智能运输系统起到了很好的作用。

在"九五"期间，原交通部提出"加强智能公路运输系统的研究与发展"，指出应结合我国实际情况，分阶段地开展交通控制系统、驾驶员信息系统、车辆调度与导航系统、车辆安全系统及收费管理系统等5个领域的研究开发、工程化和系统集成，在此基础上，使成熟的科技成果转化为可供使用的技术和产品。在此期间，许多专家开始关注国外在体系框架方面的研究成果，各自进行不同层次的研究，并向国家建议开展中国智能运输系统体系框架的研究。科技部在充分听取专家和各方面的意见后，于1999年确定在国家"九五"科技攻关项目中增加这一内容，该项目由依托在交通部公路科学研究所的国家智能交通系统工程技术研究中心牵头，来自高等院校、科研院所、企业和各部门的100多位专家参加了这个项目的研究。该项目于2000年底完成了研究工作，经过征求各方面的意见和修改，项目于2001年9月通过了国家鉴定和验收。东南大学教育部智能运输系统工程研究中心依托学科优势，在智能运输系统理论、关键技术研究及工程应用方面做了很多卓有成效的工作。"十五"期间，科技部启动实施"十五"国家科技攻关计划重大项目"智能交通系统关键技术开发和示范工程"。该项目通过关键技术开发、环境建设和示范应用，重点解决交通智能控制、集成信息服务、专用短程通信、智能车路和标准规范等关键技术，研究适合我国国情的智能交通系统发展模式和技术，为我国智能交通系统的开发、应用及产业化奠定基础，进而带动制造业和服务业的发展，促进我国通过高新技术改造传统产业、通过信息化带动工业化的进程。2006年9月，科技部组织实施"十一五"国家科技支撑计划重大项目"国家综合智能交通技术集成应用示范"，项目以提供人性化交通运输服务、发展交通系统智能化技术和安全高速的交通运输技术为研究重点，结合将在我国举办的2008年北京奥运会、2010年上海世博会和广州亚运会等大型国际活动，依托国家高速公路联网不停车收费与服务以及国家远洋货物运输等重大工程，针对我国大型国际活动的综合智能交通管理和国家综合交通智能化服务与管理等研究重点进行布局。该项目重点突破智能化交通管理与服务等一批关键技术，实施若干有代表性的智能交通管理与服务示范系统及工程，实现了综合智能交通技术的集成应用，形成了一批智能交通技术标准规范和评估评价体系，提高了技术创新能力，带动了产业发展，促进了创新体系的形成。

第二节　智能运输系统主要研究内容

智能运输系统的研究领域广阔，由于各国的实际情况不同，研究的侧重点也有所不同，下面对美国、欧洲、日本以及中国的智能运输系统研究内容加以介绍。

一、美国智能运输系统研究内容

美国作为经济最发达、技术最先进的超级大国，虽然在智能运输系统的研究开发上曾一度落后，但凭借其先进的技术优势，已后来居上，目前在试验研究和实践应用上都处于领先地位。在智能运输系统发展规划中，它非常重视ITS将形成的巨大市场，对ITS的服务领域进行了广泛而又深入的研究。根据1991年综合地面运输效率法案(ISTEA)，1995年3月，美国交通运输部正式出版公布了“国家智能运输系统项目规划”，明确规定了智能运输系统的 7 大领域和 29 个用户服务(后来扩充到 8 个领域、33 个用户服务)，其具体构成如下：

1. 出行与运输管理系统

该系统包括了城市道路信号控制、高速公路交通监控、交通事故处理等公路交通管理的各种功能，以及用来研究和评价交通控制系统运行功能与效果的三维交通模拟系统。系统能够对路网中交通流的实时变化做出及时、准确的反应，帮助交通管理部门对车辆进行有效的实时疏导、控制和事故处理，减少交通阻塞和延误，从而最大限度地发挥路网的通行能力，减少环境污染，节约旅行时间和运输费用，提高运输系统的效率和效益。该系统有 6 个子系统：

(1)在途驾驶员信息系统；

(2)线路引导系统；

(3)出行人员服务系统；

(4)交通控制系统；

(5)突发事件管理系统；

(6)排放测试与污染防护系统。

2. 出行需求管理系统

该系统向用户提供有关出行信息，改善交通需求管理。若将该系统和出行与运输管理系统结合起来，驾驶员就可以通过车载或处所计算机和无线通信获得各种交通信息(道路条件、交通状况、服务设施位置以及导游信息等)，合理选择出行方式、时间和路线。驾驶员还可利用车载定位导航仪，在车载计算机上给出出发地点和目的地，计算机便可根据实时交通信息自动选择出最佳行驶路线，避开交通拥挤和阻塞，并促进高乘载率车辆的使用，从而提高运输效率。这个系统包括 3 个子系统：

(1)出发前的出行信息系统；

(2)合乘配载和预约系统；

(3)需求管理与运营系统。

3. 公共交通运营系统

该系统用以提高公共交通的可靠性、安全性及其生产效率，使公共交通对潜在的用户更具有吸引力。系统包括有交通标志占先权(高乘载率车辆专用车道的设置)、车辆定位和跟踪系统、语音和数据传输系统。该系统将公共交通管理部门同驾驶员直接联结起来，进行实时调度和行驶路线的调整，帮助运输部门提高客运率，降低运营成本，提高运输效益。该系统有 4 个子系统：

(1)公共运输管理系统；

(2)途中换乘信息系统；

(3)满足个人需求的非定线公共交通系统；

(4)出行安全系统。

4. 商用车辆运营系统

该系统能在州际运输管理中自动询问和接受各种交通信息，进行合理调度，包括为驾驶员提供一些如桥梁净高、急弯陡坡路段的限速等特殊的公路信息，对运送危险品等特种车辆的跟踪以及车辆和驾驶员的状况进行安全监视与自动报警。在特种车辆自动报警系统中，还装有探测靠近障碍物的电子装置，可保证在道路可见度很低情况下的行车安全。通过这一系统，可使营运车辆的运行管理更加合理化，车辆的安全性和生产效率得到提高，使公路系统的所有用户都能获益于一个更为安全可靠的公路环境。该系统有6个子系统：

(1)商用车辆电子通关系统；

(2)自动化路侧安全检测系统；

(3)商用车辆管理程序系统；

(4)车载安全监控系统；

(5)商用车辆交通信息系统；

(6)危险品应急反应系统。

5.电子收费系统

该系统通过电子卡或电子标签由计算机实现自动收费，可使包括道路通行费、运输费和停车费等在内的地面交通收费实现自动化，实现收费车道上无人管理、不停车的自动电子收费，以减少使用现金收费所产生的延误，提高道路的通行能力和运行效率，并可为系统管理提供准确的交通数据。该系统只有电子收费1个子系统。

6.应急管理系统

该系统用以提高对突发交通事件的报警和反应能力，改善应急反应的资源配置。该系统有两个子系统：

(1)紧急告警与人员安全系统；

(2)应急车辆管理系统。

7.先进的车辆控制和安全系统

该系统应用先进的传感、通信和自动控制技术，给驾驶员提供各种形式的避撞和安全保障措施。系统具有对障碍物的自动识别和报警、自动转向、制动、保持安全间距等避撞功能。系统的这些功能在很大程度上改善和代替了驾驶员对行车环境的感应和控制能力，从而提高行车安全性，减少交通阻塞，进一步提高了道路的通行能力和运输效益。该系统包括7个子系统：

(1)纵向避撞系统；

(2)侧向避撞系统；

(3)交叉口避撞系统；

(4)视觉强化避撞系统；

(5)事故前乘员安全保护系统；

(6)危险预警系统；

(7)自动公路系统。

除此以外，美国的智能运输系统还开发了一个新的领域，即先进的乡村运输系统。该系统是把为城市地区开发的交通管理技术和系统功能推广应用到乡村道路网络中去，主要是应用先进的电子通信技术，提高行车的安全性，方便外国游客出行，促进乡村地区的经济发展。系统包括为驾驶员和事故受害者提供援助的无线紧急呼救系统、恶劣道路和交通环境的实时警告系统，以及有关服务设施和旅游路线、景点等信息系统。

二、日本智能运输系统研究内容

日本ITS研究的一个显著特点就是政府有关各部门共同参与，密切合作。1993年7月日本“车辆、道路与交通智能协会”成立，从而在与智能运输系统有关的建设省、通产省、邮政省、运输省和警司厅之间建立了加强合作的机制。1995年6月，日本政府在内阁会议上确定了

"面向先进信息化社会的基本方针",根据此方针,同年8月,在详细分析ITS用户服务范围的基础上,提出了"公路、交通、车辆领域的信息化实施方针",其目的在于在ITS的统一规划下推进其工作。根据此方针,ITS由导航系统、自动收费系统、安全驾驶援助系统等9个开发领域和20个用户服务功能构成(后来扩充到10个领域21个用户服务)。

1. 导航系统

主要包括卫星导航系统和公路交通信息通信系统。卫星导航系统采用全球定位系统GPS进行位置计算,并在地图上显示出汽车所在位置,标示出距目的地的距离和方位,以帮助驾驶者顺利抵达目的地。公路交通信息通信系统是指为方便驾驶人员,减少和缓和交通堵塞等,通过公路上设置的信标和FM多频广播,向导航系统等车载装置提供实时交通拥堵情况、行程时间、施工/交通限制等有关公路交通信息的系统。其主要服务对象为驾驶人员,包括两个服务功能:

(1)路途引导交通信息提供系统;

(2)与目的地相关的信息提供系统。

2. 电子收费系统

主要服务对象为驾驶人员、运输企业、管理部门,它只有电子收费一个功能。

3. 安全驾驶辅助系统

为防止事故,确保安全驾驶,通过公路上设置的传感器等收集路面情况等信息,并使其在公路与车辆之间传播,向驾驶人员发出"前方发生危险"等警告。另外,配合先进的车辆控制技术,以实现"自动回避冲撞",进而实现"自动驾驶"。主要服务对象为驾驶者,包括4个服务功能:

(1)驾驶和道路信息提供系统;

(2)危险警告系统;

(3)驾驶辅助系统

(4)自动驾驶公路系统。

4. 交通管理的最佳化

通过路途诱导、信号控制等实现交通管理的最佳化。其主要服务对象为管理部门、驾驶者,包括两个服务功能:

(1)先进的交通流控制系统;

(2)交通事故通报系统。

5. 公路管理的效率化

通过提供特殊车辆管理、通行限制状况等来提高公路管理的效率。其主要服务对象为管理部门、运输企业、驾驶者,包括三个服务功能:

(1)管理事务的高效化;

(2)特殊车辆管理系统;

(3)道路危险信息通报系统。

6. 公共交通援助系统

通过提供公共交通运行状况等措施,来提高公共交通的运营效率。其主要服务对象为公共交通使用者、运输企业,包括两个服务功能:

(1)公共交通信息提供系统;

(2)公共交通运行援助系统。

7. 业务用车的效率化

为了提高业务用车的运输效率，减少业务交通量，提高运输安全，实时收集货车、旅游车等的运行情况，作为基础数据向运输事业公司等提供，从而援助运行管理。主要服务对象为运输企业，包括两个服务功能：

(1)商用车运行管理支援系统；

(2)商用车连续自动运行系统。

8. 步行者援助系统

使步行者，特别是高龄者、残疾人等行走不便的人们能够安心、安全、舒适地利用道路环境，利用携带的终端机等装置，为步行者提供援助。其主要服务对象为步行者，包括两个服务功能：

(1)步行路线指引系统；

(2)车辆—步行者事故规避系统。

9. 紧急车辆运行援助系统

灾害/事故发生情况的自动通报和救援系统。主要服务对象为驾驶者，包括两个服务功能：

(1)紧急情况自动通报系统；

(2)紧急车辆线路诱导/救援活动支援系统。

三、欧洲智能运输系统研究内容

欧洲的ITS研究开发是由官方(主要是欧盟)与民间共同进行的。同时，由于欧洲的国家大部分很小，因此，ITS的开发与应用是与欧盟的交通运输一体化建设进程紧密联系在一起的。1969年欧共体委员会就提出要在成员国之间开展交通控制电子技术的演示。自1986年以来，西欧国家主要是在"欧洲高效安全交通系统计划(PROMETHEUS，Program for a European Traffic with Highest Efficiency and Unprecedented Safety)"和"保障车辆安全的欧洲道路基础设施计划(DRIVE，Dedicated Road Infrastructure for Vehicle Safety in Europe)"两大计划指导下开展交通运输信息化领域的研究、开发与应用。

1. 欧洲高效安全交通系统计划

是在欧洲研究协调局领导下，主要由汽车制造企业和供应商联合组织的研究计划。该计划由私营企业组织，主要从车辆方面研究智能运输系统的建设。该计划于1987年正式起动，为期7年，研究试验项目包括以下几个领域：

(1)视觉增强技术；

(2)摩擦力监视和车辆动力学控制系统；

(3)车道跟踪保持技术；

(4)视野范围内的监视技术；

(5)驾驶员状况监视技术；

(6)避撞系统；

(7)协同驾驶系统；

(8)自动化智能行驶控制系统；

(9)自动紧急呼救系统；

(10)车队管理系统；

(11)双向通路线诱导系统；

(12)出行与交通信息系统。

1994年，欧洲高效安全交通系统计划进入结束期，各成员单位经协商后同意建立新一轮的研究计划——"欧洲机动性运输计划(PROMOTE)"。该计划将涉及更广泛的综合交通运输系统问题，而不再只是集中于车辆系统，同时，还向公共部门开放，不再限于企业范围。

2.保障车辆安全的欧洲道路基础设施计划

该计划是欧盟根据其"研究与发展框架计划"分阶段组织的大型研究开发计划，旨在通过改善道路交通基础设施来提高安全性、运输效率以及减少环境污染。该计划于1988年发出第一阶段的项目申请，其主要研究内容有：

(1)交通需求管理；

(2)出行与交通信息；

(3)综合城市交通管理；

(4)综合城间交通管理；

(5)驾驶服务与辅助驾驶；

(6)货运与车队管理；

(7)公共运输管理；

(8)网络管理、运行与控制；

(9)车辆控制；

(10)集成与评价；

(11)支持问题。

四、中国智能运输系统研究内容

按照中国智能运输系统体系框架，中国的ITS服务领域共分为8个服务领域，34项服务，138个子服务。

1.交通管理与规划

在交通管理与规划领域，共有6项服务和34个子服务系统，具体情况如下：

(1)交通法规监督与执行

该服务是指交通管理部门应用ITS技术执行交通法规，及时准确地收集到违反交通法规事件的信息，在不影响正常交通运行的前提下自动或人工执行相应的处理措施。共有7个子服务系统：

①出入控制法规执行；

②停车法规执行；

③限速法规执行；

④交通信号法规执行；

⑤车辆限载执行；

⑥环境保护法规执行；

⑦驾驶员和车辆牌照的管理。

(2)交通运输规划支持

该服务是指向运输规划者提供有关路网交通流和交通需求的数据(当前的和历史的)，并提供实现路网交通运输规划计算、评估以及仿真的有效手段，从而得到路网交通流分配的优化策略。共有3个子服务系统：

①提供交通规划所需的交通信息；

②相关规划部门协调；

③规划策略产生支持。

(3)基础设施的维护管理

该服务是指应用ITS技术来进行道路、通信及机电系统等交通基础设施的维护管理，能够收集并统计交通基础设施的管理维护数据，在此基础上产生并实施相应的管理维护计划。共有7个子服务系统：

①道路路面维护管理；

②道路路侧环境维护管理；

③道路标志维护管理；

④桥梁隧道基础结构维护管理；

⑤通信及其他外场设备维护管理；

⑥道路维护中的交通管理；

⑦灾难恢复管理。

(4)交通控制

该服务通过使用ITS技术来管理、控制和诱导交通流，以达到使道路网络交通流运行稳定的要求。共有6个子服务系统：

①自适应交通信号控制；

②行驶方向变换管理；

③城市和城市之间的集成控制；

④交通控制和路线诱导的集成；

⑤匝道和速度控制；

⑥交通管理策略的实现。

(5)需求管理

该服务为影响出行需求而制定和实现各种管理和控制策略，这些策略影响不同运输方式的总体需求，主要通过价格策略、地区访问控制和控制区域出入来实现。共有5个子服务系统：

①可达性控制管理；

②拥挤价格管理；

③停车管理；

④公交运营管理；

⑤环境质量管理。

(6)紧急事件管理

该服务是利用现代通信、检测及图像识别技术，对公路交通中的偶发事件(如交通事故、车辆抛锚、货物散落、自然灾害等)进行探测和预报，获取事件发生的位置、事件的性质和类型以及当前的交通状况等实时信息，通过公路交通部门、公安部门、消防部门及医疗救护部门等机构间的协调与合作，对事件进行有效的处理以降低事件对公路交通的影响，把损失降低到最低限度。共有6个子服务系统：

①事件的预防；

②事件的检测；
③事件的鉴别；
④事件的响应；
⑤事后管理；
⑥事件的记录。

2. 电子收费

在电子收费领域，共有1项服务和6个子服务系统，具体情况如下：

电子收费

该服务是指利用先进的电子信息技术，以非现金、非手工方式，自动完成与交通相关的收费交易过程。共有6个子服务系统：

①路桥隧不停车电子收费服务；
②路桥隧停车自动收费服务；
③停车场自动收费服务；
④路侧停车自动服务；
⑤公交电子自动收费；
⑥有偿交通信息和服务使用电子交易。

3. 出行者信息

在出行者信息领域，共有5项服务和25个子服务系统，具体情况如下：

(1)出行前信息服务

该服务是指利用先进的通信、电子、多媒体、计算机网络等技术，使出行者在出行前可通过多种媒体，在任意出行生成地访问出行前信息服务系统，以获取出行路径、方式、时间、当前道路交通系统及公共交通系统等相关信息，为规划出行提供决策支持。共有4个子服务系统：

①出行前公共交通信息；
②出租车预约服务信息；
③出行规划服务信息；
④交通系统当前状态信息。

(2)行驶中驾驶员信息服务

该服务是指通过视频或音频向驾驶员提供关于出行选择及车辆运行状态的精确信息以及道路情况信息和警告信息，向不熟悉地形的驾驶员提供导向的功能。共有11个子服务系统：

①车辆运行状态信息；
②交通事件信息；
③停车/乘车选择；
④停车场信息；
⑤交通状况信息；
⑥公共交通调度信息；
⑦交通法规信息；
⑧道路工程施工信息；
⑨收费站信息；
⑩气象信息；
⑪路边服务信息。

(3)途中公共交通信息服务

该服务是指利用先进的通信、电子、多媒体网络技术，使已经开始出行的公交用户在路边、公交车站或站台上及公交车辆上，通过多种媒体获取实时公交出行服务信息，以便乘客在出行中能够对其出行路线、方式和时间做出恰当的选择。共有4个子服务系统：

①换乘信息；

②车辆运行信息；

③调度信息；

④票价信息。

(4)个性化信息服务

该服务是指利用先进的通信、电子和多媒体网络技术，通过多种媒体以及个人便携装置接受个性化信息和访问个性化信息服务系统，以获取与出行者有关的社会综合服务及设施的信息，此类信息包括餐饮服务、停车场、汽车修理厂、医院、警察局等的地址、营业或办公时间等。共有3个子服务系统：

①公共服务设施信息；

②公共服务预定；

③旅游景点信息。

(5)路径诱导及导航服务

该服务是指利用先进的信息采集、处理和发布技术，以及通信、控制和电子技术等，为驾驶员提供丰富的行驶信息，引导其行驶在最佳路径上，以减少车辆在路网中的滞留时间，从而达到缓解交通压力，减少交通阻塞和延误的目的。共有3个子服务系统：

①自主导航；

②动态路径诱导；

③混合模式路径诱导。

4.车辆安全与辅助驾驶

在车辆安全与辅助驾驶领域，共有7项服务和15个子服务系统，具体情况如下：

(1)视野的扩展

该服务是指利用车载设备、运输信息和控制技术，扩展车辆驾驶员的视野，以便在能见度较低、视野盲区或其他恶劣行驶环境，提高驾驶员对路上行人、车辆、障碍物或危险状况的观察与判断能力，及时采取措施，避免交通事故。共有2个子服务系统：

①视野范围的扩展；

②视野能见度的提高。

(2)纵向防撞

该服务是指利用车载和路边探测、通信和控制技术，对车辆前后方车辆、障碍物和行人等情况进行实时监控，并通过向驾驶员和周围驾驶员提供预警和采取辅助驾驶措施，使人、车安全避险。此外，一旦发生碰撞，在碰撞发生时，采取相应的被动安全措施，以减轻碰撞对驾驶员和乘客的伤害。共有3个子服务系统：

①追尾防撞；

②倒车防撞；

③正面/会车防撞。

(3)横向防撞

该服务是指利用车载和道路设备，自动识别行驶环境(如道路状况、路旁设施、其他车辆等)，当车辆变换车道或发生横向偏离时，判别发生横向碰撞的危险程度并向驾驶员发出警告，并通过车载辅助驾驶和自动控制装置，避免横向碰撞事故的发生。共有2个子服务系统：

①变换车道时防止横向碰撞；

②车辆产生横向偏离时避免横向碰撞。

(4)交叉路口防撞

该服务是指在车辆即将进入或通过有信号控制的交叉路口时，利用车载设备及通信系统所获得的信息，及时地将交叉路口的交通状况通知驾驶员，并根据需要辅助驾驶员对车辆进行控制或使车辆自动执行防撞措施(其中包括纵向防撞、横向防撞以及纵横向综合防撞)，或发生碰撞后对驾乘人员及时给予保护，将伤害减至最低。此系统内没有子服务系统。

(5)安全状况(检测)

该服务是指利用车载设备，对驾驶员、车辆关键零部件以及路况三者进行监测，及时地将本车各非正常状况的有关信息向本车和邻近车辆驾驶员、交通管理中心报告并预警，主动采取措施，以保证交通安全。共有4个子服务系统：

①基础设施安全状态检测；

②驾驶员身心状况监控；

③车辆安全状况监控；

④对邻近车辆的预警。

(6)碰撞前乘员保护

该服务是指利用车载设备，对周围可能与本车辆发生碰撞的潜在障碍物进行实时监测，根据采集到的数据、信息，分析、判断发生碰撞的可能性；对可能发生的碰撞，及时对驾驶员发出警告，并根据其发生的概率大小、碰撞类型和严重程度，适时自动开启相应的保护装置，以避免或减轻碰撞发生时的人身伤害。此系统没有子服务系统。

(7)自动车辆驾驶

该服务是指汽车类机动车辆，通过自动高速公路系统、智能通信与信息系统、车辆智能控制系统的支持，在无人工干预或部分人工干预的情况下，实现在高速公路上的车道跟踪、车距保持、换道、巡航、定位停车等操作。共有4个子服务系统：

①车道自动跟踪；

②车距保持；

③自动换道；

④自动定位停车。

5. 紧急事件和安全

在紧急事件安全领域，共有6项服务和24个子服务系统，具体情况如下：

(1)紧急情况的确定及个人安全

提供针对驾驶员和个人的安全服务，为私车驾驶员和货车驾驶员提供紧急事件自动识别服务。共有5个子服务系统：

①紧急救援信号的发送；

②对紧急事件的自动识别；

③对救援请求的响应；

④被盗车辆的识别；

⑤紧急事件的通告。

(2)紧急车辆管理

该服务是指利用现代通信和信号控制技术，在事故发生时，根据当前采集到的实时信息(如紧急车辆的位置、交通状况、事故发生的位置及性质等)，由紧急事件管理中心对紧急车辆进行合理调配，并通过控制信号为其提供适当的优先通行信息和路线引导信息，从而使紧急车辆按最优行驶路线快速、安全到达现场，进行紧急救援活动。共有4个子服务系统：

①紧急车辆优先通行线路诱导；

②通告紧急车辆的到来；

③紧急车辆的调度；

④紧急车辆的维护。

(3)危险品及其事故的通告

该服务是指为道路使用者、管理者和行人提供危险品运输的路线和危险程度信息，为道路使用者、管理者提供事故信息的公告。共有5个子服务系统：

①危险品运输信息公告；

②危险品运输安全防护；

③危险品运输紧急事件公告；

④紧急事件救援；

⑤紧急事件发生后的道路变更计划。

(4)公共出行安全

该服务是指对公共运输设施、停车场及公共运输车辆进行监视和监控；发生紧急事件时自动报警；保证公共运输车辆的安全运营。共有2个子服务系统：

①对公共运输设施及车辆的安全监控；

②公共出行中紧急事件的报警。

(5)易受伤害道路使用者的安全措施

该服务提供针对易受伤害道路使用者的保护措施，降低其受伤害的几率。共有5个子服务系统：

①确保易受伤害道路使用者安全的交通信号控制；

②无障碍通行和自动引导；

③车辆逼近报警；

④个人救援请求；

⑤确保易受伤害道路使用者安全的车辆控制。

(6)交汇处的安全服务

在同一交通方式或不同交通方式的交汇处，由监控和警告系统提供警告服务以及其他安全服务。共有3个子服务系统：

①道路平面交叉口的安全服务；

②公铁交叉口的安全服务；

③换乘处的安全服务。

6.运营管理

在运营管理领域，共有5项服务和21个子服务系统，具体情况如下：

(1)公交规划

该服务是指利用城市地理和人口分布信息，合理设计和优化公交运营线路，并协助制订调度规划和经营计划，为实际运营的线路进行效能分析。共有 5 个子服务系统：

①线路优化；

②调度规划；

③联营服务；

④经营计划；

⑤运营效能分析。

(2)公交运营管理

该服务是指：对公交线路上的车辆、班组和驾乘人员进行有效的管理；为特殊的集团用户提供租车和包车服务；监视公交基础设施的运行情况；辅助完成公交优先的服务；对出租车辆进行管理。共有 6 个子服务系统：

①公交需要服务；

②公交基础设施的监视维护；

③公交车辆的调度管理；

④公交司售人员的管理；

⑤费用管理；

⑥出租汽车的管理。

(3)车辆监视

该服务是指根据各类信息和交通规划要求，监视在公路系统中运营的各种车辆（如公交车辆、出租汽车、货运车辆）的运营情况，了解其位置、轨迹和装载等情况，并为之提供高效的运营服务。共有 3 个子服务系统：

①监视车辆状况；

②信息协商；

③实施公交优先。

(4)一般货物运输管理

该服务是指根据货源的情况，合理地对货运车辆进行安排和调度，并制订完备的运营计划，提高货运的效率和安全。共有 4 个子服务系统：

①货物的组织和管理；

②货运车辆的调度和诱导；

③货运驾驶员的管理；

④货运车辆的自动线路选优。

(5)特种运输的管理

该服务是指制订特种货物（如危险品以及超重、超大货物）的运营计划，并对运输过程进行实时跟踪，对可能出现的事故进行准备。共有 3 个子服务系统：

①路线的事先选定和登记；

②紧急事件的处理预案处理；

③运输时的监测和发生紧急事件的自动通告。

7.综合运输

在综合运输领域，共有 3 项服务和 7 个子服务系统，具体情况如下：

(1)交换客货运信息资源

该服务是指在公路、铁路、水运、航空运输等多种运输方式之间进行旅客和货物的数据交换。共有3个子服务系统：

①客运数据交换；

②货运数据交换；

③不同运输方式互补。

(2)提供旅客联运服务

该服务是指为旅客采用公路、铁路、水运和航空运输等多种运输方式进行联运提供服务。共有2个子服务系统：

①联运旅行规划；

②联运旅行途中服务。

(3)提供货物联运服务

该服务是指为货物采用公路、铁路、水运和航空运输等多种运输方式进行联运提供服务。共有2个子服务系统：

①货物联运前信息服务；

②货物联运途中动态跟踪查询。

8.自动公路

在自动公路领域，共有1项服务和6个子服务系统，具体情况如下：

自动公路

自动公路系统是建有通信系统、监控系统、光纤网络等基础设施，并对车辆实行自动安全检测、发布相关信息以及实施实时自动操作的运行平台，它为实现自动公路运输提供更为安全、经济、舒适、快捷的基础服务。共有6个子服务系统：

①自动核查进入服务；

②车辆车道控制服务；

③车辆自动控制服务；

④车辆编组运行服务；

⑤车辆驾驶警示服务；

⑥自动校验退出服务。

第二章　智能运输系统构成

第一章介绍了智能运输系统的起源、发展概况和研究领域，本章将对智能运输系统的基本组成进行详细描述，依次介绍先进的出行者信息系统(ATIS)、先进的交通管理系统(ATMS)、先进的公共交通系统(APTS)、先进的车辆控制系统(AVCS)、电子收费系统(ETC)、商用车辆运营系统(CVOS)等六方面。本章最后从信息链的角度对支持智能运输系统运行的相关技术进行简要介绍。

第一节　先进的出行者信息系统(ATIS)

一、概述

20 世纪 80 年代以来，在欧、美、日等发达国家为寻求缓解公路交通拥塞良策的研究中，出现了以个体出行者为服务对象的综合交通信息系统，出行者可以通过其便携式信息系统在与交通信息中心的双向信息传递中使自己始终行驶在最短路径上(距离或时间)，避开阻塞路段、事故发生路段或环境不良地段，从而减少延误，使交通拥挤状况得到缓解。这种系统通常称为先进的出行者信息系统(Advanced Traveler Information Systems，ATIS)。

先进的出行者信息系统(ATIS)是利用传感器技术、计算机技术、通信技术和控制技术等，为消费者提供道路信息、公交信息和其他与出行有关的重要信息，以帮助出行者选择出行方式、出行路线和出发时间，同时能够诱导和控制车辆的运行，有效地解决交通的诸多问题。ATIS 被认为是智能运输系统的核心部分之一，是智能运输系统的基础。先进的出行者信息系统在英国、德国、法国、日本和美国已经得到大量的研究，它以减轻交通拥挤、减少燃油消耗和空气污染、改善驾驶效率、提高交通安全性为目标。

先进的出行者信息系统能够以语音、图形、文字等的形式向出行者提供相关的出行信息，使出行者从出发前、出行过程中直至到达目的地的整个过程中，随时能够获得有关的道路交通状况、行程时间、最佳换乘方式、所需费用以及目的地的各种相关信息等，从而指导出行者选择合适的交通方式和路径，以最高的效率和最佳方式完成出行过程。

按照向出行者提供信息服务的时机进行分类，交通信息服务系统可以分为：出行前信息系统、在途驾驶员信息系统、在途出行者换乘信息系统。

按照信息系统所提供信息内容的不同，交通信息系统可以分为：路径诱导系统、交通流诱导系统、停车场信息诱导系统、个性化信息服务系统等。

二、系统组成

先进的出行者信息系统由交通信息中心、通信系统和车载设备组成，如图 2-1 所示。

1. 交通信息中心(TIC)

交通信息中心是先进的出行者信息系统的主控中心，它集交通信息采集、处理和发送于一体，其主要功能有：数据库的建立和更新、与其他信息源的通信、与车载设备的通信、交通信息的数据分析和处理等。它的硬件系统是由计算机和各种通信设备组成。

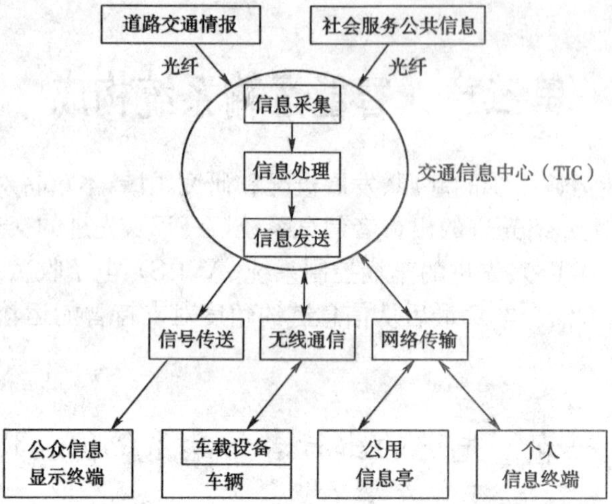

图 2-1　先进的出行者信息系统结构

建立 TIC 一个重要的要求是建立一个开放系统，将它设计成在分布式客户/服务器计算环境中的服务器。在交通信息中心，要具有对相关交通运输数据分析处理的功能，这样才能生成整个地区范围内的实时交通运输信息数据库，以及完成最优路线搜索等工作。交通信息中心基本数据处理功能包括：

(1)根据实时道路交通状况，更新交通运输信息数据库。

(2)生成并定期更新预估的历史路段通行时间数据库，如在一天中的各个时间段，一个星期中的各天和一年中的各个季节。对驾驶员来说，在缺少当前交通报告情况下，这是对路段通行时间做出的最好估计。

(3)进行连续的数据重组工作，该工作比较并组合当前的道路交通信息和历史的路段通行时间数据，给车辆提供最佳的路段通行时间估计。当前道路交通信息包括车辆报告的实际路段通行时间、来自交通信号系统的数据以及其他动态信息，如路政巡逻车、车辆检测器等采集的数据。因此，数据重组过程是综合各方面信息以建立最佳的交通状况预测模型。

(4)利用实时交通模型，TIC 根据当前交通状况计算出预估的通行时间和一条从出发点到达目的地的最优路线，估计结果通过通信网络发送给路网中的车辆，驾驶员利用这些信息选择通往目的地的最优路线。

国内外已研究了多种最优路线搜索算法，比较典型的有 Dijkstra 算法、启发式搜索算法等。在车辆行驶过程中，路线搜索算法应能在较短的、可接受的时间内，根据当前的道路交通状况，不断对已选择的最优路线及路段通行时间估计进行修正。

(5)进行事故调查工作，以确定不正常的路段通行时间的起因，不正常即指某天某时，某路段上的通行时间均超过了历史通行时间，事故调查过程是用来查明路段通行时间突然增加的缘由，并利用这些信息通知出行者可能发生了事故。

2. 通信网络

通信系统负责完成道路交通信息的数据传输以及车辆和信息控制中心的数据交换。道路交通信息、社会服务公共信息通过光纤网络传送到信息中心作进一步处理。双向动态无线数据传输系统负责完成信息中心与车辆之间的数据交换。一方面，车辆利用接收器可以获得从交通信息控制中心发射来的实时交通信息，如当前路段通行时间估计、堵塞或事故发生地点等；另一方面，车辆又是流动的交通信息探测器，通过车载发射装置把当前的交通信息（实际路段通行时间）反馈给信息中心。常用的无线通信方式有：集群通信、蜂窝移动通信、无线数据广播等。

3. 车载设备系统

车载设备系统主要由车载导航计算机、车辆通信设备、定位系统设备和显示装置构成。车载计算机的功能是储存和处理交通信息，为驾驶员提供良好的人机界面，方便驾驶员输入信息和获得信息。典型的车载设备系统如图 2-2 所示。

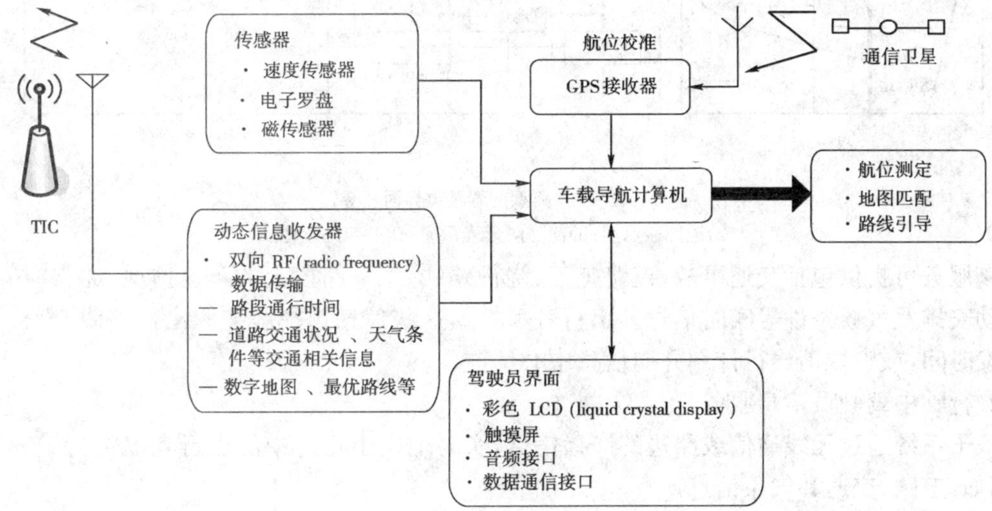

图 2-2　典型的车载设备系统

ATIS 能够向驾驶员实时地提供准确的各种车辆和道路信息，车辆导航定位模块包括车轮速度和方向传感器，以及全球定位系统 GPS(Global Positioning System)接收器，这些均用来为导航提供精确的地理位置和时间数据，以跟踪车辆在道路网络中的位置，它所使用的数据源有传感器数器、数字地图数据库和 GPS 信号。

在车载设备系统中，能够快速清晰显示交通信息的显示装置越来越受到重视。应用于 ITS 的车载显示装置有真空荧光管显示、显像管显示、液晶显示和 HUD 显示（Head-up Displays）。车载显示装置包括驾驶员界面和乘客显示屏，主要用于向乘客提供各种换乘和服务信息，驾驶员界面用于为驾驶员提供行驶最短路径、路段拥堵情况以及一些道路公共设施等信息，典型的驾驶员界面有三种表达形式，如图 2-3 所示。

三、系统的服务功能

先进的出行者信息系统为出行者提供全方位的信息服务，通过给出行者提供实时交通、道路、公交、气象等信息，使出行者从出发前就开始计划个人的出行。先进的出行者信息系统具有 4 个方面的功能：提供出行前的交通服务信息，提供行驶中的驾驶员服务信息，提供在途中的公共交通服务信息，提供路线诱导及导航服务信息。

1. 出行前交通信息服务

通过该子系统，可以向出行者提供现状的公交信息、道路施工与交通事故信息等，让出行者在家里、单位、汽车里或其他作为旅行出发地的公共场所就可以获取和出行相关的多种信息。该服务使出行者在出行前选择目的地和路线。选择内容包括输入或选择目的地、出行时间、出行的路径。系统可提供实时或历史的拥挤情况、预测的行程时间和优化的出行路径。

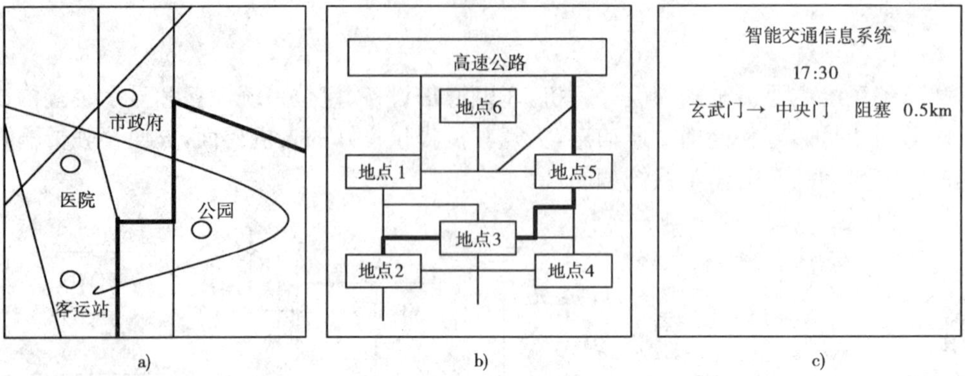

图 2-3 典型的驾驶员界面

a)地图表示型；b)简易图形表示型；c)文字表示型

该服务可提供包括交通事故、道路施工、绕行路线、某一路段上的车速情况、通告时间、重要活动安排及气候条件等实时信息。出行者可根据这些信息选择最佳的出行路线、出行方式及出发时间，或者取消出行计划并向信息中心反馈。

2. 行驶中驾驶员信息服务

该子系统通过无线通信或路边的广播信息，实时地向出行途中的出行者提供行驶环境信息，诸如：道路、交通和气象信息。

(1)道路几何构造信息：预先向驾驶员提供如道路线形、收费站、交叉口、隧道、纵坡、路宽等前方道路几何构造情报。提供的方式可以是视觉(如车载液晶显示屏)的，也可以是听觉(如路侧广播系统)的，对危险路段，听觉提供方式更为有效。使用了这种信息可以较大地提高行车安全性。

(2)路面状况信息：交通管理人员可以通过道路沿线设置的路面冻结检测器等各种气象传感器以及电视摄像系统，检测并采集路面破损(包括功能性破坏或结构性破坏)潮湿、积雪、冻结等路面状况信息，再通过路侧信息发布设备，向驾驶员提供上述实时信息。该信息的使用，可以减少交通事故的发生。

(3)道路灾害信息：信息中心收集作用区域内以及作用区域外其他信息控制中心传送来的自然条件状况，迅速向驾驶员提供有关风、雾、雨、雪或突发洪水淹没冲毁道路的信息。信息中心根据灾害状况选择相应的控制方案，通过车载装置和可变情报板提供交通管理控制信息。

(4)路网条件信息：可提供如路网内某路段发生交通事故、道路施工养护、交通中断、交通阻塞等实时信息，以及针对某路段的交通管制情报，出行者可据此选择最佳出行路线，或中途改用其他交通出行方式。

旅行途中最关键的需求是在旅客身处窘境时，比如处在天气恶劣、严重交通阻塞等情况下，出行者能及时而准确地得到如安全行驶速度、交通危险地区、天气情况、行车线路改变的建议以及有可能提供的及时救助等信息。

3. 途中公交信息服务

通过提供实时途中公交信息、换乘信息，鼓励人们用公共交通或合乘等出行方式代替独自驱车出行。提供公交信息是为了帮助利用公共交通的出行者进行出行路线、换乘路线和出行时间的选择，以提高出行者出行的便利性和高效性。通过车载装置、置于用户家中或办公室内的便携装置，以及位于路边和车站等处的个人终端，提供实时的公共交通运输的行车时刻和运行路线、换乘站点、票价、公交拥挤状况、停车泊位及搭载合乘等信息，以利于出行者选择并反馈。

4. 路线诱导及导航服务

通过不断提供最新的路况信息和交通事件信息，在车载电子地图上显示车辆运行的轨迹，同时能够以语音、文字、简单图形给出诱导信息，用于满足路上行驶车辆的路径选择和修正驾驶路线。该子系统还负责提示驾驶员是否行驶在计划的路线上，若处在错误的地点，它能够为驾驶员提供新的最优路径。

路线导航将根据运输系统的实时信息直接为驾驶员指示抵达目的地的行驶路线与方向。

5. 与目的地相关的信息服务

此类信息包括沿途及目的地的天气状况以及加油站、汽车修理厂、停车场、宾馆、饭店、医院等服务机构的地理位置、电话等。

四、国外典型应用系统

1. 美国的 ATIS

(1) TRAVTEK

在美国 ITS 现场试验中，比较有代表性的有在佛罗里达州奥兰多市进行的 TRAVTEK 研究，该试验以实时道路引导和信息服务系统的实用化为目的。TRAVTEK 系统结构如图 2-4 所示。TRAVTEK 由交通管理中心、信息服务中心和搭载了导航装置的车辆组成。交通管理中心负责收集、管理并提供道路交通信息，同时还要提供系统运行所必需的信息管理与服务；信息服务中心以观光设施、宾馆、饭店等为对象，收集各种服务信息（黄页信息）；车载导航装置提供车辆定位、路径选择、界面等三个功能，该装置能够显示包含堵塞地点、事故和施工等信息的奥兰多地区地图，并能提供符合驾驶员要求的路径引导，以及提供服务的文字信息等。

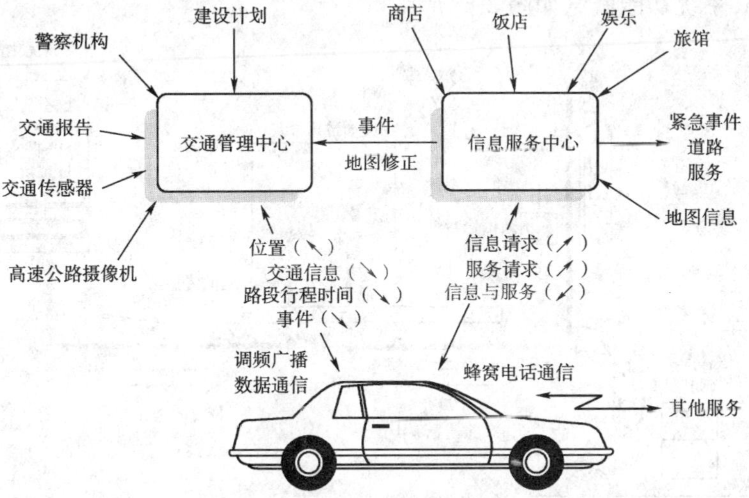

图 2-4　TRAVTEK 系统结构

(2)ADVANCE

从1991年开始在包括俄亥俄国际机场在内的芝加哥西北部 $300mile^2$ 的范围内对ADVANCE(Advanced Driver and Vehicle Advisory Navigation Concept,先进的驾驶员与车辆顾问导航概念)项目进行了试验。该系统根据需求进行双向通信导航,这一点比TRAVTEK更先进。其概念图如图2-5所示。在ADVANCE中,因为车载导航装置和交通管制中心之间通过电波双向通信直接连接,所以作为交通信息,除车辆感知器等现有的信息源之外,在区域范围内行驶的参加试验车辆的行驶时间数据也能使用。导航装置由触摸屏、显示屏和导航计算机构成。输入最终目的地,该系统根据最新的交通信息能够计算出最佳路径,该最佳路径的计算是利用全球定位系统GPS和交通管制中心实时传送来的交通信息在导航装置上进行的。路径导航不在地图上进行,而是采用声音合成以及用显示屏上的记号进行指示的形式。

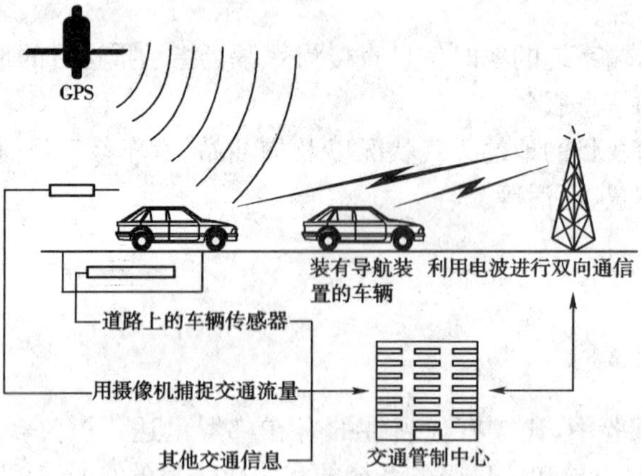

图2-5　ADVANCE概念图

2. 欧洲的ATIS(Ali-Scout)

Ali-Scout是以德国西门子公司为主开发并推向市场的系统,在欧洲称为EURO SCOUT。Ali-Scout车辆装配一个车内导航辅助系统,它包括指示方向的磁性罗盘和一个量测行驶距离的车轮速度传感器;一个带显示器的仪表板,可激活路线导向功能并给出路线导向指令。Ali-Scout系统功能概览如图2-6所示

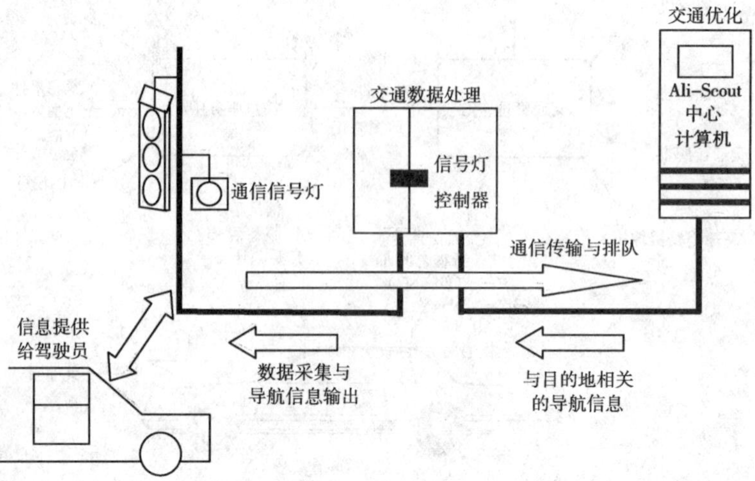

图2-6　Ali-Scout系统功能概览

在 Ali-Scout 系统中，沿着公路及在 Ali-Scout 车辆内安装了红外线信号灯。实际上，信号灯是红外线通信收发设备，它与交通信息控制中心的中心计算机相连，这样能够使信息双向传送，既可从交通信息控制中心发送信息给车辆，也可以从车辆内发送信息给交通信息控制中心。

信息中心计算机包含路线导向信息以及当前交通阻塞和道路状况数据。它从行驶的车辆上接收到它的当前位置和想去的目的地信息，从而为每一辆车计算出到达目的地的最优（最快）路线。信息中心计算机知道车辆如果按指定的路线行驶时必然经过的下一个信号灯位置。它为车辆准备了一个信息包，信号灯将向准备经过它的车辆传送所记录的所有信息。每一辆接近一个信号灯位置的车辆都能接收到该地点的全部信息，车辆仅选择那些与它同路的车辆信息。这些信息仅指导车辆沿指定路线到达下一个信号灯位置，在那儿车辆又会收到新的指令。从出发点开始，驾驶员就使用车辆的导航系统，遵循 Ali-Scont 显示器的方向箭头指令。这样，车辆在整个路线上会接收到一个接一个的信息指令，直到收到出口指令。

当车辆从一个信号灯行驶到下一个信号灯时，Ali-Scout 车辆执行交通探测工作。在每个信号灯位置，车辆读出有关发送信息时间和上一个信号灯位置的数据，这样就标识了行驶路线上的路段和通过该路段所需时间。所有 Ali-Scout 车辆的交通探测数据均发送给中心计算机，以提供给当前交通状况数据库。行驶在系统范围内地区的 Ali-Scout 车辆自动执行此功能，无需驾驶员参与工作。

从整个交通流的观点来看，依据目的地和当前交通状况信息，信号灯信息给车辆一条最快捷的路线通过道路网络。典型地，在一个服务于局部地区的道路网上，相对少量的主要公路（干线）吸收了大部分交通：许多车辆在公共始点进入系统，又在公共终点离开系统。在正常交通状况下，沿途的路线导向信息对这些车辆是相同的。这样，信息就不需要传递给单个车辆，仅给行驶在同样路线上的一群车就行了。

Ali-Scout 系统中信息处理功能的分配与 ADVANCE 和 TravTek 系统不同。在 ADVANCE和 TravTek 系统中，每辆车均配置了一个公路与当前交通信息的数据库，通过它，车辆可计算出路线导向指令。而在 Ali-Scout 系统中，信息中心计算机处理路线导向指令，然后通过红外线信号灯分配给车辆，这样大大简化了车内装置的处理功能，从而降低装置的价格。

车载单元（IVU-in vehicle unit）大约有一个袋装支票簿大小，装在车辆的仪表板上。IVU 可显示路线导向符号和代表目的地的八个字符组成的行，它也提供了控制按钮以及一个可分离的手提键盘（可远离显示屏）用来输入目的地。IVU 示意图如图 2-7 所示。

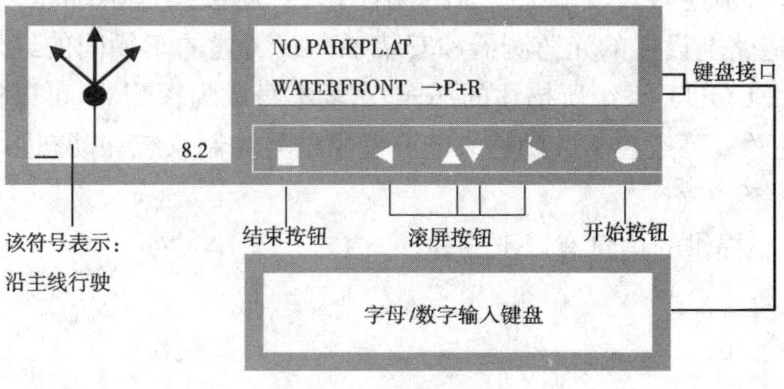

图 2-7 Ali-Scout 车载单元

3. 日本的 ATIS

(1)VICS

VICS(Vehicle Information & Communication System,道路交通信息通信系统)系统从1991年开始,在警察、邮政、建设等三个政府部门的协助下进行开发研究工作。1996年春在东京圈的主要普通道路、首都高速公路、东名和名神高速道路全线开始正式导入该系统。在此之后,大阪府等8个地区的主要道路、高速道路全线也导入了该系统。

VICS系统的构成及功能如图2-8所示,其具有信息的收集、处理、提供与利用四个功能。其运行机制是交通管理者(公安委员会、警察厅)和道路管理者(道路公团等)双方提供的交通信息,经日本道路交通信息中心集中到VICS中心,这些信息由VICS中心通过三种方式传送给驾驶员和车载装置。这三种方法所用的装置分别是通过道路管理者设置运用的电波监测器,公安委员会设置运用的光(红外线)监测器以及FM多频广播。电波监测器在高速道路上平均每隔2～4km设置一处,而普通道路上的光监测器最开始在东京圈(东京都、神奈川县、千叶县、埼玉县),大阪地区及爱知县使用,最近已延伸至京都府、兵库县等地,到1997年春天,在全国大约已经安装了10 000台,预计今后将进一步扩大使用数量。

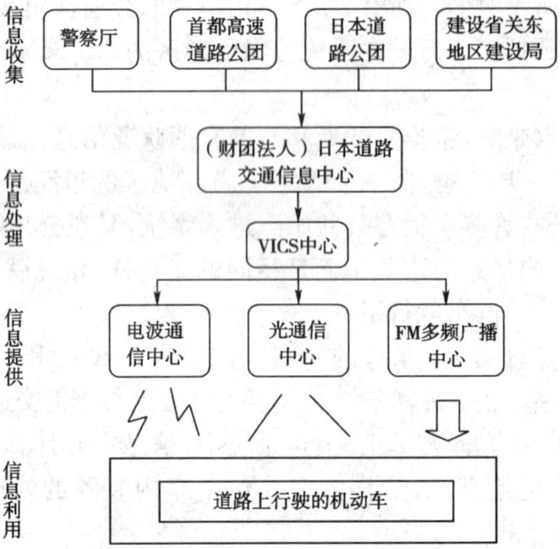

图2-8 VICS系统构成及功能图

在大范围内起传递信息作用的FM多频广播目前使用NHK的电波播出。现在销售的汽车导航器机种都带有适应VICS系统扩张的功能,只要连接操作系统和天线,就能够接受信息。此外,在普通道路上设置的光监测器和安装了车载装置的车辆间的红外线通信是双向进行的,就像RURO SCOUT系统所描述的那样,车辆本身成为探测器,可以将旅行时间、OD等信息向控制中心发送。可望在不久的将来能开发出信号控制系统和动态路径引导系统一体化的道路交通管理系统。

目前VICS中心提供的信息有以下五种。

①堵塞信息;

②所需时间;

③交通障碍信息;

④交通规制信息;

⑤停车场信息。

这些信息分别被处理成适应车载装置功能型(即数字地图表示型)、简易图形表示型、文字表示型等不同类型之后提供给用户。

(2)ATIS

在日本ITS道路系统发展过程中起先驱作用的交通情报服务株式会社，从1994年2月开始导入ATIS(Advanced Traffic Information Service，先进交通信息服务系统)系统，进行试验性的限定区域的信息服务业务，之后在1995年4月该服务系统正式开始运营。用户与ATIS系统运营公司签约之后，可根据个人的需求，通过车载导航装置或住宅和办公室的电脑，获得多媒体地图信息和文字信息(图2-9)。

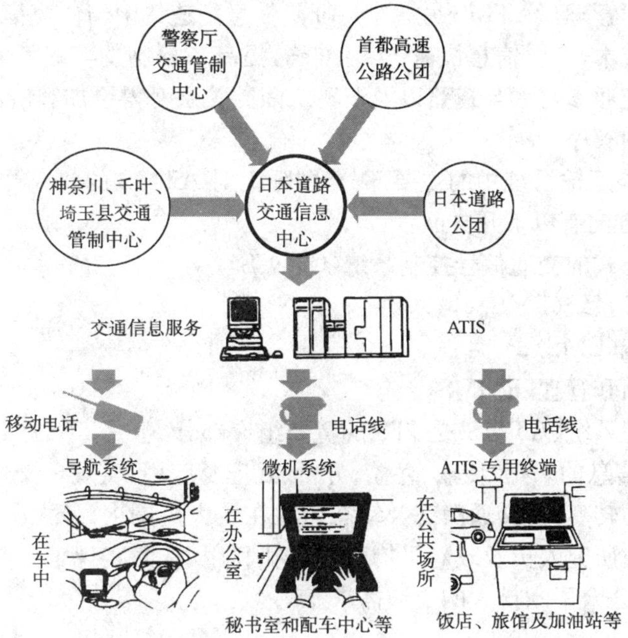

图2-9 ATIS系统概念图

由于ATIS系统与目前迅速普及的汽车电话、移动电话和个人电脑通信紧密相连，所以具有以下特征：

①通信媒体是电话(包括无线和有线)，可以同时用于其他目的；

②充分发挥了双向通信的特长，可以按照需求获得所需的、指定的信息。

ATIS的导航装置已有销售，购置后将其与汽车电话或携带电话端子相连即可使用。如果在该系统的终端使用个人计算机，只要有与ATIS系统可用的软件卡和数码地图的CD-ROM就能够进入系统，但需要付费。

第二节　先进的交通管理系统(ATMS)

一、概述

随着智能运输系统在全球范围内兴起，人们对传统交通管理的思想观念发生了根本性的改变。先进的交通管理系统ATMS(Advanced Transportation Management System)就是在这样的情况下产生的。ATMS通过应用计算机技术和通信技术将交通系统和车辆作为一个整体考虑，用于监测、控制、调度、优化和管理公路交通，在道路、车辆和驾驶员之间提供通信联系的桥梁。其目标是改善现有路网运行状况，提高道路的有效利用率和交通流量，减少道路的交通拥挤程度、交通事故的发生率以及因交通拥挤、事故等造成的出行时间延长，降低油耗、减少废气排放等。

ATMS不仅为交通管理者提供了一种先进的管理及控制方法，提高了管理效率，而且使交通参与者——驾驶员和行人都能感觉到减少拥堵、提高通行效率所带来的便捷。

ATMS的主要特征就是系统的高度集成化。它利用先进的通信、计算机、自动控制、视频监控技术，按照系统工程的原理进行系统的集成，使得交通工程规划、交通信号控制、交通检测、交通电视监视、交通事故的救援及信息系统有机结合起来，通过计算机网络系统，实现对交通的实时控制与指挥管理。ATMS另一个特征是信息高速集中与快速信息处理，ATMS由于运用了先进的网络技术，获取信息快速、实时准确，提高了控制的实时性，城市ATMS的应用使交通管理系统中交通参与者与道路以及车辆之间的关系变得更加和谐，缩短了旅行时间，使城市的交通变得更加有序。

ATMS作为智能运输系统中的主要部分，国际上对ATMS的研究开发和应用非常重视，ATMS的研究主要方向有以下几方面：

①城市道路中心式的交通信号控制系统(CTSCS)；

②高速公路管理系统(FMS)；

③事故管理系统(EMS)；

④车辆排放监测和管理(EMMS)。

先进的交通管理系统(ATMS)是ITS的重要组成部分，也是ITS中最基础的部分。正是ATMS实现了交通信息的采集、传输、存储、分析、处理及应用，实现了交通管理从简单静态管理到智能动态管理的转变，使交通静态及动态信息在最大范围内、最大限度地被出行者、驾驶员、系统管理者、交通研究人员及政府机构所共享和利用，从而实现了大交通系统的动态优化运行，有效地满足了公众不断扩大的交通需求。

二、系统组成

先进的交通管理系统是由一系列的公路状况监视、交通管理与出行建议系统所组成。典型的系统组成如图2-10所示。

如果把整个先进的交通管理系统按信息和流程划分，则图2-10可简化为图2-11所示的四大部分。

1. 信息采集系统

信息采集系统主要应用各种传感器获得并综合各种交通信息、道路信息、气象信息，为交通控制及管理提供基础数据，是ATMS的信息输入部分，可以根据不同的需求对这些数据进行进一步处理，从而得到符合不同需要的更有价值的信息。确保基础交通信息能够及时、准确地采集，这对于ATMS实现系统功能是至关重要的。

(1)车辆检测器

交通量、车道占有率、车速等参数是交通管理与控制的基本依据，这些参数通过各类车辆检测器采集。在公路的出入口及主线交叉口上设置车辆检测器，其间隔根据道路的重要程度及交通量来选择，例如城间高速公路比较稀疏，有的相隔2km以上设一处，有的只在互通式主体交叉出入口处设置。城市高速公路设置比较密，500m左右就设一处。

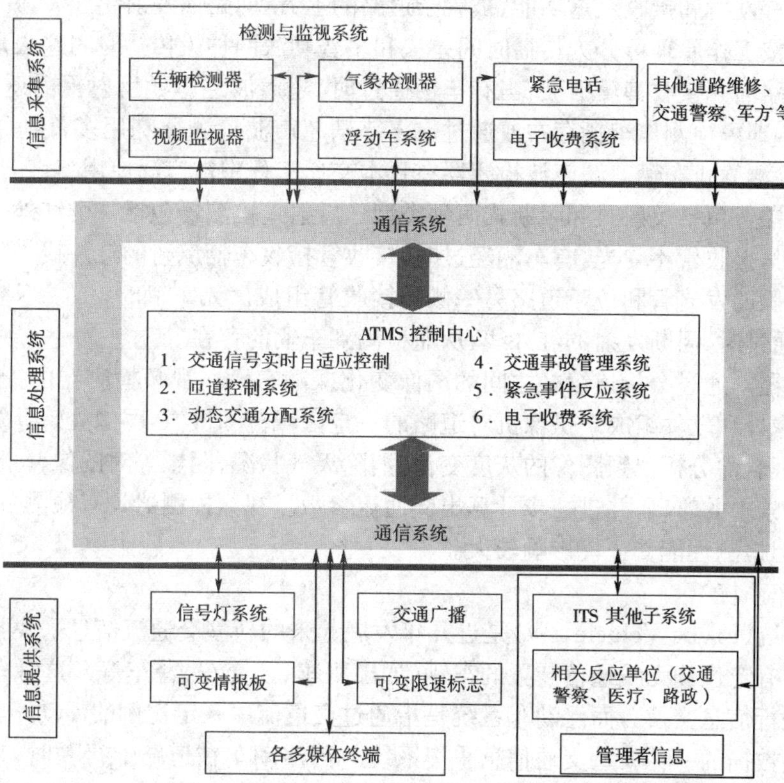

图 2-10　ATMS系统组成

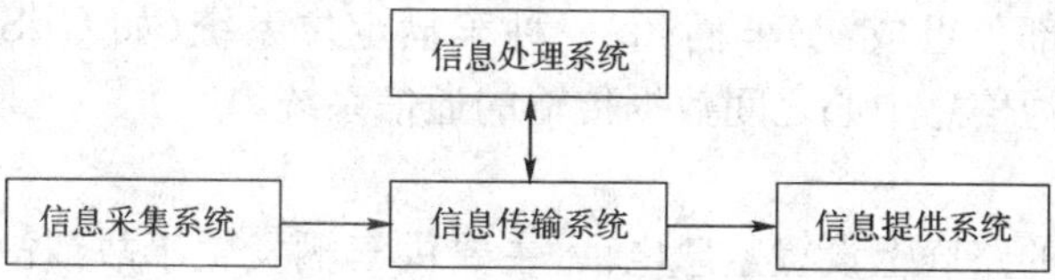

图 2-11　ATMS信息流程图

常用的车辆检测器有环形线圈检测器、微波检测器、超声波检测器、红外检测器、视频检测器等，下面作一简要介绍。

环形线圈检测器　是目前使用最广泛的车辆检测器，它的传感器是一个埋在路面下、通有一定工作电流的环形线圈。流过线圈的电流产生磁场，当车辆通过线圈或停在线圈上时，车辆引起线圈回路电感量的变化，检测器检测出该变化量即可检测出车辆的存在，通过两组环形线圈检测器的输出信号就可以确定车道占有率、速度和交通量等交通参数。

微波检测器　有两种类型：一种是持续波（CW）多普勒雷达，另一种是调频持续波（FMCW）雷达。CW多普勒雷达以恒定频率持续发射电磁波，基于多普勒原理测量车辆速度。发射信号与接收信号在频率上的差异与车辆速度成正比。当检测到频率发生变化时，就意味着车辆的通过。这种类型的检测器不能检测静止车辆。FMCW雷达发射锯齿形波段，它随时间不断变化其发射频率，通过测量检测器与车辆之间的距离，从而达到对静止车辆进行检测。另外，通过测量车辆经过已知距离路段的时间，即可得到车辆速度。

超声波检测器　与微波检测器相似，利用车辆对超声波波前的影响实现检测。超声波检测器的探头具有发射和接收双重功能，被置于道路的上方，向路面发射超声波，并接收反射波。超声波检测器按工作原理可分为传播时间差法和多普勒法两种。传播时间差法是将超声波分割成脉冲射向路面并接收其反射波，当有车辆通过时，超声波经车辆反射提前返回，检测出反射波的时间差，即可检测出车辆存在或通过。多普勒超声波检测器利用多普勒原理测量车辆速度，但不能检测静止车辆。超声波检测器在日本交通工程中被广泛使用。

红外检测器 包括反射式和阻断式两种类型。反射式检测器包括一个红外发光管和一个接收管，无车时，接收管不受光，有车辆经过时，接收管接收车辆反射的红外线。阻断式检测器由位于道路一侧的发光管和位于道路另一侧的接收管组成。无车辆时，接收管接收发射的红外线，有车辆通过时，阻断发射的红外线，从而检测到车辆的存在。

视频检测器 通过分析连续帧之间的图像变化探测车辆。视频检测器由摄像机、图像处理计算机、图像处理软件组成。摄像机对道路的一定区域范围摄像，图像处理计算机完成图像转换，图像处理软件分析视频图像的灰度变化，消除天气状况、阴影等对图像背景造成的影响，检测出视频场景中的车辆，并进一步计算出交通流参数。视频检测器具有检测范围大、检测参数多的优点，但检测性能受环境影响较大。

(2)浮动车系统

浮动车系统(Probe Vehicle，PV)是近几年发展起来的新型交通流信息采集技术。所谓浮动车是指安装有定位和无线通信装置的车辆(如出租车、公交车、警车等)，这种车辆能够与交通信息中心进行信息交换。而浮动车系统是指通过交通流中一定比例的浮动车辆与交通信息中心实时交换数据的一种新型交通信息采集系统。当浮动车在道路上行驶时，来自路网的交通流数据被收集，这样可以直接、方便地测得车辆行驶速度、路段行程时间等参数。浮动车系统作为一种重要的交通信息采集方法，可以弥补传统交通信息采集技术的不足。

系统通常由三个部分组成：①车辆；②一种车辆定位系统(如 GPS、电子标签、移动电话等)；③实现车辆和交通信息中心之间数据传输的通信系统。

(3)紧急电话

在高速公路两侧的路肩上设置紧急电话，主要供车辆发生事故或故障后与控制中心迅速取得联系，请求指示或求援。紧急电话一般相隔 1km 设置一部，城市高速公路 500m 设置一部，当发生交通事故请求支援时便可与控制中心通话，但它不与市内电话网直接相接。

(4)气象检测器

气象检测器主要用来观测雾和冰冻，测量风向、风力、雨量、路面积雪等，也可用来测量不同深度下的路表温度。

气象检测器包括：可测路表温度的红外线温度遥感测试仪；埋设在路面内的热电偶温度计；测量大雾浓度的穿透率计；利用冰的放射性能不同而制成的非接触式路面冻结检测装置，可自动分辨路面潮湿、干燥、冰冻、积雪等状况。

雾是引发高速公路交通事故的重要因素之一，气象检测器还包括与雾相关的能见度检测仪。所谓能见度就是白天可观察到目标的最大水平距离，夜间则是能够看到和确定出一定强度灯光的最大水平距离。根据能见度可推算允许车辆行驶的最高速度，并及时显示在可变限速标志上，以诱导驾驶员减速行驶，保持一定车距，以保证在雾天行驶安全。

(5)视频监控系统

视频监控系统是先进的交通管理系统信息采集的一个重要组成部分，同时，对管理人员来说，它又是一个信息提供系统。通常在一些特殊路段和事故易发地段安装视频摄像机来监视这些区段的交通状况。一旦发生交通事故或出现车辆故障，能及时提供事故现场图像信息以对事故进行确认，以便控制中心迅速作出反应，协调管理和事后处理。图像监控具有逼真、直观、清晰等特点，所以控制中心便于调度和指挥。若再添置图像处理系统，还可用来统计交通参数。闭路电视系统也能观察监控设备如紧急电话，当一个危险信号发出时，控制台上的监视器就被切换显示危险区域。

通常电视摄像机安装在车辆密度大、车流量大的区域或立交区附近和隧道口、收费口、大桥等地段。摄像机可覆盖整个区段，监视全线交通运行情况。

视频监控系统由摄像、传送、接收和控制部分组成。其信息流程为摄像机对被摄体进行摄像，再通过传送和接收将被摄体显示在监视器上。控制部分对整体进行控制，使被摄体的效果达到最佳状态。

①摄像部分。其主体是摄像机，包括镜头、摄像机支架、云台和防护罩等。根据使用目的不同，可选择不同的摄像机和镜头。

②传送部分。监控系统图像传输有直接视频传输（模拟信号）和压缩编码传输（数字信号）两种方式。传输媒介有同轴电缆、光纤、无线微波等。

③接收部分。是闭路电视的终端，其目的是把所需的图像信息在监视器上显示。

④控制部分。其主要功能是对云台、镜头光圈、焦距、雨刷等进行控制，使被摄体的图像达到最佳状态。

(6)轴重计

高速公路通常都有轴重限制，为了检查超重车，往往在收费站或匝道入口处设置轴重计，对超重车进行处罚、限制上路或增收通行费。

(7)电子收费系统

电子收费系统可以看作 ATMS 的特殊形式，它适用于收费高速公路的交通管理。车载电子标签与路侧设备进行无线通信，正常应答后可实现不停车收费，同时管理系统可采集到汽车类型、通过时间及位置信息，并可计算出车辆通过两收费站间的时间，这些数据可以用于监视公路上的交通流和帮助事故的探测，所以大量带电子标签的汽车都可以用作浮动车。

2. 通信系统

在控制中心与信息采集、提供系统终端之间，需要借助于信息传输系统进行联系。通信系统（信息传输系统）主要是通过光纤、电缆、微波等传输媒介，在终端与交通控制中心之间传输数据、语音和图像等信息。

ATMS 通信系统包括广域通信网、专用短程通信、车—车通信，其中前两者是 ATMS 主要使用的通信方式。

(1)广域通信网

通常使用广域有线通信网络实现控制中心与各种路边系统之间的连接以及各控制中心之间的互联，也可以使用广域无线网络实现以上任意两者之间的连接，广域无线网络主要是实现交通控制中心与驾驶员或与车载设备之间的通信。

有两种方法实现广域通信：一种是建立专用通信网络，另一种是使用商用通信网络。随着商用数据通信网络的实施与技术的成熟以及使用费用的降低，将有更多的商用通信网络给 ATMS 提供有线与无线的广域通信网络服务。

通过使用具有开放通信接口的通信网络，将有利于不同部门的各个系统之间相互协作，并且更加容易与其他开放通信服务形成网络。所谓开放的通信接口就是使用标准通信协议的非独占接口形成网络，Internet 网络就是一个典型的开放广域通信网络的例子。

(2)专用短程通信

专用短程通信(DSRC)主要实现车辆与路侧设备之间的通信，适用于局部范围提供信息服务。DSRC 主要应用在不停车收费，也可拓展到 ITS 其他领域的数据传输应用。其应用领域包括：

①不停车收费系统；

②停车场系统；

③商用车辆与路边服务设施；

④固定路线运输系统；

⑤交通探测；

⑥交叉口避免碰撞；

⑦车载信号与驾驶员咨询系统。

(3)车—车通信

车—车通信系统给若干相邻车辆提供直接通信的能力。这种系统主要服务于将来的先进车辆控制系统，车—车通信的通信区域在 500m 左右，以确保事故发生时驾驶员有足够的反映时间。从通信网络来说，要保证车队中任一车辆中至少可与其附近的车辆进行通信。而每对相邻车辆之间的通信的形成，应会导致该车群中覆盖所有车辆的通信网络的形成。

3. 信息处理系统

信息处理系统(交通控制中心 TCC)，主要对数据、语音、图像等信息进行处理和分析，生成并不断更新交通运输信息数据库，提出交通控制方案，并通过相应的设备对有关路段内的交通流作出相应的管理与调度。交通控制中心逻辑结构如图 2-12 所示，其主要功能如下。

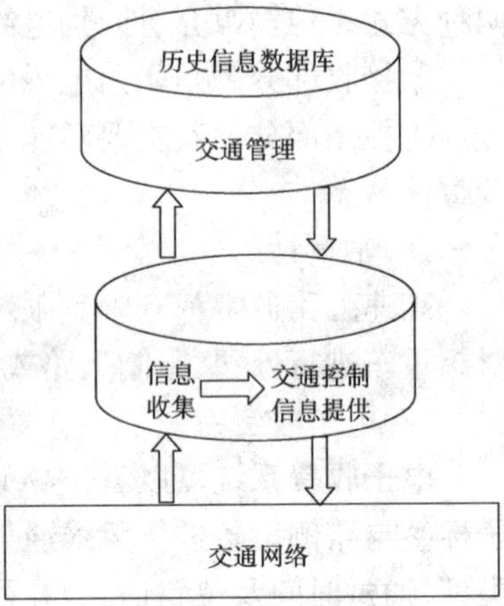

图 2-12　TCC 逻辑结构

(1)实时自适应信号控制

通过准确了解道路上的交通需求，优化交通信号配时，提高绿灯的使用效率，控制交通阻塞的进一步发展与道路交通分配中的不平衡。

(2)能够提供丰富的信息

通过使用可变情报板、可变图形显示、路侧广播、车辆终端、个人计算机等多媒体介质，可获取来自 TCC 的交通信息，以满足旅行者不同的需求。

通过提供的信息，旅行者可了解道路交通状况，适时地作出改变车速、绕道或停车等反应。

(3)提供各种交通管理

系统应具备各种管理功能，使交通管理者能确认道路交通状况并控制交通状况的不良发展。TCC 操作者能对交通事故、道路维修、特殊的社会政治事件、发生危险等情况作出迅速反应，通知相关部门迅速介入，并提醒道路上的旅行者注意特殊的交通状况。

(4)构建交通信息数据库

通过收集处理来自各种交通检测器的数据，并将有关交通阻塞信息、旅行时间以及控制效果等情况存储在交通信息数据库中。这样交通操作者能及时调用历史数据以及方便与邻近地区进行交通信息交换。

(5)对于TCC应有良好的用户接口界面，确保TCC功能得到充分利用，使得交通工程师可以集中精力工作，而不必考虑系统各部分的操作性能。

4.信息提供系统

信息提供系统是交通控制方案得以实施的工具，主要通过可变情报板、交通广播等向出行者或管理人员提供有关交通运输情报，主动调节交通流。本系统主要是向出行人员或管理人员提供交通运输信息（如交通、气象、事故和道路情报），发布命令或建议（如限速、关闭匝道），向交通拥挤地段的驾驶员提供建议路径等，以促使出行人员选择合理的出行方式及路线，使道路交通流量分布均匀，以提高道路利用率等，达到交通控制与管理的目的。

早期的信息提供系统是静态的，根据道路的几何特征或交通管理经验来设置，如固定式交通标志牌、路面标线等，当然，它们在先进的交通管理系统中仍然是必需的。利用计算机控制的、可远距离操纵的各种动态信息提供系统可以实现动态管理控制交通流。

(1)可变情报板系统

可变道路情报板是公路上专供控制中心为出行者提供交通示警，交通管制等实时情报所用。适于使用这种标志的有以下几种情况：

①周期性问题，尤其是峰值拥挤交通流，其特点是时间较短；

②非周期性问题，由各种事件引起的交通流中断，如事故或道路维修养护活动等；

③环境问题，由诸如雨、雾、冰、雪等自然条件变化所产生的交通问题；

④特殊事件引起的交通问题，如游行示威活动、特别车队通行等；

⑤特殊运行问题，公路设施引起的特殊交通流，如大车位汽车专用道、可逆车道、逆流车道、隧道、收费站、开合桥。

通过信息采集系统，控制中心将收集到的各种数据和信息经中心处理机处理后自动生成指令或用显示屏幕编辑或由管理人员通过键盘按钮发出指令，通过通信控制单元以及终端控制机在情报板上显示出方案或图形，向驾驶员提供关于交通阻塞、交通事故、道路维修施工或气象情况等各种随机情况，及时发出行车指示。

(2)可变限速标志

根据控制中心的命令，当前指定的车速可用可变限速标志来动态显示，来调节路段的车辆密度和平均速度。

根据车辆检测器提供的信息和其他信息（如平均车速过小、应急电话呼救频繁等），控制中心认定某一路段内车辆拥挤或出现事故，通过中心计算机向设在该路段前方的可变限速标志发出限速指令，限定车辆的最高速度以避免该路段车辆密度过大和低速交通流的恶性循环，待事故排除后或交通流恢复正常后再解除其限制。

(3)交通广播及路侧通信广播

利用汽车收音机收听交通广播比视觉更方便，国外广播电台一般都有专设的交通信息中心广播节目时间，定时播送高速公路及附近公路的交通情况。

但交通广播节目有它的局限性，它不能满足交通管理的需要。一是它只能定时向大范围全域广播相同的内容，不能随时提供重要信息；其二是缺乏针对性。

路侧通信系统是利用路肩或中央分隔带上的感应天线进行广播，广播内容是根据收集到的信息由中央控制室计算机编辑加工并经过声音合成发出的。对不同的路段、不同的车流方向通过路段所设置的发射天线，播送不同的内容，播送的信息量大，内容随时间地点而变，有针对性，是对可变情报板的重要补充。

(4)道路模拟屏

道路模拟屏与控制中心的中心计算机相连接，接收其提供的有关系统运行的总体信息并显示在屏上，从模拟屏上就能了解设备在线运行情况以及交通运营情况。模拟屏还能从视觉上确认事件的发生，使控制中心对道路状况了如指掌，以利于统一调度和管理。

道路模拟屏显示如下信息：

某区段的交通参数；某地区的温度、风力、风向、降雨及降雪量、能见度等气象信息；显示可变情报板和可变限速牌的内容；交通事故发生的时间、地点、事故类型及伤亡情况等事故信息；显示外场设备工作状况；以不同颜色显示不同路段交通状况；摄像机工作状态；显示紧急电话：沿线某公里处打来紧急电话，则屏上对应桩号处指示灯亮。

(5)信号灯系统

信号灯系统主要布设在交叉口、隧道入口等处，交通控制中心根据需要来调节交通量，其作用是控制路口开闭，诱导车辆。

(6)公共信息电话查询

使用安装在重要公共位置的电话亭，出行者可以通过公路路况电话查询台了解某一路段的交通状况，以选择合适的出行方式与路线。

(7)信息终端

在服务区、停车场、火车站等公共场所设置包括图像通信、数据通信、电视数据、电视投影、传真等各种电子设备终端，交通控制中心可利用终端发布大量的交通情报和指令，以供出行者查询。对于私人家庭来说，计算机是较为合适的终端设备，每户家庭可以通过公用数据网络与信息中心相连。

三、基本功能系统

ATMS的主要目标是实现城市道路与城际高速公路综合网络的一体化监控管理。对于目前正在实施的一些ATMS系统，其功能主要集中在实时自适应信号控制系统，动态交通分配系统，以及基于这两者的事故与事件反应系统，它们构成了ATMS乃至ITS的基本功能系统。实时交通分析系统、动态交通分配系统、实时自适应信号控制系统以及事故检测与反应系统，构成了ATMS的4个基本的功能系统。其结构图如图2-13所示。下面将分别对各个系统进行简要的介绍。

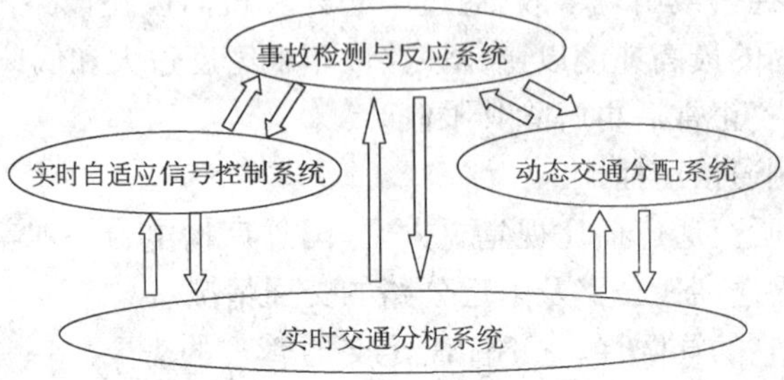

图2-13　ATMS基本功能系统图

1.实时交通分析系统

实时交通分析系统的核心部分是实时交通分析模型，它是开发交通分析软件的基础。实时交通分析模型包括对实时交通信息的处理以及交通参数的计算，这些交通参数包括车速、交通量、车队长度、旅行时间等。该模型要求在一个相当短的时间内对当前及未来道路交通状况有全面的了解。它还应能提供交通阻塞预测所需要的数据,从而使得交通管理控制有一定的反应时间,阻止交通问题的真正产生或减少问题对交通的影响。

2.动态交通分配系统

动态交通分配系统是把动态的实时交通流量在路网各路段上进行分配,动态分配模型可分为系统最优均衡和用户最优均衡两类。

(1)系统最优均衡(User Equilibrium,UE):在所有实际使用的路径上,出行成本相等,且小于任何未使用路径上的出行成本。

(2)用户最优均衡(System Optimal,SO):在整个路网上,总的出行成本最低。

动态交通分配的研究方法大致可分为三类:①计算机模拟方法;②数学规化方法;③最优控制论方法。

动态交通分配系统的主要功能如下:

(1)为车辆提供道路诱导系统,引导车辆行驶在最佳线路上;

(2)为旅行者提供出发时间与方式选择;

(3)提供诱导系统与交通控制系统的相互联系。

3.实时自适应信号控制

在ATMS系统中,交通信号控制的主要目标是实现区域实时信号控制。它把区域内所有交通信号的监控作为一个控制中心下的整体控制系统,即由单交叉口信号、干线信号和网络信号系统组成的综合区域控制系统。

这种先进的实时自适应信号控制系统是集电子计算机、现代通信和控制技术于一体的综合系统。中央控制计算机对交通数据进行处理分析,并执行对路网交通信号控制。它既不需要事先储存任何既定的配时方案,也不需要事先确定一套配时参数与交通量的对应选择关系。实时模拟系统是依靠储存于中央计算机中的交通模型,对反馈回来的交通数据进行分析,从而对配时参数作优化调整。配时参数的优化是以,如延误时间、停车次数、拥挤程度及油耗等综合目标函数的预测值为依据,可保证整个路网在任何时候都处于最佳配时方案下运行。

在目前已有的实时自适应信号系统中,英国的SCOOT系统和澳大利亚的SCATS系统是其中的典型代表。实践证明这种先进的自适应实时系统比固定配时系统的效益要高10%左右。

4.事故检测与反应系统

交通控制的一个关键功能是处理事故,这意味着对事故的监测和控制需要协调配合,以便尽快恢复常规状态下的道路运营。事故监测系统对来自公路检测与监视系统的数据进行分析,当发现异常交通状况时,自动提醒交通管理者可能要发生事故。例如,通过交通检测器检测到交通量突然下降或速度突然下降,这意味着可能发生事故,管理人员则利用视频监视系统对这种警告进行可视化确认。一旦事故被确定,中心处理计算机的专家系统将迅速提出一套处理方案,来缓解交通堵塞,诸如利用高速公路可变情报板来通知后续的旅行者道路前方发生的事故和路况,减少高速公路匝道进入的车流量,使用路侧广播和公路电话查询台系统来通报交通事故,利用平行道路疏导交通以及调节道路交叉口的红绿灯时间等。

事故处理功能包括对事故迅速作出反应并与各相关机构进行联系,如与警察局、消防队、救护车、医用救援直升机、有毒废品排放处理小组联系。同时事故处理功能应能够协调它们之间的工作。

第三节　先进的公共交通系统(APTS)

一、概述

发展公共交通已经成为解决城市交通问题的重要途径。不少西方发达国家在经过了小汽车发展带来的交通堵塞、环境污染等难以排解的问题之后，重新认定公共交通的地位，转而选择“公交优先”的交通模式，公交优先已经成为世界认同的交通可持续发展战略重点之一。大力发展公共交通是解决城市交通问题的重要途径。

先进的公共交通系统 APTS(Advanced Public Transportation Systems)就是利用信息技术有效改进公交服务，它将先进的电子技术应用到使用效率高的公共汽车、轨道交通以及车辆全程的使用与运行当中，从而使这些系统发展完善成为智能的公交系统。从更广泛的意义上讲，先进的公共交通系统就是要使出行者更多地选择公共交通方式出行。

作为 ITS 中一个重要的子系统，APTS 主要目的是改善公共交通的效率(包括：公共汽车、地铁、轻轨交通、城郊铁路和城市间的公共汽车)，提供便捷、经济的、运量大的公交系统。除公交优先控制系统外，还包括电子收费系统、公交运营智能调度系统、乘客信息服务系统。利用 ITS 提供的强大功能平台，集成各个子系统，提高整个公交系统的运营管理效率和服务水平。

APTS 是通过信息技术落实公共交通优先发展的战略，实现公共交通在城市客运交通中占有较大的运量分担比例，达到城市土地空间资源、能源的高效使用。APTS 的应用给我们带来很多益处：

(1)有利于提高经济效益

APTS 可以通过大大提高交通效率而节省大量的燃料和时间，通过减少交通事故，降低因事故而造成的经济损失。这对于提高公交企业经济效益和改善交通从而提高社会各企业的经济效益都是有益的。

(2)有利于提高社会效益

因 APTS 而节省下的乘车时间可以提高人们的生活质量。交通事故减少会使人们生活得更舒适与安全。

(3)有利于改善环境

公共交通效率的提高，将会减少堵车所造成的废气排放量，减少人们为方便出行而使用小型汽车的数量，从而改善空气质量。

(4)有利于城市建设

公共交通的便利，可能促使城市人口向郊区和远郊区流动，人们将居住在距离城市和工作地点越来越远的地方。这样也能够带动当地经济的发展，促进城乡一体化，对于增加城市吸引力，扩大城市影响力都有重大意义。

二、系统的用户服务功能

先进的公共运输系统的用户服务功能包括以下四项。

1. 公共运输辅助管理

公共运输辅助管理利用计算机技术对公交车辆及公共设施的技术状况和服务水平进行实

时分析，实现公交系统规划、运营及管理功能的自动化。通过实时分析可发现实际运行情况与行车计划的偏差及原因，并为调度人员和驾驶员提供各种可能的解决方案，从而有助于车辆的准点运行。与先进的交通管理系统相结合，采取公交优先等策略，可以推动公交利用率增长，确保多式联运中出行者中转换乘的便利。此外，客运量、客运周转量、车辆运行时间和累计里程等信息有助于提高服务质量。而运行信息的自动记录功能以及任务完成情况检查功能可以强化公交系统的行政管理力度。

2. 提供公共运输信息

除了第一节先进的出行者信息系统所提供的有助于公交利用者的信息服务外，该服务还可为利用公共交通运输方式的出行者提供实时的车载中转换乘服务信息，帮助出行者在途中根据需要做出合适的换乘决定并调整行程计划。

3. 满足个人需要的非定线或准定线公共运输

非定线公共运输指公营或私营的小型合乘车辆可根据用户需要接送乘客。另一种可以改善服务的方案是准定线的公共运输车辆，可驶离固定线路一定的距离，以方便乘客上下车。这类公共运输车辆可以是小公共汽车、出租车或其他小型可合乘的车辆。由于该项服务方便快捷，在人口密度较小路段及其相邻地区可扩大公共交通运输服务的覆盖面。

4. 公共运输的安全

该项服务可以为公共汽车站、停车场、客运站及行驶途中的公共汽车或合乘车辆提供行驶或工作环境安全监测，及时预警并在必要时自动控制，直到危险解除，从而提高了驾乘人员的安全系数。

三、智能化公交调度系统

公交智能化调度系统是为了解决公交车辆运行中处于无序、失控与低效的状态与公交可担负城市旅客出行的主导地位不相适应的矛盾，就是要把通信控制、卫星定位、计算机网络与运营组织科学地结合起来，运用系统工程的理论方法进行综合集成，实现运营指挥调度、综合业务通信、乘客信息服务等为一体的智能化公交管理系统，它是公交车辆调度的发展方向，是公共交通实现科学化、现代化、智能化管理的重要标志。此系统是智能公共交通系统的核心子系统。它综合运用了通信、信息、控制、计算机网络及全球定位系统等现代高新技术，根据实时的客流信息、车辆位置信息、交通状态信息等，通过对公交车辆的实时监控、调度指挥，实现对公交车辆的智能化管理。还可以通过电子站牌及时准确地向乘客提供下一班车的预计到达时间，从而使公交车辆运行有序、平稳、高效、协调，实现资源的合理配置，提高公交系统总体服务水平和经济效益、社会效益。智能公交调度系统由公交调度中心系统、信息采集与提供系统、信息传输系统、信息显示与发布系统等组成。

1. 公交调度中心系统

智能调度中心是智能公交调度系统的神经中枢机构，采用先进的无线短距通信、GSM 短消息、微处理机控制、计算机网络、GIS 等技术实时接收公共汽车的位置信息、出行乘载状况、道路等信息，实时监控每辆智能公共汽车的运行状态，利用 GIS 地图匹配技术在大屏幕电子地图上实时显示车辆的状态信息，并根据公交车辆的准点运行情况，实现车辆的自动调度与指挥。同时，公交调度中心还具有出行信息发布功能，公交出行者通过终端——电子站牌、电话、互联网等方便地获得公交信息、实时车辆运营状况及可达车辆等信息，帮助乘客选择最佳的出行、出发时间及换车方式，使更多的出行者选择公交出行。调度中心系统通过对信息的采集、传输和处理，实现了对公交运营车辆的实时监控和调度。迅速调整公交车辆的运营状况，提高运营车辆的效率，达到运营的高效化。同时，系统通过与外部系统的接口来实施安全协调监控和紧急救援等服务，实现了公交运营调度的智能化和运营管理的现代化，可大大提高公交车的服务水平和公交部门的企业形象。

智能调度中心系统主要有：调度中心收发装置、计算机信息数据库子系统、计算机辅助调度子系统(Computer Aided Dispatch，CAD)、综合业务通信子系统、运营计划计算机辅助制定子系统(Operation Plan Computer Aided Decision，OPCAD)，GIS子系统及大屏幕电子地图匹配子系统等。智能调度中心的体系结构如图2-14所示。

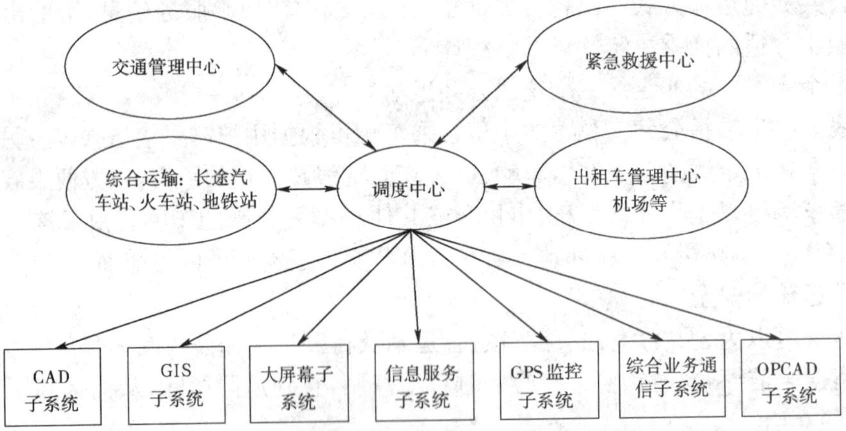

图2-14 智能调度中心的体系结构图

公交调度中心是智能公交调度系统的核心。公交调度中心主要实现公交计算机辅助调度、车辆监控与大屏幕显示、公交运营管理、公交信息采集与发布和公交线网优化等功能。调度中心接受智能公共汽车的定位信息，调度人员根据实时监测到的车辆运行状况，通过无线通信设备，向车辆发布加速、减速、越站、跨线、折返等指令。当车辆在行驶过程中遇到交通阻塞、交通事故，或者在车内发生抢劫、火灾、乘客纠纷、故障、拥挤等紧急情况时，驾乘人员可通过车载设备上的相应按键向调度中心发出路阻、事故、故障、拥挤、纠纷、救助等短信息，调度中心接收到信息后及时与紧急救援中心、交通管理与控制中心相配合完成事故处理、人员救助、疏散交通等任务，同时，依据当前的客流信息、交通流量、占有率等数据合理调度车辆。调度中心还依据乘客流量统计等乘车服务的自动化和信息化技术，统计客流情况，为线网规划与行车时刻表的编制提供可靠数据。另外，公交调度中心还能够根据交通管理与控制中心提供的实时交通数据、信号配时方案，预测车辆在站点的行程时间，并将相关信息显示在电子站牌上，乘客可以在电子站牌上看到该路线上车辆的运行位置，从而调整自己的出行。智能公共交通信息服务系统则通过多种媒体——问询电话、互联网、触摸屏，向出行者提供出行前和在途公共交通信息。智能调度中心系统的逻辑功能如图2-15所示。

2.信息采集系统

车载终端是实现交通信息采集的关键。它由通信控制模块、定位模块、乘客自动计数单元、驾驶员接口单元、车载电子显示屏等部分组成。通信控制模块是车载终端的核心，它将定位模块送来的车辆定位信息，车载人数和其他车辆运营数据，传输到通信网络；定位模块包含GPS接收机和惯性导航设备，能够实现车辆的连续导航定位；乘客自动计数单元采集乘客流量，通过IC卡系统了解乘客的出行OD情况；驾驶员接口单元，具有显示、语音通话和发短消息功能，驾驶员在一定的情况下可以按短消息键发送相关信息，这些信息包括道路堵塞、车辆故障、乘客滞留、服务纠纷、报警通话请求以及车辆的静态信息；车载电子显示为乘客提供各种出行选择信息，方便乘客出行和换乘。车载终端组成如图 2-16。

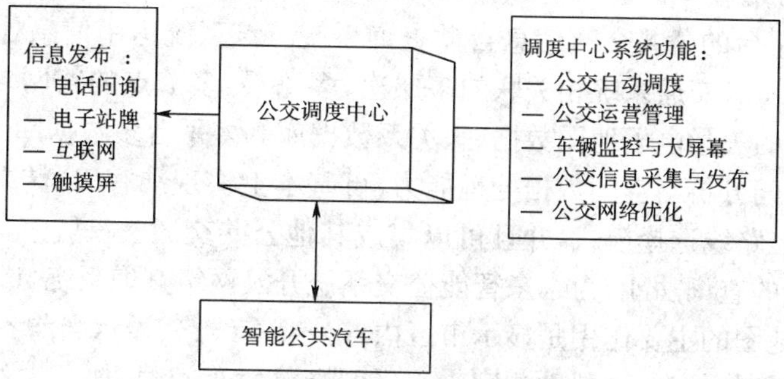

图 2-15 智能调度中心系统的逻辑功能图

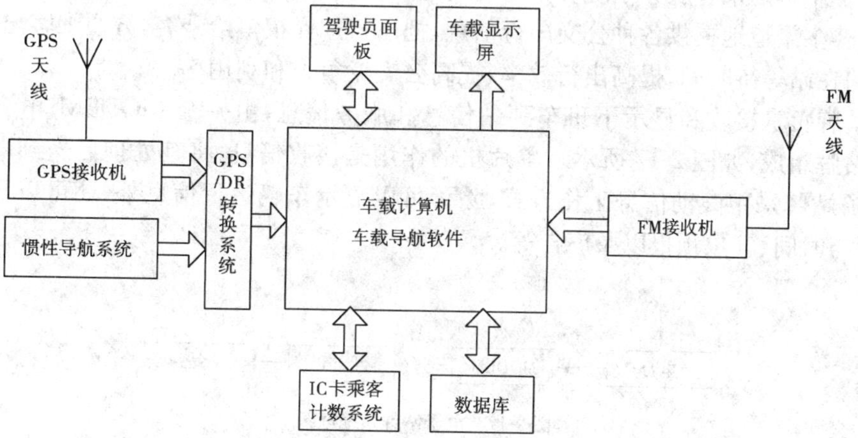

图 2-16 车载终端组成框图

3. 信息传输系统

通信子系统主要有综合业务交换、通信传输、移动通信三个部分组成。在调度中心与信息采集、提供系统终端之间，以及与交通管理中心、紧急救援中心之间，需要借助于信息传输系统进行联系。为确保系统内部的数据、信息能准确、及时地传输，满足运营管理的通信要求，通常要建立城市交通管理内部专用网。

(1)综合业务交换

综合业务交换支持紧急电话、调度电话、业务电话和非业务电话等业务，其核心设备是专用程控用户交换机及外围设备，中心任务是对网内用户开放数据、信息，允许网内用户访问公用数据网。

(2)移动通信

移动通信覆盖的范围包括常规的无线通信系统和蜂窝无线系统、无线寻呼系统等集群无线系统。其中，全数字集群通信系统集调度功能、移动电话、数据传输和短信息传输于一体，具有低功率、大容量、宽域覆盖的特点，使其有能力担当智能公交系统中通信体系核心的重任。以其为主的公共交通通信服务专用网是未来公交智能化通信系统的基础。

4. 信息显示与发布系统

信息显示与发布系统是智能调度系统的终端，要能够为乘客以及管理人员动态显示车辆的位置等信息，同时具有查询功能，主要由公共交通信息自动查询系统、大型的电子地图以及电子站牌三部分组成。

(1)基于 GIS 平台的公共交通信息自动查询系统。该系统运用信息处理技术，在 GIS 地图上形成了一个与所有交通系统相关联的多层次、多路径、多节点的路网、线网、节点网络，建立以公交信息为主的矢量电子地图数据库、关系数据库等多平台多数据库的集成，具有较强的交通网络系统的空间分析与空间数据处理能力，可基本上实现乘客以“转乘次数最少，距离最短”等为条件的最佳路线选择模式，并且可以集成其他公共交通——航空、铁路、公路、水路等常用客运交通信息的查询功能，为未来智能公交系统开发网络查询系统打下基础。

(2)大型电子地图的主要作用是显示市区内各公交车线路，显示当前各线路车的靠站位置状况。车上乘客拥挤的信息，可帮助调度中心采取调整发车间隙，加开大站快车等措施，缓解应付客流高峰。

(3)电子站牌是乘客服务系统发布的终端，能迅速、实时地显示实时线路的公交车辆运行状况，为乘客多渠道地提供各种公交出行信息，把出行选择权留给乘客，方便乘客出行和换乘，减少乘客的在站等待时间，提高出行效率，提高公交竞争力和利用率。

电子站牌负责接收和显示下班车到站信息和服务信息，由一套 MODEM/电台、单片机、电子显示站牌组成，如图 2-17 所示。单片机的作用是接收信息，将其处理后送到电子站牌上显示。电子站牌采用滚动信息工作方式，除了可以显示车辆运行信息外，还可以显示其他信息，如日期与时间、气象预报以及广告等。

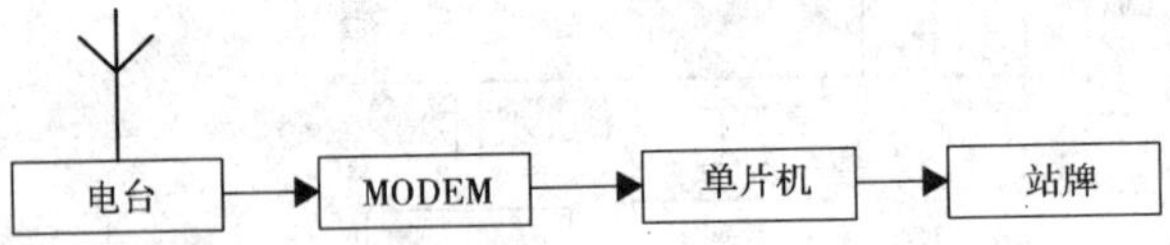

图 2-17　电子站牌系统框图

四、公交车辆优先系统

图 2-18 是在日本推广应用的札幌公交车辆优先运行系统。系统由检测设施传感器、交通控制中心(或公交运营管理中心)、各种显示设施和信息传输通信线路四部分组成。

系统的功能有：

(1)用交通信号优先控制确保公交车辆优先通过交叉口并能准时进出站；

(2)排除一般车辆进入公交专用车道；

(3)向乘客提供车辆到站时间；

(4)向公交车驾驶员提供推荐最佳运行车速、推荐行车时间、到达目的地时间等信息。

系统运行机理：

(1)悬挂在公交专用车道上方的普通车辆感应器感应到普通车辆占用公交专用车道时，把这里信息传到当地的专用控制机，控制机警告板发出“公共客车线禁止通行”的警告显示，同时把发布的警告次数传输给交通控制中心。

(2)悬挂在公交专用车道上方的公交车专用光传感器感应到有公交车到达该地点时，把这个信息传输给交通控制中心，交通控制中心根据该点的站间距离和到终点站的距离，给驾驶员和乘客提供公交车到站和到终点站的运行时间信息，并根据交通信号配时状况，给公交车驾驶员提供推荐运行车速，按各路段的推荐车速行驶，可连续通过交叉口的绿灯。

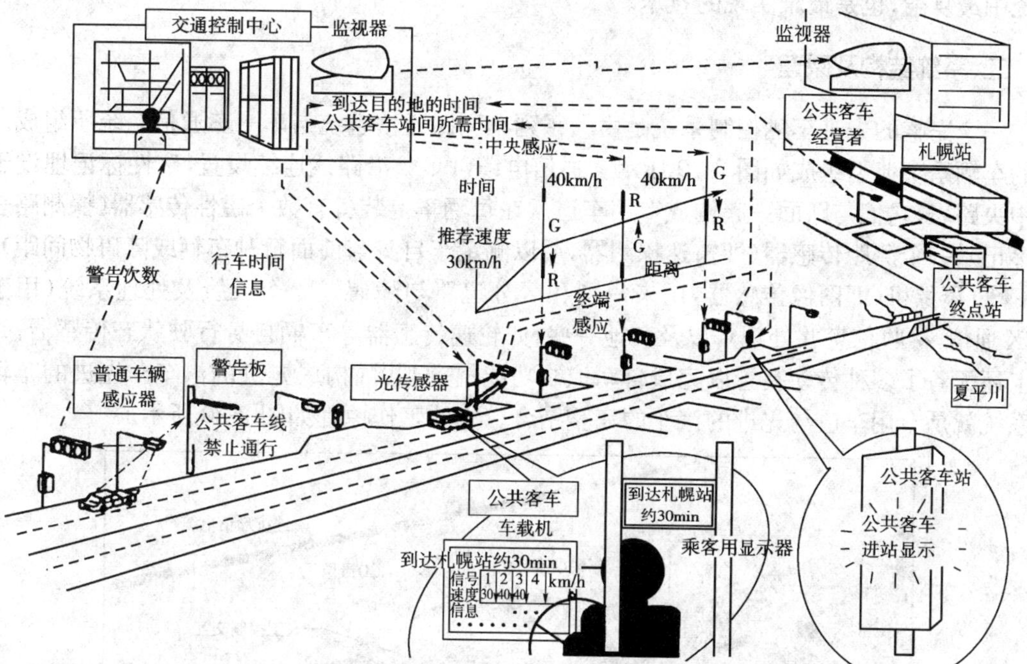

图 2-18　公交车辆优先运行系统

第四节　先进的车辆控制系统(AVCS)

一、概述

随着汽车化的快速发展，道路供需矛盾日益严重，道路交通安全形势将会日趋恶化，交通事故尤其是恶性交通事故呈不断上升趋势，交通安全越来越受到广泛关注。车辆智能化技术的研究和开发，可以提高车辆的控制与驾驶水平，保障车辆行驶的安全畅通、高效。因此，研究先进的车辆控制系统，由传感器来获取行驶环境信息并加以判断，必要时自动控制车辆行驶，以达到避免事故发生的效果显的很有必要。

先进的车辆控制系统 AVCS(Advanced Vehicle Control Systems)是借助车载设备及路侧设备来检测周围行驶环境的变化情况，进行部分或完全的自动驾驶控制以达到行车安全和增加道路通行能力的目的。该系统的本质就是在车辆—道路系统中将现代化的通信技术、控制技术和交通流理论加以集成，提供一个良好的辅助驾驶环境，在特定条件下，车辆将在自动控制下安全行驶。系统通过辅助控制、自动控制等措施的实施将达到以下目的：

(1)避免交通事故的发生；

(2)提高道路的利用效率；

(3)提高驾驶员的方便性；

(4)减轻驾驶员的负担；

(5)实现车辆的安全高效行驶。

综上所述，先进的车辆控制系统是集成了传感器、计算机、车载控制系统以及车道控制系统的一个自动控制系统，以提供预警，辅助驾驶或在危险行驶情况下自动干预。它是智能运输系统中最复杂，也是最难实现的技术。

二、系统结构及原理

一个完整的先进车辆控制系统是由一系列车—路通信系统与车—车通信系统所组成。先进的车辆系统典型组成如图 2-19 所示。通信电缆(LCX)沿路线连续设置，磁性标记埋设于车道中央路表，它们与路面一起构成专用车道。在每辆车上装备有数个磁性传感器(探测路表磁性标记)、一个测距传感器(即雷达探测器，用以测定车自身与前面行驶车辆或障碍物间距)、一个 CCD 摄像机(即图像传感器，用来辨别和区分道路与障碍)、一个天线及处理系统(用于与 LCX 通信，接收信息并处理)，以及其他一些，如轮速传感器等车辆自身行驶状态传感器；每辆车上还配备了多种传动装置以完成自动控制功能；它们共同构成先进的汽车。先进的车辆控制系统就是专用车道与先进的汽车的完整结合。它的工作原理如图 2-20 所示。

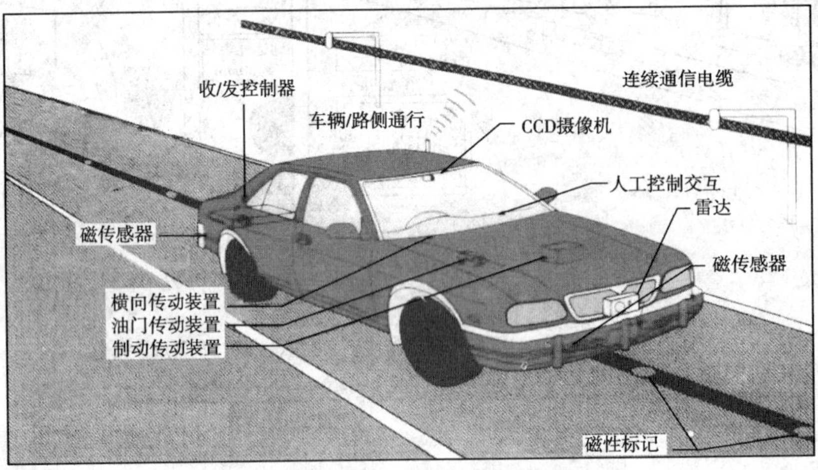

图 2-19　先进的车辆控制系统典型组成图

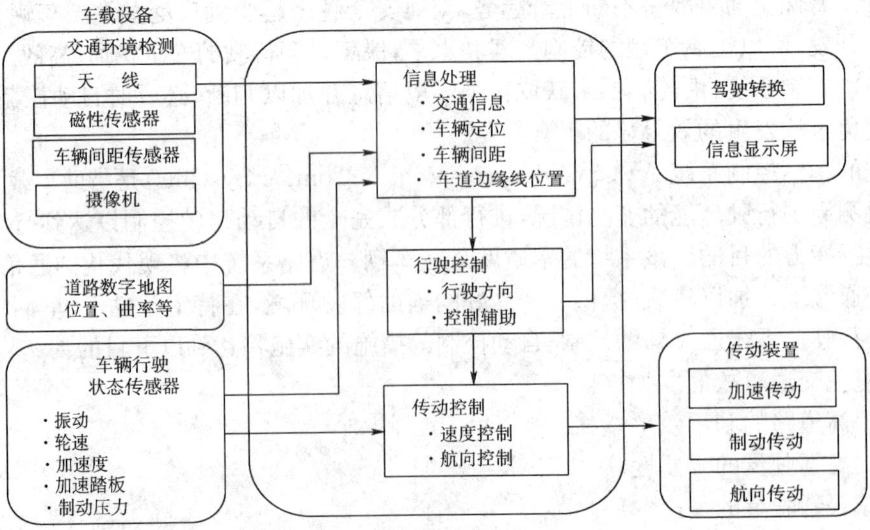

图 2-20　车辆控制示意图

先进的车辆控制系统的核心功能就是车辆能够自动驾驶，这就要求车辆能自动控制行驶速率与行驶方向。对于速率控制，系统往往控制的是一个车队，由 LCX 传递的指令控制头车的行驶速率，尾随车辆则需要控制和保持与前后车辆之间的距离（车间距大小取决于头车控制速率），这样进入专用车道的整个车队系统中各车辆的行驶速率是变化的，车辆行驶速率大小取决于汽车驶入专用车道后实际间距以及从 LCX 传送的速率控制指令。对于航向控制，主要是调整车辆行驶过程中发生的偏移，这种控制综合考虑车辆中心线与磁性标记参考线的相对位置，以及同时由 LCX 传送至车辆的道路线形信息。当某些磁性标记损坏或丢失时，航向控制则通过 CCD 摄像机获得相关行驶区域数据，处理后的数据用来辨别和区分道路与障碍，生成适合于车辆行驶自动控制的区域地图。当发生不正常情况时，如路侧设备与车辆通信中断，车辆本身会发出预警信息，车辆行驶状态由自动方式转为人工方式。

三、系统功能

智能化的车辆控制系统，由于延伸了广大驾驶员的控制、视觉和感官功能，将极大地促进道路交通的安全性。因此，车辆的智能化发展与交通安全息息相关，为了改善交通安全状况，保障道路交通的安全、畅通、高效、持续发展，研究与开发智能车辆控制技术将是未来车辆技术的核心问题。AVCS 的主要研究方向包括危险预警、碰撞前驾乘人员的安全保护、防止纵向碰撞和侧向擦撞、交叉口避碰、自动公路系统等。先进的车辆控制系统共有 7 个子系统。

（1）纵向碰撞预防子系统

利用车辆前、后方的传感器分别探测前、后方潜在碰撞隐患或即发碰撞事故，为驾驶员提供及时的回避操作指令并自动控制车辆的加减速控制系统以保持适当安全车距，防止车辆与车辆、车辆与其他物体或车辆与行人之间的正面或尾追碰撞。例如，雷达能判断和测试驾驶者的车辆与前方车辆的距离与相对速度，如果车辆之间达不到安全的距离，可以用亮灯或声音警告，也可以用自动制动以保持车辆之间的安全距离和车速。这种功能是避免车辆相撞的一种方式，是自动车辆控制系统研究的一个方向。

（2）横向碰撞预防子系统

利用车辆左、右两侧的传感器分别探测车辆两侧的路况，为改变车道或驶离道路的车辆提供碰撞警告，或使车辆自动控制转向盘与加减速控制系统以保持适当的侧向安全间距，防止两部或多部汽车发生侧撞，或驶离道路的车辆与路侧障碍物发生侧撞。

（3）交叉路口碰撞预防子系统

在车辆驶近或通过有信号控制的交叉口时，通过传感器及通信系统所获得的情报经处理后可得知是否有碰撞的危险，以根据需要对车辆进行控制，保证行车安全。

（4）改善视野防撞子系统

改善视野有助于增强行驶环境的可视性，提高汽车驾驶员对路况的观察能力及判断能力，使驾驶员更好地遵守交通标志与信号。本系统要求具备车载式感测通信设备如摄像机等，能对监测信息进行处理并以适当的、有助于驾驶员理解的方式显示信息。

（5）安全预警子系统

车载设备将对驾驶员、车辆关键部位及路况进行监测，在驾驶员出现困乏或其他身体不适、车辆关键部件出现功能故障或路面湿滑、急转弯等情况时向驾驶员发出危险警告。如当监测到驾驶员体温下降时，这通常表明驾驶员困乏并开始打瞌睡，预警设备就会发出警报，提醒驾驶员注意，并主动采取措施保证车辆安全行驶。它还可对汽车主轴转速、轮胎气压、轴温、燃油状况、尾气排放等汽车性能参数进行监测、分析并调整，必要时向驾驶员发出报警信号，以预防事故的发生等。这样，就使很多原来需要由驾驶员人工关注的信息改由传感器、计算机完成，从而大大提高了汽车运行安全度。

(6)碰撞前驾乘人员的安全保护

该子系统确定即将发生的碰撞所涉及的车辆或物体的质量、方向、速度、位置、数量以及其他一些重要的物理参数。在发生碰撞的瞬间，该系统依据所确定的参数，迅速启动相应的安全措施，应急安全措施包括启动安全气囊并使其压力处于最佳值以及展开横摇稳定杆等。

(7)自动化公路子系统

自动公路系统是先进的车辆系统的最终目标，车辆具有速度和转向盘的自动控制并自动导航，可减轻驾驶人员的负担，提供安全、舒适的乘车品质。

四、VaMoRs-P 系统

VaMoRs-P 系统是智能车辆自主导航的一个典型的代表性，由位于慕尼黑的德国联邦大学研制，其合作伙伴是德国奔驰汽车公司。他们从 20 世纪 80 年代初期开始此项研究，已先后研制开发出 VaMoRs 和 VaMoRs-P(或 VaMP)两种实验车。VaMoRs 由一辆奔驰 508D 型 5t 面包车改装而成。1987 年 VaMoRs 自主车曾在一段尚未通车的高速公路上创下 96km/h 自主驾驶的 20 世纪 80 年代最高速度。VaMoRs-P 为自主移动和计算机视觉试验车，它由一辆豪华奔驰 500(Mercedes 500 SEL)改装而成。

1. 系统组成

(1)计算机系统

计算机系统由基于 Transputer 的并行处理单元和两台 PC-486 组成基于 Transputer 的处理单元，由大约 60 个 Transputer 构成。其中，16 位的 T-222 用于图像特征抽取、信息通信和 I/O 操作；32 位的 T-805 用于图像处理和物体识别、基于对象的状态估计、数据库操作、行为决策、控制计算(25Hz)、方向控制(500Hz)和图形显示。一台 PC-486 和一台便携式 486 作为宿主机，主要用于软件开发和系统装入、人机交互及数据登陆等。

(2)传感器系统

传感器系统由下列部分组成：

①4 个小型彩色 CCD 摄像机，构成两组主动式双目视觉系统。一组安装在车体前部后视镜附近和特制平台上，另一组固定在车体后部挡风板的上方。

②3 个惯性线性加速计和角度变化传感器。

③测速表及发动机状态测量仪。

除传感器系统外，底层执行器还包括由计算机控制的下列设备：用于驾驶控制的力矩电机、电子油门(符合 500SEL 标准)、液压制动器、用于观察控制的力矩电机。

2. 系统功能

(1)道路检测

通过专用路面模型，在 100m 范围内搜索目标，可以同时检测多车道目标。

(2)障碍物检测

进行边缘检测处理及障碍物模块化，系统可以检测并跟踪车辆附近的 12 个物体。与障碍物相关的主要变量参数为：距离、方向、相对加速、横向位置、横向速度及障碍物尺寸大小等。

(3)其他功能

其他基本功能有十字路口宽度和角度预测，在巴黎展示了超车驾驶行为，以及从障碍物检测派生的车列控制方案。

在输入系统中的创新技术是动态多焦视觉系统。起初，通过多台摄像机来获得多视距的能力，现在已有了新型的多焦摄像机。它由多个物镜和传感器组成：

①广角镜头能够覆盖 130°的水平范围，覆盖车辆前方和部分侧向；

②高分辨率彩色摄像机能够覆盖视场的中部区域；

③高敏感度、高分辨率的图像传感器，以小角镜头覆盖近距离视场。

组合摄像机的视角在处理器的控制之下，可以根据计算结果来改变，达到跟踪采集清晰图像特征的功能。

3. 自主驾驶试验

VaMoRs-P 系统已在高速公路和普通标准公路上进行了大量试验。试验内容包括跟踪车道线、躲避障碍以及自动超车等。利用自适应控制进行纵向及横向自主方式一般行为试验。其中，主要的自适应控制规律为：类似反射的状态反馈以适应对扰动的快速反应；反馈控制时间记录并根据规则集进行事件切换。该系统 1995 年公布的最高时速可达 130km/h，1996 年已提高到 160km/h。

第五节　电子收费系统(ETC)

一、概述

电子收费系统(ETC，Electronic Toll Collection System)采用了无线电通信、计算机、自动控制等新技术，通过路侧设备与车载电子标签的无线通信，在不需停车的情况下，自动完成收费过程。

ETC 系统收费过程中流通的不是传统的现金，而是电子货币。收费电子化是电子收费系统的一个重要特征，电子收费系统的另一个重要特征，是实现了公路的不停车收费。使用 ETC 系统的车辆只需要按照限速要求直接驶过收费道口，收费过程自动完成，不必再像以往一样在收费亭前停靠、付款。

ETC 系统与传统收费方式不同，它省去了用户在收费站的停车、交费环节，可以避免车辆在收费口的停车等待以及交费的时间，避免了由于收费造成的交通延误与交通拥堵。统计表明，不停车收费车道的通行能力为 2 500 辆/h，是人工收费的 5 倍以上，相当于增加 5 条人工收费通道。因此，ETC 系统将会有效地提高有限空间的利用率，极大地提高公路收费站的通行能力，解决了因停车收费所造成的收费站堵塞。

1. ETC 系统的特点

(1)省去了车辆在收费站处的停车、收费环节，消除了车辆在收费口处的停车等待、交费的时间，摆脱了由于收费造成的交通堵塞现象。

(2)驾驶员不必在收费站直接支付现金，从而避免了各种舞弊和误用现象。

(3)可以在不建造额外收费设施(如：更大的收费广场)的情况下提高车流量，还可以减少收费人员的数量，从而减少收费成本。

(4)对于公众来说，由于不停车收费系统消除了汽车在收费站的等待时间，因此在收费广场怠速车辆大大减少，从而减少了排向大气的汽车尾气，降低了大气污染。

2. 发展历程

从电子标签的功能上看，先后经历了只读电子标签、可读写智能电子标签、带智能卡的电子标签三代产品。只读型和读写型的区别是，读写型在通过收费站时，路边系统通过读写器对标识卡进行双向通信，而只读型只能读到卡上的信息，不能将新的信息及时地写到卡上，因此只能将记录写于收费站计算机内，进行事后处理。第三代和第二代的区别是车载标识卡的读写与信息存储计算单元(IC 卡)分离，因此第三代系统的标识卡不仅可用于不停车收费，而且还可以用于其他目的，真正实现一卡多用。

从前端系统的构成上，先后出现了单车道 ETC 系统和多车道自由流 ETC 系统。单车道 ETC 系统将车载电子标签与路侧 ETC 天线之间通信区域限定在一个较小的范围之内(约一条行车道的 4m×3m 范围)，正常情况下，在同一时间内路侧天线仅与通信区域的一个车载电子标签进行通信；多车道自由流 ETC 技术抛弃了收费车道的概念，ETC 天线安装在横跨整个路面的龙门架上，用户驾车通过时几乎感觉不到收费站的存在，这种系统布局模式要求 ETC 天线能够与通信区域内的多个电子标签同时互不干扰地进行数据交换，又能提供一定精度的电子标签定位能力，以使系统能够配合视频识别系统进行收费稽查处理，澳大利亚墨尔本绕城公路及加拿大 407 公路采用的都是多车道自由流 ETC 模式。

有关 ETC 系统工作原理、系统构成、关键技术等将在第 8 章详细介绍。

二、澳大利亚墨尔本绕城公路 ETC 系统

墨尔本绕城公路全长 13. 6mile(合 22km)，包括普通道路、隧道和一座横跨 Yarra 河的 33m 高的大桥，绕墨尔本中央商务区(CBD)而过，与主要海港、铁路、航空港相连接。从 1994 年开始，通过对可用的电子收费技术进行长期的评估、审核与探索，于 1999 年末开通了该公路的第一段，开始了正式运营。公路路段包括两条 3 车道隧道和一条从 4 车道拓宽为 8 车道的 Tullamarine 高速公路。在这条高速公路的某些路段上设有专用公交车道和出租车道，以连接现有的 Monash 和 Westgate 高速公路，末端终止于中央商务区的外沿。该项目建成后被作为包括欧洲在内全球公共和私人投资项目参考的典范工程。墨尔本绕城公路如图 2-21 所示。

图 2-21　澳大利亚墨尔本绕城公路

该工程总造价达 22 亿澳元，建成后经营期限为 34 年。从 1994 年开始，对可用的电子收费技术进行评估及探讨后，瑞典康比特交通系统有限公司最终被选为提供大部分前端设备的供应商，包括收费处理和违章抓拍设备、系统集成服务以及首批 60 万个车载电子标签。

墨尔本绕城公路上共有 9 个收费点，每个收费点由最多 4 个独立门架构成，用于安装符合

欧洲标准的专用短程通信(DSRC)系统,立体空间的车辆检测和分型(VDC)设备,一组车辆识别摄像机和相配套的低影响照明系统。总的说来,整条公路上共有 17 个收费门架,每个都安装了齐全的设备并能有效地进行收费处理、违章抓拍和车辆分型。

任何希望在该公路上通行的用户既可以申请使用电子标签(固定在车内风挡玻璃上的支付卡,e-Tag),也可以选择使用康比特公司的登记日通行系统,登记日通行系统将车辆牌照号与预先登记付费的记录表相匹配,从而允许临时性用户在登记日快速通行。

没有安装电子标签的车辆和没有在登记日通行一览表中记录的车辆将被认为是可疑的违章车。其车牌照图像将被记录下来,在确认该车主并没有建立相应的用户账号之后,将把这些违章记录传送给维多利亚省地方政府有关部门按闯红灯和超速违章处理。

电子标签方式和登记日通行方式配合工作,共同为经常性用户和临时性用户提供主线速度下支付通行费的能力。电子收费系统提供容纳 400 000 个独立账户的空间,每天可以处理超过 1 000 000 个电子标签交易记录和 20 000 条登记日通行记录。摄像机用于捕获车牌照图像和进行违章抓拍。

通常情况下,如果某用户每年使用墨尔本绕城公路不超过 6 次,登记日通行系统将比申请使用电子标签系统更适合。登记日通行系统也可供那些希望正式申请电子标签前先试用该公路的用户使用,尽管从长远来看,登记日通行系统比使用电子标签要贵一些。登记日通行系统允许用户在任何指定登记的日期内无限制地通行,但要用信用卡通过电话提前购买或者在通行当日午前购买。登记日通行系统使墨尔本绕城公路有效地服务于上下班用户和观光者,也避免了运营公司将没有电子标签的善意过客作为违章通行者处理而带来的经济损失。

第六节　商用车辆运营系统(CVOS)

一、概述

在发达国家,商用车辆运营系统 CVOS(Commercial Vehicle Operation System)是智能运输系统发展的重要领域。商用车辆营运系统将先进交通管理系统(ATMS)、先进出行信息系统(ATIS)和先进车辆控制与安全系统(AVCS)等子系统的技术应用于商用车辆,包括货车、小型车、出租车以及紧急救护用车辆,为车辆创造一个安全可靠的运营环境,提高运输效率、减少运输成本、提高生产力。CVOS 主要涉及长距离驾驶的货运运输,它是集 ATIS、ATMS、AVCS 于一体,并达到提高商用车辆和车队运营安全、效率的目的。

在当今物流成为经济发展的重要要素的趋势下,货物运输的"速度"和"效率"变得越来越重要。商用车辆营运系统将"车、路和系统的智能化"应用到货物运输领域,不仅能提高货运效率、改善物流的速度和准确性、降低相关的物流成本,更通过其与物流的结合而影响物流的营运方式,对供应链的调整造成影响。商用车辆运营系统,实质上是运输企业应用 ITS 技术来谋求最大利益的一种调度系统。它的目标是利用车辆自动识别技术、车辆自动定位技术、车辆自动分类技术等,改善车队管理、提高企业劳动生产率,增加安全度,增强对突发事件的反应能力。

商用车辆包括大型货车、地方送货车、大篷货车、公共汽车、出租车和紧急车辆。美国《Mobility 2000》指出,商用车辆驾驶员是 ITS 技术运用的中心,他们为需要快速出行和运货的顾客提供服务,而车队驾驶员也需要知道他们车辆的位置和日程安排。公共运输业务具有汽车货运业务所不具有的特殊之处,公共运输业务为某一区域服务,使公共汽车车队沿预定的线路运行，政府为这些业务提供资金和技术上的支持。汽车货运业务为私人所有，和公共汽车一样，许多送货车队在某一区域内运行，但是他们的路线和业务却随着每天市场需求的不同而变化。商用车辆运营主要涉及长距离货车运输的特殊业务。

二、CVOS用户服务功能

CVOS系统通过商用车辆电子通关技术、商用车辆管理系统、车辆安全监控系统、货物危险监控系统、驾驶员监控等系统实现对商用车辆安全、快捷、高效的运输，减少延误。该系统在未来电子商务物流环节中，可以有效地帮助运输公司管理商用车辆，合理调配车辆，提高系统的运营效率和可靠性，实现货物配送、回程载货，大大提高运输效率。大多数商品和原材料在生产地到市场的运输过程中，都或多或少地经过公路运输，因此运输人员总要希望能够通过新技术的应用来降低成本、改善服务。商用车辆运营系统就是通过作业自动化，增强运输企业的生产能力、提高设备与设施的使用效率等措施来减少管理者与承运人的开销；通过新技术的应用，更好地执行载货规定等运输规章，降低费用；通过智能化的调度，增进运输安全性和运营效率。

商用车辆运营服务涉及商用车辆的运营生产管理、安全性能管理等多个方面。通过提供商用车辆运营服务可以简化如注册情况、车辆技术性能、轴荷、尺寸等检查的手续，优化配送计划，提高管理效率，达到减少延误，提高运输生产效率的目的；此外，商用车辆运营服务所提供的有效检查、监控等现代管理手段，可以提高商用车辆营运的安全度。商用车辆运营用户服务可包括以下5项。

1. 商用车辆电子通关

装备脉冲应答器的载货汽车可以在高速行驶的状态下，在关卡由先进的电子设备检查其注册情况、安全状况及质量等。注册合法、性能安全的车辆将在不减速停车的情况下迅速通过检查关卡或货车称重设施，简化了国内国际关卡的通关手续，从而最大限度地减少滞留。

2. 商用车辆管理

利用电子手段办理有关注册手续的服务可使运输公司能通过计算机联网办理其年度或临时的注册手续。这既减轻了政府管理部门繁重的日常伏案作业负担，也缩短了运输公司的手续办理时间，提高管理部门及被管理对象双方的工作效率。

另外，由于税收等方面的要求，美国从事州际商用运输的公司还需向政府有关管理部门上报其车辆在各州的运行里程、所购的燃料及其他有关车辆的数据。本服务可使上述从事州际运输的公司通过电子手段获取所要上报的资料。而且，可自动地得出在每个州境内所行驶的里程数和所购买的燃料数，以便运输公司计算燃料税及完成上报政府登记的有关材料。这一服务功能可大大降低运输公司收集上报所需的里程和燃料数据的费用，极大地减轻运输公司的管理负担。

3. 车载安全监控

对高速行驶中的车辆、货物状态及驾驶员的安全情况进行监测，危险时预警并在必要时进行自动控制。车载安全监控包括对轮胎、制动系统、车灯等车辆关键部件的性能进行检测和诊断，对诸如装载的货物在运输中发生错位、滑移等不安全因素的检测；采用适当的技术对连续行车时间及驾驶员的注意力集中程度进行检测，同时还为驾驶员、交通管理人员提供各种警报系统。

4. 危险品应急响应

在某运送危险品的车辆发生事故时，能立刻确定事故的严重程度、事故地点以及提供及时、准确的危险品种类的信息，并推荐最佳应急方案，以便对事故进行适当的处理，从而提高危险品运输的安全性。

5. 商用车辆辅助运营

提供实时交通运输信息及车辆位置信息，可帮助运输公司管理人员引导驾驶员避开发生交通阻塞的路段或地区，从而更有效地进行商用车辆运营管理，提高集散作业的可靠性及效率。此外通过建立自动化调配中心以及提供货物配送、回程载货信息，可以极大地提高运营效率。这项服务的最终目标是连续自动行驶。商用车辆连续自动行驶可大大提高运输效率，分配最优商用车流量，并提高运输安全性。

这些技术方案奠定了商务车辆安全运行的基础，形成了一个公众的、全国的安全信息网络，从而达到安全驾驶的目标。

三、Advantage I-75

Advantage I-75 是美国的一项 CVOS 技术。I-75 是把密执安州底特律市和俄亥俄州周围工业区同南方各州联系起来的主要南北通道。底特律和加拿大温莎所处的边界道口是美国和加拿大之间的商业活动的主要通道，佛罗里达州迈阿密市的 I-75 南端是美国和南美之间空运和水运的主要集散中心，I-75 是州际公路系统中货车运行最繁忙的路线之一。I-75 通过的 6 个州为：密执安州、俄亥俄州、肯塔基州、田纳西州、佐治亚州和佛罗里达州。I-75 在美国境内共有 26 个秤站，可在底特律和迈阿密之间提供服务。

I-75 的目标是：通过应用先进的公路和车辆技术，为 I-75 及 I-75 在加拿大境内连接的部分机动车和其他使用者提供服务，减轻阻塞、提高效率和安全性。本项目的第一阶段致力于应用自动车辆识别技术，使货车在各检查站以最少的停车通过 I-75。

系统的设计构想集中于自动车辆识别（Automatic Vehicle Identification，AVI）技术的一个应用——主线自动放行系统（MACS—mainline automated clearance system）。MACS 包括以下几个主要部分：安装于每辆参与货车上的脉冲收发机，在每一秤站处设置的路侧读出器、一个出行数据包、一个驾驶员通信子系统、一个秤站计算机系统、一个通道计算机和一个连接通道计算机和秤站的通信网络。

在任意点进入 I-75 的货车必须在它们遇到的第一个秤站停车，这时秤站处的路侧 AVI 读出器将读出存储于脉冲收发机中的货车识别信息，然后被传入秤站计算机接受检查。货车质量、外形、秤站鉴别结果、日期会被记录在货车的出行数据包中，这个出行数据包是一个小型格式化的数据库，它被向前传输到下一个秤站进行预先放行登记。在每一个秤站，出行数据包包含有在下一个秤站预先放行所必需的信息。秤站计算机编辑上游秤站传来的出行数据包。它显示所有将到达此秤站的预先放行货车的识别信息，大部分参与项目的货车继续通行，通常不需要在其他秤站处停车。沿线秤站的操作人员可以使任意货车的预先放行信息失效。在这种情况下，货车在到达秤站时会得到停车信号。

MACS 的早期设计突出了驾驶员通信设备的功能。通信设备自带电池供电，安装于每辆参与车辆的驾驶室中，可以向驾驶员显示预先放行信号。当货车通过上游的路侧读出器时，该设备就会给驾驶员一个确切的视觉信号，表明他是否被允许通过该秤站。

I-75 的关键是所有参与的州机构对出行数据包中的信息内容达成共识，这些信息应足够使每个机构确定车辆是否有权通行。车辆的通行认可是基于在每一个秤站处的初始重量、检验结果和凭证证明信息。货车可能在道路的任一交叉口进入道路，不同参与机构的不同管理需求会导致车辆在除第一个秤站外的其他秤站停车。因此,出行数据包中的数据标准影响到各参与州的标准制定。

该系统要求在秤站有一台可同时处理多任务的计算机,对区域 AVI 读出器、秤探测器和通信所产生的事件即时做出响应。同时,需要计算机软件的开发和集成以处理操作者所指定的需求和任务,并完成一系列的支持性功能。

I-75 通道计算机放于远离秤站的地方。该计算机能够被每一个秤站访问,其作用是输入机动车数据、编辑秤站记录、准备报告和其他辅助支持功能。通信网络的功能是连接秤站计算机和通道计算机,除数据采集和管理功能外,它还提供了出行数据包向下游传输的通路。

车辆——路侧通信系统采用时分多路复用(TDM)技术。时分多路复用就是使一些使用者中的每一位在很短的时间间隔内独自占用某一共享信道的技术。路侧读出器发出一个信号,激发可达范围内所有车辆中的脉冲收发机,要求传发它们的识别信号。每辆车中的脉冲收发机随机地选择 16 个可用时间段之一向读出器发出它们的识别信号。读出器可选择四个车载脉冲收发机,接收或查询四条信息。这些信息在四个数据时间段中从读出器发出或接收。任一在此初始循环中未被选择的车载脉冲收发机可以在收到下一个激活信号时选择一新的时间段传输信息。

在 I-75 的实施中,每一秤站至少需要安置三个路侧 AVI 读出器。如果秤站使用一条单独的动态称重车道的话,则需要安置第四个 AVI 读出器。每一个 AVI 读出器旁边的脉冲收发机通过一个具有 915MHz 带宽的天线工作。天线安装在公路上空,以提供对多车道的信号覆盖能力。

Delco 脉冲收发机包括一个电子可读写存储单元,其中存有基本的车辆识别信息和所需凭证信息,还有空余的存储空间以保存每次出行的专门信息。在 I-75 的 AVI 子系统中,通行数据包在第一个秤站准备完毕,然后写入 Delco 脉冲收发机存储单元中。在通过随后的每个秤站时,车辆出行数据包中的数据被更新,时间也被记录下来,出行数据包置于货车上,并随车传送,但这并不取代出行数据包通过陆地通信线路从一个秤站向另一个秤站传递。把信息写入车载设备的能力具有不同于电子登记牌通信的特点。在 AVI 术语中,电子登记牌是一个只读的电子存储设备。最新的 AVI 技术提供了车载电子存储器,增加了向电子存储部分写入新信息的能力,这叫可读写 AVI 标志。另外,这些 AVI 标志也可以通过一个接口来显示它们接收到的信息。因此,车载 AVI 脉冲收发机可在每秤站处提供电子化信息交换的方法(类似于不停车电子收费系统中的电子标签)。

在现实世界中,到达某一秤站的交通流由多种车辆组成,包括小汽车和货车,以及安装了脉冲收发机的重型货车和未安装脉冲收发机的重型货车。一般的州际运营要求所有重型货车离开公路进入秤站。在秤站区域内,主线的每车道上都安置了货车探测器。货车探测器是简单的称重设备,埋置于公路内,可以区分重型货车和小汽车及轻型货车。任何通过秤站的重型货车都会触发货车探测器,发出信号执行预定的操作。在秤站处的 AVI 设备必须做好设置,使预先放行的参与车辆可以通过主线而不收到停车信号。

根据标准的州际公路管理程序,所有货车在到达秤站前被引向右侧车道。一个前置的(上游)AVI 读出器"看到"在进入秤站前的右侧车道上的货车流;MACS 对那些预先鉴定和称重过的货车不发任何信号。读出器给秤站操作人员列出需要停车的货车识别信息。没有收到停车信号的货车继续沿主线前行。

前置的路侧读出器放置于秤站入口车道前向上游约半英里处。这个读出器激发参与车辆的 AVI 脉冲收发机。货车脉冲收发机发出其识别信息。秤站计算机将此车的识别信息与已编辑的从上游秤站得到的获得预先放行认可的货车列表信息相比较。秤站工作人员可以在环境许可的情况下在车辆到达之前观察并选择任意货车进行进一步检查。被选择接受进一步检查的车辆和有问题的货车从预先放行清单中清除。如果货车在预先放行清单中,则它会收到通行信号。向前通过秤站而不需停车。通行信号由路侧读出器传给货车并显示于货车中。

第二个路侧读出器设置在秤站,用以读出进入第一个秤站停车的参与货车的识别信息。第三个路侧读出器放置于秤站入口车道附近的下游,此路侧读出器用来验证通过秤站的车辆是否已得到了通行认可。路侧读出器读出车辆的识别信息,秤站计算机验证其预先通行认可。在这个位置上,秤站识别信息和日期被写入出行数据包,然后向前传输。

第七节　智能运输系统相关技术

智能运输系统包含很多子系统,各子系统中又采用了各种各样的技术,如信息、通信和控制技术,它们和交通工程技术结合,形成了智能运输系统中特有的各项技术手段。ITS 中各个子系统不是孤立的,各种技术是相互联系的。

因此从系统整体的角度看,智能运输系统是众多技术的综合体现。但智能运输系统涉及的这些技术并不是简单的合成和堆砌,而是彼此间有着紧密的联系。从信息处理的角度看,ITS 系统涉及数据采集、数据处理、信息发布和信息利用,以上这些环节构成了 ITS 的信息链,如图 2-22 所示。表 2-1 从基础设施和车辆两个方面总结了与 ITS 信息链各环节相对应的部分 ITS 相关技术。

ITS 相关技术　　表 2-1

数据处理环节	ITS 相关技术		数据处理环节	ITS 相关技术	
	基础设施方面	车辆方面		基础设施方面	车辆方面
信息采集	交通检测器 天气检测器	AVI 移动称重	信息发布	VMS 国际互联网	HAR RDS/TMC
信息处理	数据熵之和 AID	GPS 数字地图	信息利用	匝道控制 UTC	路径诱导 碰撞回避
信息传递	数据站 光纤	移动通信 DSRC			

注:AID:自动事故检测;HAR:公路服务广播;AVI:自动车辆识别;RDS/TMC:广播数据系统/交通信息通道;DSRC:超短程通信;UTC:城市交通控制;GPS:全球定位系统;VMS:可变信息板。

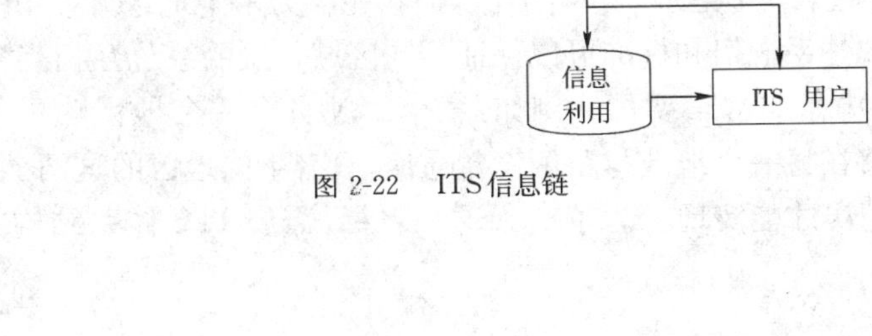

图 2-22　ITS 信息链

第三章　智能运输系统规划

第一节　智能运输系统体系框架

一、概述

1. 智能运输系统体系框架的概念

智能运输系统(ITS)体系框架是指系统所包含的子系统、各个子系统为实现用户服务功能、满足用户需求所应具备的功能，以及各个子系统之间的相互关系和集成方式。ITS体系框架定义了ITS系统为完成特定的用户服务所必须具有的逻辑功能，实现这些功能的物理实体或子系统，子系统间需要交互和传递的信息流以及传递信息流所需的通信和标准要求等。

ITS体系框架决定了系统如何构成，确定了功能模块以及模块之间的通信协议和接口，包含实现用户服务功能的全部子系统的设计，通过集成若干ITS子系统的功能可以实现一个或多个用户服务功能。

ITS体系框架定义了系统设计应遵循的框架。ITS体系框架不同于设计，不是系统的设计方案；它指导ITS系统规划和建设，但不指导具体的系统设计。

2. 智能运输系统体系框架分类

ITS体系框架从应用层面上可以分为国家ITS体系框架、地方(区域)ITS体系框架和ITS项目框架。国家ITS体系框架从国家的高度提出了智能运输系统的通用架构，从宏观层面说明了全国范围内ITS系统的构成以及系统间的互联关系，它是一个宏观和指导性的框架，具有一般性和通用性，是制定地方框架和项目框架的依据。地方(区域)ITS体系框架和ITS项目框架等其他各框架必须在国家框架范围之内，只有这样，才能保证全国范围内ITS系统的兼容性。

地方ITS体系框架以地方现有的和已经规划的ITS系统为基础，以国家框架为基本依据来进行开发。地方ITS框架要从国家框架内选取适合地方需求的ITS服务内容，同时根据自身特点，适当添加部分内容。地方框架充分体现地方ITS的个性化需求，突出地方特色。

ITS项目框架则是以地方ITS体系框架为基础，对地方ITS体系框架中提出的具体的项目进行细节规划。在没有地方ITS框架的情况下，ITS项目框架可以直接从国家ITS框架产生。

二、智能运输系统体系框架的意义

尽管ITS体系框架并不是一个设计方法，但它能够为一个地区开发ITS系统提供许多有利条件，一个共同的体系框架和标准可以保证不同区域开发的系统互相兼容，能够实现相互通信。互换性在ITS中是非常重要的。例如：某个驾驶员在一个地区购买了一个车载显示设备，这个设备应能够在另一个地区与路侧设备通信，只有不同地区的这两个系统在系统接口级能互相兼容，上述情况才能实现。为了实现这一目标，需要ITS体系结构帮助识别接口或标准化的信息流。互换性包括国际互换性、全国互换性、区域互换性三种类型。

当不同的ITS系统能够相互交换与共享信息时,ITS的优势会变得更明显。例如:交通控制系统采集的信息对紧急事件管理中心是非常有用的,它使紧急事件管理中心能够为救援车辆选择一个最快的路径到达事故现场。同时,交通控制中心可利用紧急事件管理中心采集的事故信息,调节信号配时以适应由事故产生的交通流变化。这种连接系统不同组成部分的过程称为系统集成。随着越来越多ITS系统的开发,如何融合和集成各系统,将是ITS的重要的课题,体系框架是成功实现系统集成的重要工具。

ITS体系框架既不是一个简单的设计文档,也不是一个技术性的说明,而是一个贯穿于ITS结构标准研究、制定过程的指导性框架。其作用体现如下:

(1)保证通过各种媒体提供给终端用户的信息的兼容性和一致性,即任何终端用户都能够通过不同的媒介获得相同的信息;

(2)保证不同的交通基础设施的兼容性,从而可以保证在大范围内的无缝出行;

(3)为地区、国家政府机关制定ITS发展规划提供基本原则;

(4)为服务和设备制造提供一个开放的市场,从而可以提供兼容的子系统;

(5)确保设备制造商的规模经济,保证他们的更具竞争力的价格和更低廉的投资;提供一个公开的市场环境,设备制造商可以以较小的风险提供产品。

ITS体系框架的意义可概括为以下四点:

(1)ITS系统本身比较复杂,涉及面广,需要有一个指导性的框架(或模型)来帮助我们理解这个系统的结构。

(2)ITS是一个庞大的系统,包含有很多子系统,它的实施需要通过这些子系统来实现,ITS体系框架为ITS的各个部分提供了统一的接口标准,从而使各个部分便于协调,集成为一个整体。

(3)避免漏缺和重复,使ITS成为一个高效、完整的系统,并具有良好的扩展性。

(4)根据国家总体的ITS框架,来发展地区性ITS体系框架,保证不同地区的智能运输系统具有兼容性。

三、体系框架的组成

ITS体系框架由用户主体、服务主体、用户服务、系统功能、逻辑框架、物理框架等几部分组成(表3-1)。

ITS体系框架组成 表3-1

组成部分名称	作用(与服务的关系)
用户主体	服务的对象,同时也是在某个服务领域指定需求的主体
服务主体	服务的提供者
用户服务	明确系统能够提供的服务
系统功能	ITS为完成用户服务必须具有的处理能力
逻辑框架	为提供用户服务所需ITS功能的组织化
物理框架	明确怎样具体提供服务

用户主体是服务面对的主要用户,是在某个服务领域指定需求的主体。服务主体是服务的提供者。服务主体与用户主体是服务与被服务的关系,确定了用户主体和服务主体,也就明确了ITS供需关系的双方,这是进行用户服务的需求分析、定义用户服务、用户子服务的前提

与基础。用户服务是从用户角度对 ITS 系统提出要求，即是问题定义的过程。用户服务是 ITS 体系框架的基础，它决定了 ITS 体系框架是否完整，是否满足用户需要；系统功能是智能运输系统在提供各种用户服务功能时，应该具有的各种处理功能。逻辑框架是一个功能间信息相互交互，为了完成所有服务而构成的逻辑层次，逻辑框架定义了为了提供各项 ITS 用户服务，ITS 必须拥有的功能和必须遵从的（技术）规范，以及各功能之间交换的信息；物理框架是一个系统间信息相互交互，为了完成所有逻辑功能而构成的物理层次，物理框架将逻辑框架中的功能实体化，模型化，把功能结构相近的实体（物理模型）归结成直观的系统和子系统。

四、逻辑框架

逻辑框架描述为支持用户服务所需的系统功能（过程）、功能之间的相互关系以及功能间共享的信息与数据流，逻辑框架是一个功能间相互交互、为了完成所有用户服务而构成的逻辑层次（图 3-1 所示）。

逻辑框架用来定义和描述一个系统为了满足用户需求所必需的功能。逻辑框架详细描述了智能运输系统各子系统的逻辑体系结构，定义了子系统的功能及他们之间的数据流；逻辑框架描述了 ITS 使用者之间的联系，同时表述了 ITS 中使用的数据。在定义用户服务细节的基础上，可以制定系统的逻辑框架，即明确为提供相应的用户服务内容所需的功能领域。

系统功能描述一般包括输入数据定义和数据处理或操作，以及此功能产生的输出数据或信息。系统的功能不是孤立的，它需要从系统的其他部分获得信息，同时也可能向其他功能提供信息。系统功能与服务相对应，系统功能通过某种组合就可以提供某一项特定的服务。功能可通过软件、硬件或软硬件结合来实现。值得注意的是，逻辑框架并不涉及这些功能是如何实现的，也不涉及具体采用什么技术，因此其可以适应技术创新及不同规模的系统设计。

通常以一系列功能领域的方式描述 ITS 的逻辑框架，每个领域都定义了功能及数据库，这些数据库与终端相联系，这些联系就是数据流。终端可以是一个人、一个系统或者是一个物理实体，从它们可以获得数据。一个终端定义了由框架模拟的系统所期望外部世界所做的工作，提供了终端期望可以提供的数据及由系统提供给它的数据。

逻辑框架试图描述系统不同的功能或处理过程，以及每个功能的数据输入和输出。逻辑框架将处理过程和数据流分组并用数据流图（DFD）的形式表示，它们被分成不同的层次。图 3-2 是美国 ITS 逻辑框架顶层的处理过程示意图，每个过程又可分层次分解为不同的子过程，如交通管理过程首先被分成 6 个基本子过程，交通监控子过程是其中之一；然后，交通监控子

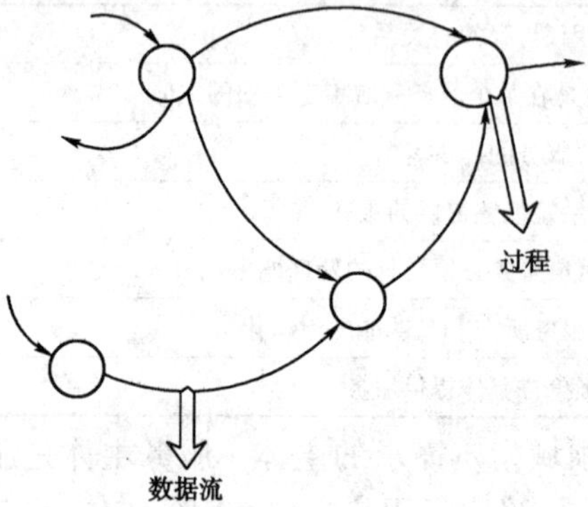

图 3-1　逻辑框架示意图

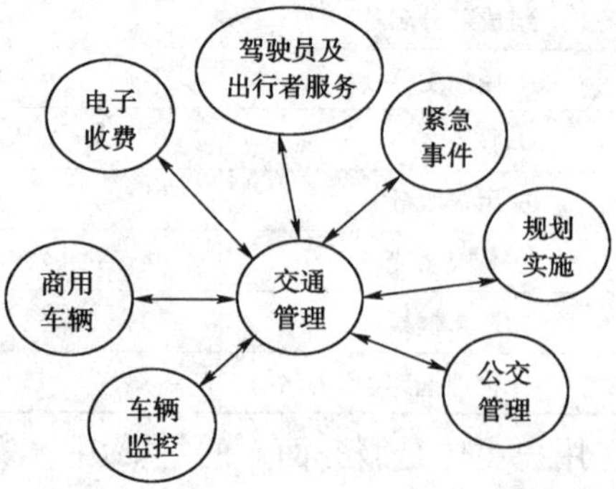

图 3-2　美国 ITS 逻辑框架顶层示意图

过程又被分成7个子过程，然后再往下分(图3-3所示)，直到不能再进一步细分的最基本的功能(最底层)，这些功能满足用户服务需求。过程说明(Process Specification)包括最底层的详细说明，包括总体描述、功能需求集及输入输出集。

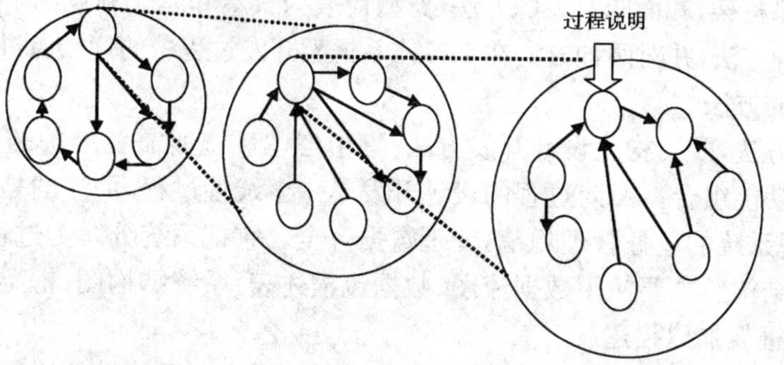

图3-3 过程分解示意图

五、物理框架

物理框架建立在逻辑体框架的基础上，物理框架描述了实际ITS物理系统中各部分的功能和相互关系，它定义了组成智能运输系统的物理实体(子系统和终端)以及将子系统和终端组成实际系统所需的物理框架流。逻辑框架中服务于同一需求的系统功能组合在一起形成子系统，逻辑框架中的数据流组合在一起形成框架流，框架流及其通信需求定义了子系统间的接口，这是制定ITS标准的基础。例如，一个交通管理子系统包括了交通监测、故障检测和设备控制功能，子系统将这些功能归类，以开发一个物理实体来实现这些功能，逻辑框架中的数据流则被归类为物理框架流。图3-4说明了基于逻辑框架开发物理框架的过程。从图中可以看到，物理框架中的子系统M实现逻辑框架中的功能A和B，物理框架中的子系统N实现逻辑框架中的功能C和D。逻辑框架中的数据流结合起来以定义两个子系统M和N间的接口。

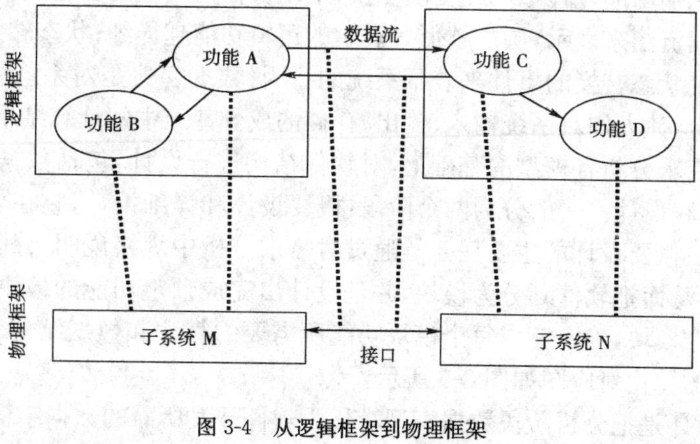

图3-4 从逻辑框架到物理框架

在物理框架中，不同的子系统之间存在着接口，子系统与终端设备也存在接口。物理框架和逻辑框架构成了ITS体系框架的核心。在物理框架中，逻辑框架中的过程分配到物理框架的子系统，逻辑框架的数据流则集合到物理框架流中。ITS系统在物理框架层次上的接口应该制定一个标准(如专用短程无线通信协议)。标准与接口的一致性是关键，这些源于实际需要的标准可以确保系统的兼容性和互换性，使系统的开发者没必要依赖制造商已有的技术。

六、体系框架的构建方法

目前进行ITS体系框架开发主要有两种基本方法:面向过程的方法(典型代表为美国、欧洲和中国的ITS体系框架)和面向对象的方法(典型代表为日本和澳大利亚的ITS体系框架)。本节简要介绍这两种方法,并对两种方法在ITS体系框架开发过程中的优缺点进行比较。

1.面向过程的方法

面向过程的方法,既结构化设计开发方法,集中考虑系统所需要维护的信息,以信息处理过程为中心进行功能组合。面向过程的设计开发是一个线性过程,关注的是信息,而不是信息的作用,要求实现系统的业务管理规范,处理数据齐全。它把系统分解为过程,产生自上向下、结构清晰的系统结构。主要使用数据流图、数据流描述表、系统结构图、框架流描述表、实体关系图对ITS体系框架加以描述。

面向过程方法的步骤:采用结构化分析方法对系统需求和系统功能进行系统分析,采用面向数据流的结构化设计方法构建系统结构,逐步对用户服务进行功能分解,对功能实现进行模块化,从而得到ITS体系框架。下面首先简单介绍软件工程中结构化分析、设计方法,然后对其在ITS体系框架中的应用进行分析。

在软件工程中具有很多不同的结构化分析方法可对软件进行需求分析建模,但它们都必须遵守以下准则:必须理解并表示问题的信息域,即应建立数据模型;必须定义软件应完成的功能,即建立功能模型;必须表示作为外部事件结果的软件行为,即建立行为模型;必须对描述信息、功能和行为的模型进行分解,用层次的方式展示细节;分析过程应该从要素信息转向实现细节。通过数据字典、实体关系图、数据流图、状态转换图等建立系统的数据模型、功能模型、行为模型,辅之以软件需求规格说明,对需求进行深入分析。实体关系图是对系统的数据模型中数据对象、描述数据对象的属性、数据对象彼此间相互连接的关系等的描述图,即通过此图可将系统中数据对象及其关系、属性以图形形式表现出来,便于系统分析员表达对系统需求的理解;数据流图(DFD,Data Flow Diagram)是系统逻辑功能的图形表示,它描绘信息流和数据从输入移动到输出的过程中所经受的变换,不涉及任何具体的物理元素,对系统的分析可采用分层次的数据流图来表示,层次越低其表示的逻辑功能越详细;状态转换图通过描绘系统的状态及引起系统状态转换的事件来表示系统的行为;数据字典是对系统中使用的所有数据元素的定义的集合,使人们对系统输入、输出、存储的成分甚至中间计算结果有共同的理解。

在上述系统需求分析各模型的基础上,对软件结构进行设计,包括数据设计、体系结构设计、接口设计和过程设计。一般分为两个阶段:概要设计和详细设计,它在软件工程过程中处于技术核心地位。概要设计的主要任务是通过对需求分析中规格说明书的分析,适当地对软件进行功能分解,从而把软件划分为模块,并且设计出完成预定功能的模块结构;详细设计主要是详细设计每个模块,确定完成每个模块功能所需要的算法和数据结构。由系统分析模型到系统结构设计的转化对应图如图3-5所示。

其中,数据设计是把分析阶段数据模型转化为软件开发所需的数据结构;体系结构设计确定程序主要结构元素之间的关系,从分析模型和在其内定义的子系统的交互可以导出此设计表示——计算机程序的模块框架;接口设计描述软件内部、软件与协作系统间及人机通信方式;过程设计把程序体系结构中的结构元素变换成对软件构件的过程性描述。通过以上系统结构化分析和结构化设计(通常所说的结构化设计方法,就是基于数据流的设计方法),即得到了为软件编码和测试提供保障的软件结构设计。

面向过程的指导思想在ITS体系框架中的应用，主要体现在ITS逻辑框架、物理框架的构建中。ITS体系框架的构建目的之一是明晰ITS这一复杂系统的功能构成及信息流，即明确ITS系统的功能和结构组成。逻辑框架内容主要对应于图3-5中处理规格说明、数据流图、数据字典，物理框架内容主要对应于图3-5中数据设计、体系结构设计、接口设计。

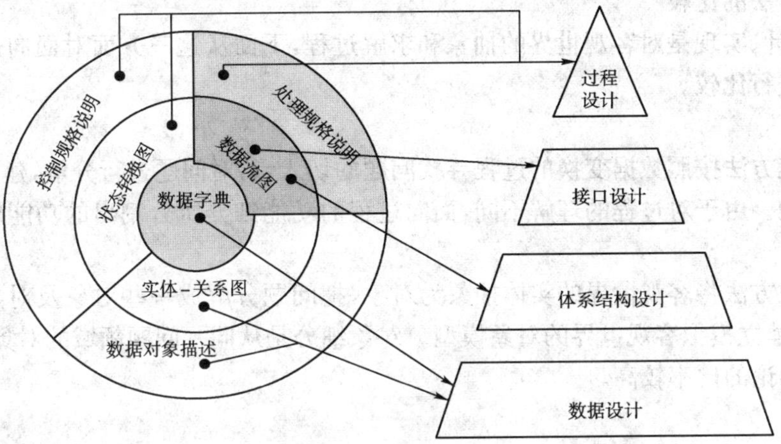

图3-5 系统分析模型到系统结构设计转化

2.面向的对象方法

面向对象的方法的原则基于四个基本概念：抽象、封装、继承、多态。这对应了对象所具有的特性：抽象性、封装性、继承性、多态性。该方法同时考虑信息和功能，将功能与信息封装在对象内，并通过信息隐蔽(即封装原理)，实现对象与外部的隔离；以用户信息为中心，并将用户信息按用户归类，实现对象化。面向对象的信息有两个特征：以对象化的信息为中心，信息是封装的。它把系统看作为对象的组合，功能模块能映射到数据库结构中，容易实现功能与数据结构的封装。主要使用对象模型图、数据词典、动态模型图、功能模型图等对ITS体系框架加以描述。

面向对象的方法是在面向对象程序设计语言的基础上发展起来的，它与结构化方法不同，不是面向过程的。其实质是，并不是从功能上来考虑，而是从系统的组成上来进行建模，利用UML建模语言来描述系统模型。面向对象的方法是一种新的思维方法，其出发点和基本原则是尽可能模拟人类习惯的思维方式，使开发软件的方法与过程尽可能接近人类认识世界、解决问题的方法和过程，也就是使描述问题的问题空间与现实解法的解空间在结构上尽可能一致。因此，以面向对象方法为指导下的系统分析，不是把系统组成看作是工作在数据上的一系列过程或函数的集合，而看成是相互协作而又彼此独立的对象的集合。

与面向过程方法进行需求分析时需要建立数据模型、功能模型、行为模型类似，面向对象方法则从三个互不相同然而又密切相关的角度进行系统需求分析，包括描述系统静态结构的对象模型、描述系统控制结构的动态模型，以及描述系统计算结构的功能模型。

面向对象的方法的基本过程为：

(1)确定对象(实体)群及其之间的关系；

(2)确定对象的功能；

(3)围绕数据形成关联视图。

对象模型是最基本、最核心、最重要的。对象模型的建立是面向对象分析的首要工作。动态模型是对系统在某一执行期间内出现的一系列事件的表示。它通过事件跟踪图表示系统中类—对象间的事件交互，针对系统中重要的类，通过状态图给出事件与对象状态的关系。功能模型同面向过程中的功能模型相近，以数据流图表示。构建了对象模型、动态模型、功能模型之后，即完成了系统需求分析，进入系统设计阶段，其在分析和设计之间界限并不如面向过程那样明确。

3.两种方法的比较

分析、设计、实现是对客观世界的抽象和求解过程，下面从这三方面对面向过程方法与面向对象方法进行比较。

(1)分析

面向过程方法按照数据变换的过程寻找问题的切入点，对问题进行分解，建立描述数据变换的功能模型。由于对过程的理解不同，面向过程的功能细分所分割出的功能模块有时会因人而异。

面向对象方法将客观世界的实体抽象为对象，把问题分解成一些对象及对象间传递消息的自然过程，建立模拟客观世界的对象模型。对象细分是从同一问题领域的对象出发，不同的人得出相同结论的比率较高。

(2)设计

面向过程方法把系统分解为过程(功能)，产生自顶向下、清晰的系统结构。功能模块与数据库逻辑模式间没有关系，功能与数据结构很难封装在一起。如果数据结构复杂，面向过程方法的模块独立性就很难保证。

面向对象方法把系统看作是对象的组合，功能模块能映射到数据库中，容易实现功能与数据结构的封装。抽象的系统结构往往并不比面向过程方法简单，但面向对象方法简化了对问题的理解。

(3)实现

面向过程方法使用数据流图、系统结构图、数据词典、状态转移图、实体关系图来表示对实际问题的抽象。

面向对象方法使用对象模型图、数据词典、动态模型图、功能模型图来表示对实际问题的抽象。

由于两种方法思维方式上存在差异，使得两种方法所得到的ITS体系框架是从不同角度对系统的描述，具有不同的特点。面向过程方法和面向对象方法在ITS体系框架构建中的特点如表3-2所示。

两种ITS体系框架方法比较 表3-2

比较因素	面向过程方法	面向对象方法	比　　较
思维方式	从功能任务的角度对ITS各项服务进行分析，它认为ITS由各功能共同作用完成	从ITS涉及的对象的角度分析，认为ITS系统可由对象及其间关系组成	前者分析起来较为简单；后者则较符合人类认识世界的习惯
更新维护	当修改、新增服务时，需要按照框架开发步骤进行一遍操作，并要与已有内容相融合	当修改、新增服务时，找出相关的对象类等，对其中的内容进行修改	前者更新需要涉及整个框架内容的更新，容易遗漏；后者则是针对相关的对象类更改相关内容。相比之下，后者具有一定的优势

续上表

比较因素	面向过程方法	面向对象方法	比　　较
逻辑框架部分建模难易程度	主要通过数据流图表现其逻辑功能元素及其关系	需要建立对象模型、动态模型、功能模型才可对逻辑功能元素描述清楚	前者较为简单，只相当于后者模型之一：功能模型；后者逻辑建模相对复杂
模块化便利性	针对层次清晰的逻辑功能元素进行评价时，需要考虑所对应的用户服务	针对每项用户服务对应的逻辑功能元素进行分析，分析量很大	对逻辑功能元素进行模块化，需要对各逻辑功能元素的物理实现进行多方面的分析。工作量上后者较大些

七、典型智能运输系统体系框架简介

1. 美国智能运输系统体系框架

美国采用面向过程的方法建立 ITS 框架，对系统的功能进行分解描述，采用数据流图和物理框架流图分别表示系统的逻辑框架和物理框架，如图 3-6 所示。具体步骤如下：

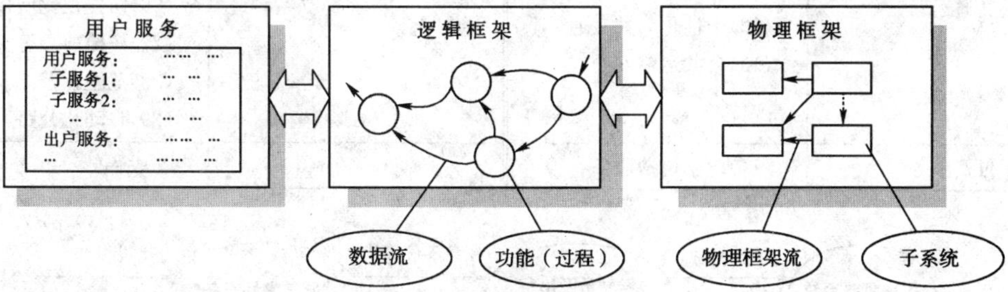

图 3-6　美国 ITS 体系框架构建

(1)对用户服务进行需求调查，分析并确定用户服务和用户子服务；

(2)对各项用户服务、子服务进行功能需求分析，在此基础上，设计系统的功能(过程)来组织、确定数据流；

(3)组合功能，设计子系统，并根据功能组合，将相应的数据流集成为物理框架流，建立物理模型。

美国 ITS 框架定义了 7 个方面 29 项用户服务功能(后来增加到 8 个方面 32 个用户服务)，见表 3-3。这些用户并不是固定不变的，随着 ITS 与社会的发展，越来越多的用户服务将会被增加到里面。

图 3-7 为美国 ITS 逻辑框架结构(顶层)，椭圆代表功能块(功能块可再细分)，线段代表数据与信息流，方框代表实体。

图 3-8 是美国 ITS 物理框架(顶层)。物理框架由 19 个子系统组成，这 19 个子系统分成四组：中心系统、路侧系统、车辆系统和远程访问系统。这些子系统体现了服务于相同运输需要的功能集合，也与运输管理系统的物理单元相符合。不同系统之间的通信有四种方式：有线通信、广域无线电通信、专用短程无线通信(DSRC)及车—车通信。有线通信可以连接中心子系统和路侧子系统，例如可用光纤网络来连接交通控制中心和高速公路的环形线圈检测器和可变信息标志(VMS)；广域无线通信则用来建立远程出行者与运输系统不同部分的联系；DSRC 用于车辆与路侧设备的通信，例如，机动车与路边数据采集器；车—车通信指车辆之间

的通信，这是实现自动化公路所必需的。

美国 ITS 体系框架的用户服务　　表 3-3

分组名称	用户服务	分组名称	用户服务
1. 出行及交通管理	(1)在途驾驶员信息 (2)路径诱导 (3)旅行者服务信息 (4)交通控制 (5)突发事件管理 (6)排放测试与缓解	5. 商用车辆运营	(15)商用车辆电子通关 (16)自动路侧安全检测 (17)商用车行政管理 (18)车载安全监视 (19)危险品应急反应 (20)商用车队管理
2. 出行及交通需求管理	(7)出行前的旅行信息 (8)搭乘及预约 (9)需求管理及运营	6. 应急管理	(21)紧急事件通告与人员安全 (22)应急车辆管理
3. 公共交通运营	(10)公共运输管理 (11)在途公交信息 (12)个性化公共交通 (13)公共运输安全	7. 先进的车辆控制与安全系统	(23)纵向防撞 (24)横向防撞 (25)交叉口防撞 (26)防撞视觉增强 (27)碰撞前乘客安全防护 (28)危险预警 (29)自动化公路
4. 电子付费服务	(14)电子付费服务		

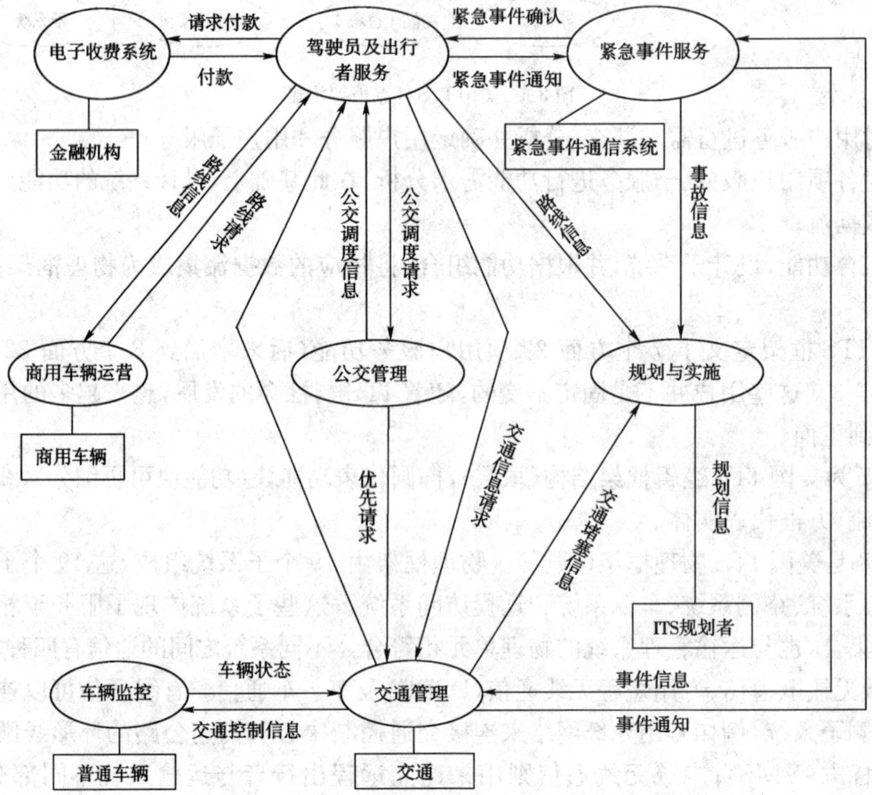

图 3-7　美国 ITS 逻辑框架(顶层)

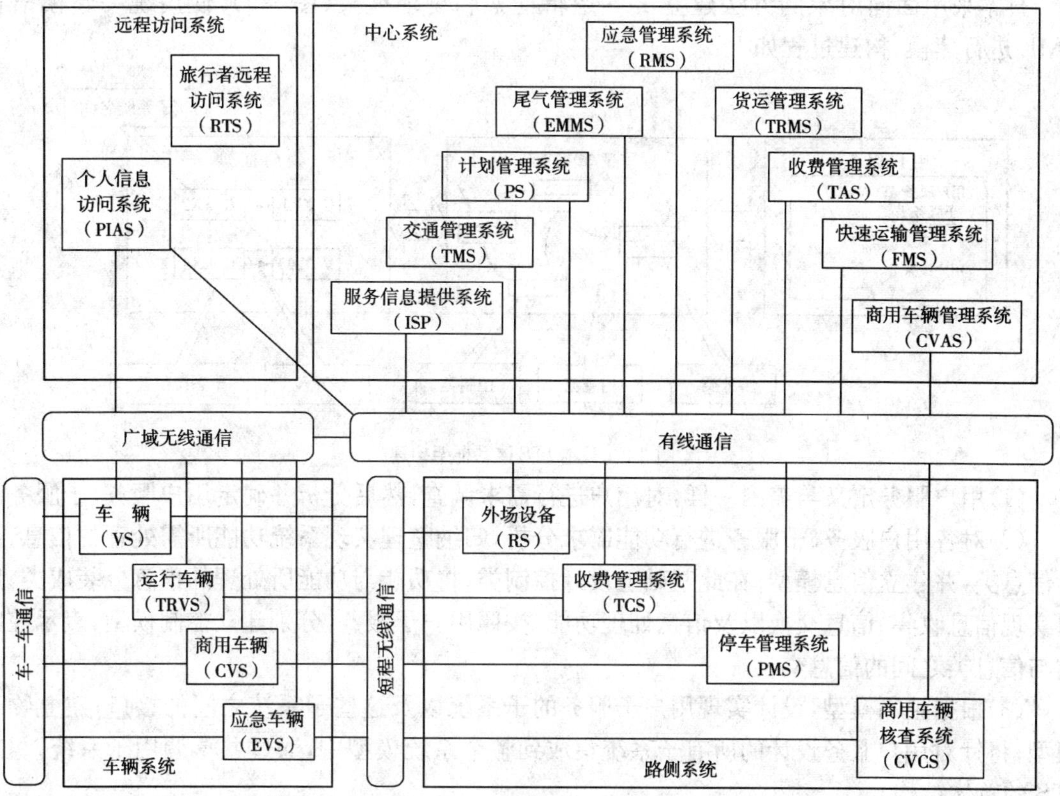

图 3-8　美国智能运输系统结构框图

2. 日本智能运输系统体系框架

日本于 1995 年 6 月通过了“推进高度信息通信社会的基本方针”，并于同年 8 月提出了“在道路、交通和车辆中增加信息通信技术的使用”的基本措施。在此基础上，制定了 9 个领域 20 项用户服务功能（后来扩充到 10 个领域 21 项服务功能），见表 3-4。

日本 ITS 体系框架用户服务　　表 3-4

领　域	用户服务	领　域	用户服务
1. 先进的导航系统	(1)提供路径诱导信息 (2)提供目的地信息	6. 协助公交车辆运营	(13)提供公共交通信息 (14)协助公共交通的运营管理
2. 电了收费系统	(3)电子收费	7. 商用车效率化	(15)协助商用车运营管理 (16)商用车自动列队驾驶
3. 辅助安全驾驶	(4)提供驾驶环境信息 (5)危险警告 (6)协助驾驶 (7)自动驾驶	8. 协助行人	(17)行人路径诱导 (18)车辆行人交通事故避免
4. 优化交通管理	(8)交通流优化 (9)在发生交通事故时提供交通管理信息	9. 协助紧急车辆运营	(19)紧急事件自动通报 (20)紧急车辆路径诱导、协助救援活动
5. 道路管理效率化	(10)维护管理效率化 (11)特殊车辆管理 (12)提供通行管理信息		

日本采用面向对象的方法建立 ITS 逻辑框架和物理框架(图 3-9),使用统一建模语言 UML 进行建模,构建过程如下:

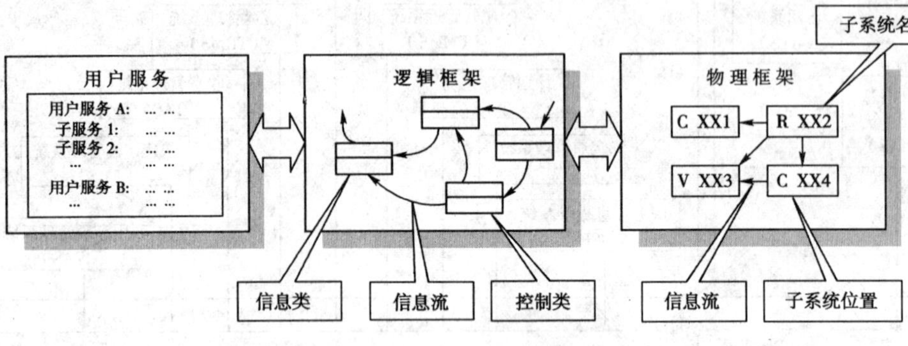

图 3-9 日本 ITS 体系框架构建

(1)用户服务定义与美国一样,对用户进行需求调查,然后分析并确定用户服务、子服务。

(2)对各用户服务、子服务进行功能需求分析,归纳整理实现系统功能所需处理的信息,设计信息类,并建立信息模型;在此基础上设计控制类,将功能与功能所处理的信息分装成类,用以实现信息收集、信息交换以及信息处理功能,按照用户子服务,分别建立控制模型,表示控制类与信息类之间的信息交换。

(3)根据控制模型,设计实现用户子服务的子系统以及这些子系统之间的接口,建立物理模型;将针对用户服务设计的所有子系统集成到整个系统模型中,通过共享调用子系统,组成 ITS 的总体结构。

3. 中国智能运输系统体系框架

(1)中国 ITS 体系框架构建的基本原则

①平等性

从服务的角度讲,ITS 是一个类似 INTERNET 的无主管系统,所有子系统都是为完成系统整体功能而设置的,这类似于不同的 INTERNET 内容提供商。另外,在 ITS 中应注意各种运输方式是平等的,无主导与非主导之分。

②灵活性

不可否认 ITS 是一个变化很快的系统,所以应在制订逻辑和物理框架时保持一种灵活性,使系统能够不断延伸和发展。

③开放性

除了系统开放性的一般要求之外,特别要避免目前某项技术对整个体系的制约影响,换句话说,体系框架的任何一个环节都不能只有单一技术或产品支持,必须有替换技术和方案。

④术语国际化

如果在国际上通用,且含义与中国交通界术语和内涵比较接近,则使用国际通用的称谓。

⑤国情化

在国际化的前提下,应充分考虑我国运输体制带来的特殊性和城市混合交通、城郊和乡村道路有相当数量的农用车(包括拖拉机)等交通特点。

(2)中国 ITS 体系框架的主要目标

在中国交通运输领域中,ITS 是一个提供交通运输服务的系统,ITS 体系框架是一个服务体系框架,是一个提供服务的功能性框架,用户服务是 ITS 的主线。研究 ITS 和 ITS 体系框架，本质就是要解答 ITS 能提供什么服务、用户服务是怎样组织的、怎样提供服务、为谁提供服务等一系列与用户服务相关的问题。因此，中国研究 ITS 体系框架的主要目标如下：

①明确中国 ITS 的总体需求，在基础设施建设，交通运输系统的运营管理上，从制造业、第三产业的带动、用户服务等诸多方面，全面了解整个商品化社会中的用户对 ITS 的需求，对用户需求进行分类汇总。

②明确中国 ITS 体系框架，以用户需求和用户服务为基础，分析中国 ITS 的总体框架结构，提出系统的基本构成和各构成部分的基本相互关系。

③分析影响中国 ITS 发展的技术和经济因素。

(3)中国的体系框架构建的基本步骤

中国 ITS 体系框架主要由用户主体、服务主体、用户服务、系统功能、逻辑框架、物理框架、ITS 标准化与经济技术评价等几个方面组成，采用面向过程的方法构建，基本步骤如下，详细内容将在第四章中介绍。

①确定用户服务内容

ITS 体系框架研究首先定义了用户主体和服务主体，这就明确了服务中的双方，所有有关 ITS 的用户服务的讨论均以这两者的关系展开。

在用户服务问题上，为了保证与国际接轨并符合中国的实际习惯和管理体制，并没有像国外那样直接从需求入手，而是以 ISO 14813/TR-1 和 ISO 14813/TR-5 中定义的服务领域和用户服务为蓝本，对政府部门科技主管和 ITS 领域专家进行了调查，以调查结果为依据，对服务领域进行了重新划分，并对用户服务进行了补充。然后以按交通管理和规划、电子收费、车辆、紧急事件与安全、运营管理、自动公路、综合运输(枢纽)等 8 个领域提出用户对 ITS 的需求，按照中国实际的需求重新定义了用户服务和子服务，赋予了用户服务的中国含义。

②建立逻辑框架

该部分主要从分析用户服务入手，确定系统应该具有的主要功能，并将功能划分成系统功能、过程、子过程等几个层次；分析 ITS 的逻辑结构和各个功能之间的交互关系；明确功能和过程之间的交互的主要信息，并以数据流的形式对交互信息进行定义。

③建立物理框架

该部分主要从物理系统的角度分析实际的 ITS 系统应该具有的结构，并按照系统、子系统、模块等层次对系统进行结构分析；分析 ITS 物理系统之间的交互信息，并以框架流形式对此信息进行定义；物理框架中还明确了系统对系统功能的实现关系和框架流对数据流的包含关系，这就从根本上反映了物理框架和逻辑框架的关系。

④明确标准化内容

该部分主要确定与 ITS 相关的技术(如通信技术等)标准、ITS 相关的设备接口标准、ITS 各子系统之间的接口标准及 ITS 体系框架内部连接的图表等。

第二节　智能运输系统标准化

一、ITS 标准化的意义

1. 概述

交通运输作为一种社会化大生产，标准化是必不可少的，所谓“标准化”就是指通过标准的制定和认证，把放任自由的、复杂的、无秩序的规格和事项，通过与有关者取得一致同意，使之少数化、简单化、有序化的工作。

ITS标准化是建立一个开放的ITS环境的基础，标准化便于在不同地区实施可以相互兼容的系统。ITS是先进的信息技术、通信技术、电子技术和交通运输管理系统相结合的复杂的大系统，它使人、车、路的相互关系更加协调，从而提高道路交通的效率、机动性和安全性。ITS的最基本的特征就是集成性，而标准化是系统集成的重要基础，这种集成需要来自不同制造商的设备能够相互通信，ITS标准是这些设备能够正确通信的保证。没有ITS标准将产生很多问题，就不可能实现有效的智能运输系统。例如，一个部门使用某个制造商基于自己标准生产的设备建立了交通管理系统，如果这个部门要扩展系统时，只能使用同一厂商的设备，因为其他制造商的设备将不能与已有设备建立通信。如果有了ITS标准，将可以采用任何制造商的设备扩展交通管理系统。ITS标准支持兼容性和互换性，以使不同类型的设备或不同制造商生产的同一种设备能够在同一通信通道中使用。

ITS体系框架为ITS标准制定奠定了基础，ITS逻辑框架和物理框架定义了标准的需求，ITS标准制定工作从识别哪些框架流（物理框架）和数据流（逻辑框架）需要标准化开始。一旦建立了物理框架并定义了子系统间的框架流，则可以考虑是否存在相应的ITS标准。图3-10说明了由框架流到标准的过程。从图3-10中可以看出，通过对框架数据流的分析可以制定出数据字典标准，为了不同管理中心的信息交换亦需要制定信息集标准，当然信息的传输离不开底层的通信标准。

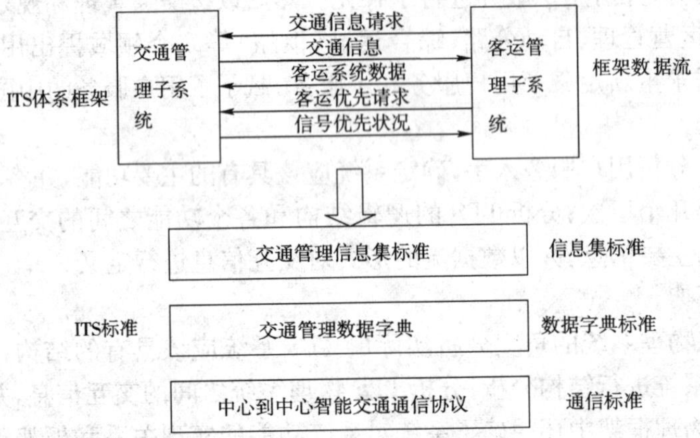

图3-10　ITS框架流到标准的过程

ITS必将成为一个新兴的产业，而产业的出现必定带来标准化问题，缺乏标准将使ITS产品不能统一；同时ITS要实现子系统间的信息共享，需要一系列标准的支持。标准化已成为智能运输系统发展的关键之一。

2. ITS标准化的作用

(1)可保障ITS在全国甚至全球范围内的兼容性

体系框架中的物理实体之间存在许多技术接口，接口技术的标准化可保证物理实体的互连性，从而实现全国范围内的兼容性。如在车辆与道路之间的短程通信接口实现了标准化，则配备了这种接口的终端，将能在全国范围内接收到路边通信设施所发出的交通信息。

(2)有助于拓展ITS相关产品的供货渠道，创造更大的市场空间

在生产领域，标准的制定无疑能刺激生产的发展，使原来的生产厂商因更易于组织科研和

生产而提高获利水平，这会吸引更多的厂商加入到产品供应行列，从而使得ITS产品更加丰富，解决方案更多样化，服务功能更完善。缺乏标准的产品通常被局限在市场的某个狭小空间内，难以占领国内和国际市场。

(3)有利于系统集成

智能运输系统是一项庞大的系统工程，其每项服务功能都不是单个设备所能完成的，接口设备的互联性对系统集成至关重要。标准化使得ITS相关产品接口规范好，互联性强，更易于系统集成，这对缩短工期、降低造价、提高系统的可靠性非常重要。

(4)有利于加速ITS产业化

标准化对产品的提供者和消费者都有益处。企业按照标准化生产的产品不会由于接口不匹配的原因而受消费者冷落，消费者也不会因购买的产品不标准而无法在系统中使用。因此，标准化有利于减轻ITS产品对服务的提供者和消费者的风险，促使ITS的产业化进程。

二、ITS标准化概况

1.国际标准化组织

国际标准化组织(International Organization for Standardization，简称ISO)是为了促进国际工业产品的标准化而成立的，从而鼓励国际间的货物服务、贸易，并在知识活动、技术发展、经济活动领域推广国际合作。

1992年国际标准化组织ISO设置了204技术委员会(TC204)，即交通信息与控制系统(TICS)技术委员会，全面负责智能交通系统领域的标准化工作。2001年4月在夏威夷召开的全体会议上，一致通过将TC204的名称更改为"智能运输系统(ITS)技术委员会"。

其他与ITS相关的ISO技术委员会包括信息系统和服务技术委员会(ISO/INFCO)，道路车辆技术委员会(ISO/TC22)，地理信息技术委员会(ISO/TC211)，信息技术/自动识别和数据获取技术委员会(ISO/IEC JTC1/SC31)，工商行政管理中的过程、数据资料和文件技术委员会(ISO TC154)等。

ISO/TC204在组织形式上设秘书处、16个工作组和参加成员国。

工作组以成立的先后顺序编号，专家以个人身份工作，工作组主要工作内容包括：组织对其所辖技术领域的标准化工作，工作组召集人负责整理汇总标准方案并向技术委员会报告工作。ISO/TC204有16工作组(WG)，随着ITS标准化需求不断发展变化，取消和合并了4个工作组，工作组情况如表3-5所示。

ISO/TC204工作组 表3-5

工 作 组	工作组名称	主 席 国	备 注
WG 1	体系结构	英国	
WG 2	质量和可靠性要求	美国	
WG 3	TICS数据库技术	日本	
WG 4	自动车辆和装置识别	挪威	并入WG 1
WG 5	收费	荷兰	
WG 6	一般车队管理	美国	并入WG 7
WG 7	商业车辆管理	加拿大	
WG 8	公共交通/紧急事件管理	美国	

续上表

工作组	工作组名称	主席国	备注
WG 9	综合交通信息管理与控制	澳大利亚	
WG 10	出行者信息系统	英国	
WG 11	路线引导与导航系统	德国	
WG 12	停车管理		休会
WG 13	人为因素与人机接口		休会
WG 14	车辆/路面报警与控制系统	日本	
WG 15	TICS专用短程通信	德国	
WG 16	广域通信/协议与接口	美国	

ISO/TC204参加成员国分为P成员国和O成员国，即参加国和观察国。参加国应积极参加标准化工作，承担技术委员会所有要求对国际标准征求意见草案或最终的正式草案正式投票的义务，并参加会议。观察国不具有投票资格，可收到委员会文件并有权提出意见和参加会议。

ISO/TC204与ISO的其他组织，如TC22（道路车辆技术委员会）、TC211（地理信息技术委员会）以及IEC（国际电工委员会）、APEC（亚太经济合作组织）、ITU（国际电信联盟）等组织密切合作，共同促进智能运输系统的标准化工作。

2. 美国ITS的标准化

1994年成立了美国ITS协会（ITS America），以促进ITS的实施和标准化。1996年美国完成了国家智能运输系统体系框架，1996年后美国的ITS标准化活动主要是依照体系框架来进行，参与的组织有美国交通运输部、美国ITS协会、民间标准化组织SODs以及体系框架制定小组等。美国在制定智能运输系统标准时，非常重视智能运输系统体系框架的作用。体系框架中的逻辑框架和物理框架定义了用户需要、接口及数据流，是制定智能运输系统标准的依据。

与ITS相关的标准化组织主要有：AASHTO（美国国家公路和交通管理者协会）、ANSI（美国标准委员会）、ASTM（美国测试和材料协会）、IEEE（电子电气工程师协会）、ITE（交通工程师协会）、SAE（汽车工程师协会）、NEMA（美国电子制造协会）、EIA（电子工业协会）、TIA（电讯工业协会）等

3. 日本ITS的标准化

日本ITS标准化在日本工业标准调查会之下，设置了TC204国内对策委员会，该委员会下设多个分委会，汇总有关团体、企业、学会等的意见。全体会议设在日本汽车学会，在各专业团体设置了与TC204各工作组对口的分委会秘书处，如表3-6所示。

日本TC204工作组受理团体 表3-6

TC204工作组	TC204工作组名称	日本受理团体名称
WG1	体系结构	汽车行驶电子技术协会
	自动车辆和装置识别	新交通管理系统协会
WG 2	质量和可靠性要求	日本汽车工程学会
WG 3	TICS数据库技术	日本数字道路地图协会
WG 5	收费	道路新产业开发机构

续上表

TC204 工作组	TC204 工作组名称	日本受理团体名称
WG 6	一般车队管理	道路新产业开发机构
WG 7	商业车辆管理	
WG 8	公共交通/紧急事件管理	国土开发技术研究中心
WG 9	综合交通信息管理与控制	新交通管理系统协会
WG 10	出行者信息系统	
WG 11	路线引导与导航系统	日本汽车工程学会
		新交通管理系统协会
WG 13	人为因素与人机接口	日本汽车工程学会
WG 14	车辆/路面报警与控制系统	
WG 15	TICS 专用短程通信	日本电子机械工业协会
WG 16	广域通信/接口与协议	

4. 欧洲 ITS 的标准化

欧洲 ITS 标准化由于欧盟各国有着不同的文化背景和法律，在智能运输系统实施方面要求更高，它们认为美国的智能运输系统体系结构太简单，不符合欧洲要求，而复杂的体系和复杂的国情均使欧洲智能运输系统中的标准化问题尤为突出。

欧洲标准化委员会(CEN)于 1990 年设立了 CEN/TC278 技术委员会，负责道路交通和运输的信息化(Road Traffic and Transport Telematics)，于 1991 年 7 月开始进行以下 4 个大项的研究工作。

(1)技术规范和术语；

(2)具体应用领域；

(3)数据交换及参照定位；

(4)通信技术及接口。

CEN/TC278 与 ISO 签订了 Vienna 协议，进行与 TC204 内容大致相同的标准制定工作。CEN/TC278 工作组与 ISO/TC204 的对应关系见表 3-7。

CEN/TC278 工作组与 ISO/TC204 的对应关系 表 3-7

CEN/TC278 工作组	科 目	ISO/TC204
WG 1	自动收费和访问控制	WG 5：收费
WG 2	货物与车队管理系统	WG 6：一般车队管理、WG 7：商业车辆管理
WG 3	公共交通	WG 8：公共交通
WG 4	交通和出行者信息	WG 10：出行者信息系统
WG 5	交通控制	WG 9：综合交通信息管理与控制
WG 6	停车管理	
WG 7	地理道路数据库	WG 3：TICS 数据库技术
WG 8	道路交通数据	WG 3：TICS 数据库技术
WG 9	专用短程通信	WG 15：TICS 专用短程通信
WG 10	人—机器接口	
WG 11	子系统和交互系统界面	WG 16：广域通信/协议与接口
WG 12	自动车辆与装置识别	WG 1：自动车辆与装置识别
WG 13	系统结构与术语	WG 1：体系结构

5. 中国 ITS 的标准化

(1)中国 ITS 领域标准化工作的发展历程

1995 年成立了全国交通工程设施标准化技术委员会，1997 年 12 月该技术委员会完成了公路交通工程设施综合标准化研究报告和标准体系表。在该体系表中，ITS 被列入标准范畴，共规划了包括监控系统、通信系统、收费系统等标准在内的 82 项标准。

1995 年 3 月，ISO/TC204 秘书长斯奇尼(Stehney)先生来华访问，向当时的国家质量技术监督局提出希望加强亚太地区的合作，推进中国参与交通信息与控制系统领域国际标准的制定。斯奇尼访华期间提出建议，由中国交通部公路科学研究所承担中国 TC204 秘书处的工作，从这一年开始，在国家技术监督局的指导下，中国开始派代表参与 TC204 活动，并在 1998 年正式批准成立 ISO/TC204 中国秘书处，依托单位是交通部公路科学研究所国家 ITS 工程技术研究中心。

1998 年 5 月，国家 ITS 工程技术研究中心向交通部提交了智能交通系统发展战略研究报告，ITS 的标准化被列入该报告的重点内容。并提出了中国 ITS 需要标准化的领域和急需标准化的领域。

1999 年，科技部安排了"九五"国家科技基础性项目"智能交通系统标准化体系及关键标准的制定"，对智能交通系统标准体系、关键标准明细表及三项关键标准进行了预先研究。此项目已由交通部公路科学研究所完成并通过科技部验收。ITS 标准体系明细表共包括标准 326 项。

2001 年及 2002 年度，ITS 标准化工作还得到了科技部科技基础工作专项资金的支持，目前已开展 40 余项标准规范的制定工作以及 10 多项标准化的研究工作，重点集中在数据定义、通信和接口协议、交通管理和专用短程通信等方面。

2003 年 9 月 16 日，国家标准化管理委员会下发了《关于批准成立"全国智能运输系统标准化技术委员会"的通知》(国标委计划[2003]65 号)，标委会的国内编号为 SAC/TC268，对口国际标准化组织 ISO/TC204。中国 ITS 标委会的组织结构如图 3-11 所示。2003 年 10 月 28 日，全国智能运输系统标准化技术委员会在北京正式成立。

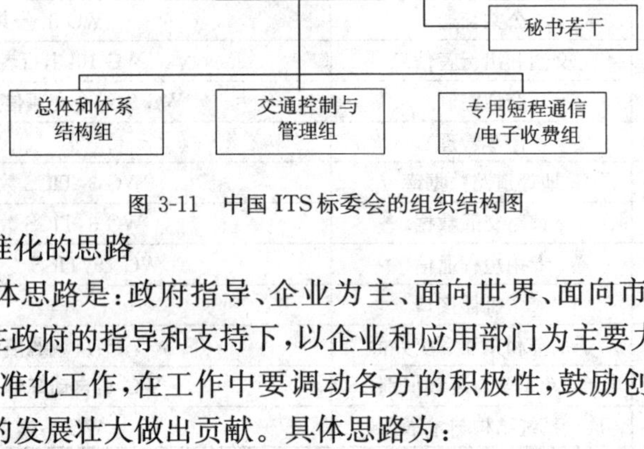

图 3-11　中国 ITS 标委会的组织结构图

(2)中国 ITS 标准化的思路

ITS 标准化的总体思路是：政府指导、企业为主、面向世界、面向市场、技术创新、开放竞争。具体来说，就是在政府的指导和支持下，以企业和应用部门为主要力量，站在全球的高度、面向市场开展 ITS 标准化工作，在工作中要调动各方的积极性，鼓励创新、鼓励开放，鼓励竞争，为我国 ITS 产业的发展壮大做出贡献。具体思路为：

第一，加大现有资源整合和开发力度。管理部门和企业在ITS方面已有很多方面的积累和经验，为充分利用这些资源，包括交通控制和管理系统、收费系统、信息采集和服务等方面已有适用多年的事实标准，做必要的补充和修改后，可上升为国家标准。

第二，积极引导企业参加和主持ITS标准的制定，企业是市场的主体，也是技术进步的主体，因此企业也应是标准化工作的主体，今后应将更多的标准逐步交由企业制定，并积极引导企业在标准化方面的投资。

第三，全国智能运输系统标委会对口ISO/TC204，应充分利用这个窗口，及时收集和发布ISO/TC204的信息，积极为标委会及各类专家创造参与国际标准化活动了解发达国家ITS发展动态的机会。

(3)今后几年ITS标准化的重点

①加快ITS标准化的制定

在国家标准化管理委员会的领导下，在各有关部委的指导下，要加快ITS标准的制定，重点是数据交换和通信协议、系统集成中涉及的接口、交通控制系统、交通信息和数据的定义、交通专用短程通信以及基础术语方面的标准。

②加强与相关标委会的协调与合作

ITS是多种设备和系统的集成，有许多与ITS相关的标准化组织，例如交通工程标委会、通信领域的标委会、信息产业的标委会以及交通管理方面的标委会等，应主动与这些组织建立联系和协调机制，充分利用现有成果，避免重复，相互配合，做好ITS标准化的工作。

③积极参与国际标准的制定

标委会和ISO/TC204中国秘书处要积极组织委员和国内企业参加国际标准化工作，努力争取向有关的工作组派专家，参加工作组的实际工作。

④加强组织机构的建设

首先应加强秘书处的建设，秘书处要创造性地开展工作，为委员们服好务。

⑤多方面筹集标准化工作经费

标准化工作要有经费的支持，标准化经费的主要来源：一是国家在这方面的专项经费；二是企业和社会组织的经费，将来后者可能成为主要经费来源。

⑥做好标准计划的制定和申报工作

ITS国家标准计划的申报将以标委会为主，秘书处要提前征求各部门、各委员和有关企业的意见，并与有关标委会协调，根据实际需要和ITS标准体系的规划向国家标准化委员会报出年度计划。

第三节　智能运输系统评价

一、概述

1. ITS评价的概念

智能运输系统(ITS)评价是智能运输系统研究的一项重要内容，其目的是对智能运输系统项目的经济合理性、技术合理性、社会效益、环境影响和风险做出评价，为实际的ITS项目提供一个综合、全面的评价结果，为项目的可行性研究、实施以及方案的优化、决策提供科学依据，对已有系统运作优化提供依据，还可以帮助投资者对将来的投资做出决定。

ITS评价是指对ITS项目进行的评价，项目可以是规划中的、实施中的、完成后的项目。ITS评价与ITS项目要达到的目的有重要关系，在评价中首先要明确建设ITS项目的目的。ITS项目要达到的主要目的如下：

(1)提高全国交通系统的安全性，减少伤亡的数量及其严重程度，降低撞车的严重程度；

(2)提高路面交通系统的运行效率及其容量，减少由于交通事故所引起的局部交通系统不能正常运作，改善提供给出行者的服务水平及其方便程度，提高道路通行能力；

(3)减少由于交通拥挤造成的能源和环境消耗，降低单位出行造成的有害物质排放，降低单位出行造成的能源消耗；

(4)提高目前和将来的生产能力，降低快速行驶成本，减少出行时间，改进交通系统规划和管理；

(5)提高个体流动性和路面交通系统的方便舒适度，为出行前和出行中的信息获取提供途径，提高出行安全度，减轻出行者压力；

(6)繁荣ITS的发展，支持ITS产业(硬件、软件和服务)的建立。

2. ITS评价的意义

ITS项目评价的意义主要体现在以下4个方面：

(1)理解ITS项目产生的影响

评价ITS项目是为了能够更好地了解项目本身和与其相关的交通条件改善之间的关系。ITS项目对交通系统及其使用者产生的影响，以及其导致的社会、经济和环境的影响，综合起来就构成了ITS项目评价的内容。而且，对ITS项目产生的影响有一个更好的认识也有助于将来其他类似ITS项目的实施。

(2)对ITS项目带来的效益进行量化

投资者决定要投资一个项目，就必须先对该项目所能带来的回报做到心中有数。无论是政府部门还是私人机构，都希望能够量化自己投资的效益。

(3)帮助对将来的投资做出决定

ITS项目评价所提供的信息可以帮助政府部门优化投资，同时也可以帮助对将来项目的投资和实施做出决定。ITS项目评价所提供的信息也有助于私人机构在商业运作中做出明智正确的决定，而从目前看来，政府与私人机构之间的密切而有效的合作分工是中国ITS顺利发展的必要条件。

(4)对已有的系统优化其运作和设计

ITS项目评价可以有利于识别已有的交通设施和交通系统需要改进的方向，从而使管理者和设计者能够更好地管理、调整、改进和优化系统运作和系统设计。

二、ITS评价的内容

ITS评价包括技术评价、经济评价和社会、环境评价，下面分别进行介绍。

1. 技术评价

(1)技术评价的目的

技术评价是ITS项目评价的基本内容之一，ITS项目的新颖性和其他特性决定了技术评价在ITS项目中的特殊地位。技术评价的目的是为了明确系统(项目)满足技术需求和达到预期目标的程度。在这种情况下，技术评价的目的是为了确定哪种方案或系统可以更好地满足技术需求并达到预期目标。

一般来讲，技术评价与其他几种类型评价相比，具有较强的独立性。同时，技术评价的结果将对决策者是否进行更进一步的评价产生影响。也就是说，技术可行性是ITS项目实施的必要条件。由此可见技术评价在ITS项目评价中的地位。

(2)技术性能评价指标

ITS的技术评价主要可以从两个方面进行评价：

①基于体系结构各部分特征的系统性能评价，即定性分析为主的评价；

②基于ITS各部分系统设计的运行性评价，即定量和定性结合的评价。ITS技术评价体系为如图3-12所示。

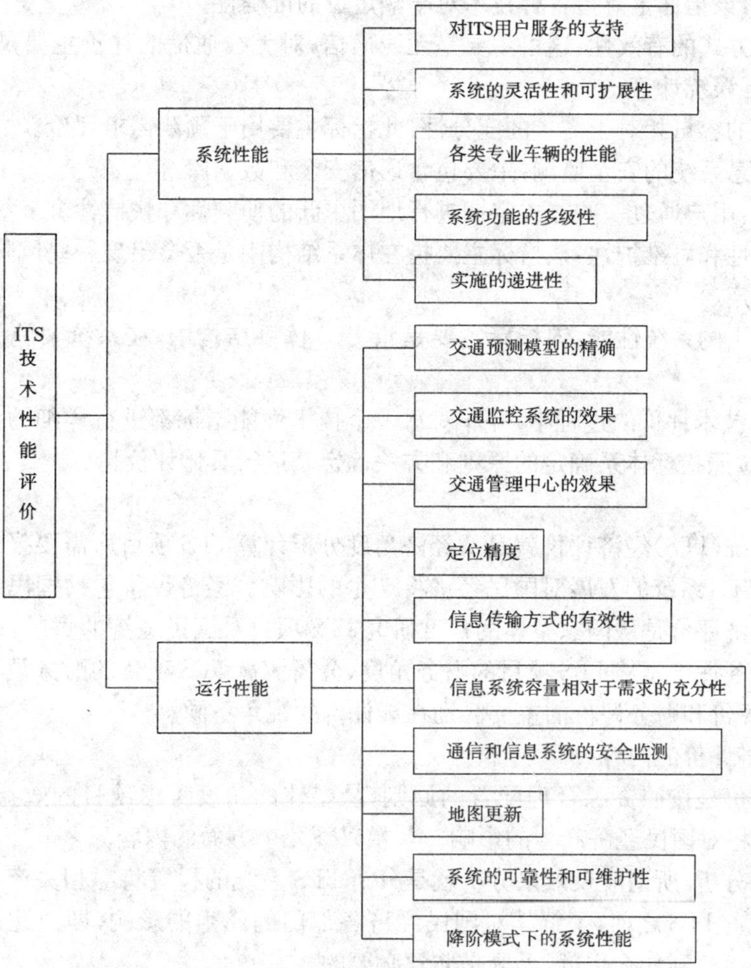

图3-12　ITS技术性能评价指标体系

对系统性能指标体系描述如下：

①对ITS用户的支持：该指标是为了评价ITS体系结构的系统功能是否满足不同用户的需求。

②系统灵活性和可扩展性：该指标主要指体系结构在技术上是否具有灵活性和可扩展性。

③各类专业车辆的性能：从出行时间减少和安全性提高两方面对不同装备车辆的性能进行评价。

④系统功能的多样性：该指标指体系结构对每一市场包内和市场包之间不同功能的支持能力。可以从技术水平的兼容性和界面的标准化两个指标进行评价。

⑤实施的递进性：该指标主要包括ITS体系结构与现有设施的包容性和可协调性、ITS体系结构的可发展性两个方面。

对运行性能指标体系描述如下：

①交通预测模型的精确：ITS的目标之一是更好的理解交通模式，以便更好的预测交通流量和拥挤条件。

②交通监控系统的效果：该指标主要包括两个子指标，即数据的收集、实时传输的能力以及数据实时处理能力。

③交通管理中心的效果：该指标指交通管理中心和其他相关管理中心的协调和协作水平。

④定位精度：该指标主要指各种技术对车辆定位的准确性。

⑤信息传输方式的有效性：这里主要是无线通信，对无线通信的评价主要是总流量、线路平均流量、线路延误统计等。

⑥信息系统的容量相对于需求的充分性：此指标主要用于预测需求评价。

⑦通信和信息系统的安全监测：主要包含通信安全和数据库/信息安全。

⑧地图更新：用户通过一些方式定期进行地图更新的便利性和快捷性。

⑨系统可靠性和可维护性：该指标主要指在体系结构中是否会出现一些风险，导致服务和系统性能的不稳定。

⑩降阶模式下的系统性能：该指标主要是指ITS体系结构中，在系统实施的过程中降级服务的能力。

在ITS项目技术评价的过程中，并非对每一个技术性能指标都进行详细的评价。针对不同的ITS项目，按照指标体系确定的原则和方法确定其进行具体评价指标。

2.经济评价

智能运输系统(ITS)经济评价就是从经济角度分析计算ITS项目所需要投入的费用和获得的效益，以及ITS系统的发展对国民经济将产生的影响。经济评价包括国民经济评价和财务评价。国民经济评价是从国家整体的角度研究ITS项目对国民经济的贡献，以判断ITS项目的合理性。财务评价是从ITS项目的财务角度，分析测算ITS项目的财务盈利能力和清偿能力，国民经济评价和财务评价的主要区别在于评价的视角不同。

(1)国民经济评价的内容

国民经济评价是按照资源合理配置的原则，从整体的角度考虑项目的效益和费用，评价ITS项目的投资将对国民经济产生的影响。包括以下几个方面的内容。

①波及效果分析：所谓波及效果分析就是分析ITS系统的投资将对相关产业产生多大的带动作用。在投资ITS之前，了解其对国民经济各部门的产生的影响，即由此而引起的各产业部门的增产需要达到什么程度，无疑是非常必要的。

②投资乘数分析：投资乘数分析主要是分析项目投资的增长将对国民收入、税收、工资等指标产生的倍增作用。对ITS项目进行投资乘数分析是要确定ITS项目的投资对国民收入等的提高有多大影响。

③综合就业分析：分析、计算随着ITS项目产业投资的增长而最终需要投入的就业人数，其中包括直接需要和间接需要。

(2)财务评价的内容

财务评价是根据国家现行财税制度和价格体系，分析、计算投资者或项目直接发生的财务效益和费用，编制财务报表，计算评价指标，考察项目的盈利能力、清偿能力以及外汇平衡等财务状况，据以判别项目的财务与商业上的可行性。

对于企业投资者和个人投资者来说，投资的目的主要是获得利润。因而，ITS 项目财务评价的服务对象主要是具体的 ITS 项目的企业投资者。而对于国家或地区投资来说，更注重整体效益。财务评价的内容主要包括经济效益分析和清偿能力分析两方面。

①经济效益分析：静态指标包括投资回收期、投资利润率、投资利税率、资本金利润率等；动态指标包括财务内部收益率、财务净现值等。

②清偿能力分析：包括借款偿还期、资产负债率、流动比率、速冻比率等指标。

3. 社会和环境评价

(1)社会和环境评价的意义

交通系统作为社会经济的一个重要子系统，处在一个复杂的环境中，既受到外部环境的影响，又对外部环境有很大的反作用。这种作用与反作用主要表现在交通系统与社会系统、经济系统、环境系统的关系上，交通的发展应当与社会、经济的发展相协调。一方面，经济的规模和水平，决定了对交通的需求，制约着交通系统的发展，政府部门政策的优劣、科技与管理水平的高低以及人员素质都影响着交通系统的发展；另一个方面，交通系统的发展又会促进经济的发展，影响城市结构的调整，导致环境质量和可用土地资源的变化，促进人们不断修正自己的各种行为规范，对社会生活的各个方面产生一定的影响。

因此，对智能运输系统的评价，不仅要对智能运输系统建设的技术性能指标、经济指标进行分析、评价，还应对智能运输系统的建设与实施对周边系统所产生的影响做出评估，以更加全面反映 ITS 的综合效益。智能运输系统的社会、环境评价就是从宏观的角度，分析 ITS 项目对社会生活和环境所产生的影响以及带来的各种直接的、间接的效益。

(2)社会、环境评价指标体系

ITS 项目对社会及环境的影响可分为直接社会、环境效益和间接社会、环境效益两方面。直接社会、环境效益是指通过 ITS 项目给交通运输系统和城市环境带来的实际成果和利益，主要是从交通环境改善后，交通参与者从个体的角度来衡量的经济效益和直接的环境改善，其具体表现为降低行车成本、减少旅行时间、延长车辆使用寿命、提高路网通行能力、减少空气污染、降低交通噪声等方面。间接效益是从社会经济系统的角度，考察通过 ITS 项目改善交通环境，对促进城市建设和发展，促进经济繁荣等方面所产生的效益。ITS 社会、环境评价的指标体系如图 3-13 所示。

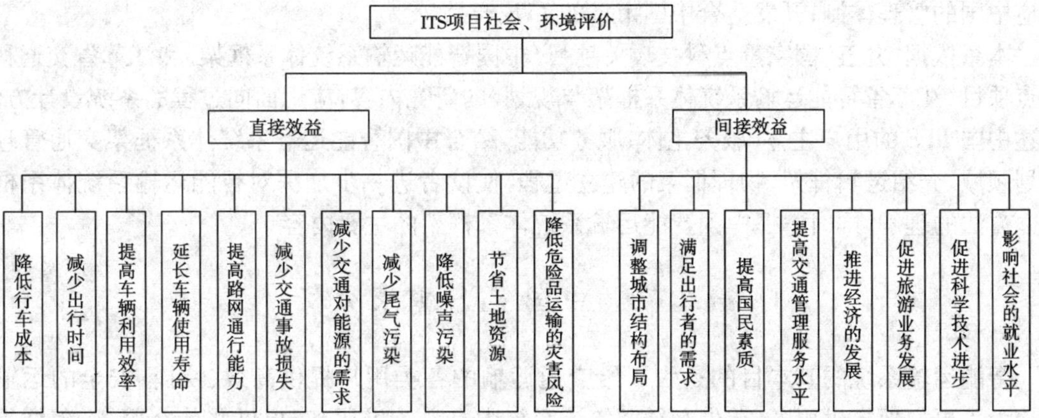

图 3-13 社会、环境评价指标体系

第四章　中国智能运输系统体系框架

第一节　概　　述

ITS体系框架，是指系统所包含各个子系统为实现用户服务功能、满足用户需求所应具备的功能，以及各个子系统之间的相互关系和集成方式。ITS体系框架决定了系统如何构成，确定了功能模块以及模块之间的通信协议和接口，它的设计必须包含实现用户服务功能的全部子系统的设计。通过集成若干ITS子系统的功能可以实现一个或多个用户服务功能。美国及其他国家的ITS发展经验表明：制定ITS体系框架是ITS全面发展的不可缺少的基础研究。它是ITS结构标准研究的指导性框架。

中国ITS体系框架主要由用户主体、服务主体、用户服务、系统功能、逻辑框架、物理框架、ITS标准与经济技术评价组成。表4-1明确了ITS体系框架各组成部分与服务的关系。

ITS体系框架各组成部分与服务的关系　　表4-1

组成部分名称	基本功能
用户主体	谁将是被服务的对象，明确了服务中的一方
服务主体	谁将提供服务，明确服务中的另一方。它与用户主体和特定的用户服务组成了系统基本的运行方式
用户服务	明确系统能提供什么样的服务
系统功能	将服务转化成系统特定的目标
逻辑框架	服务的组织化
物理框架	服务怎样具体提供
ITS标准和经济技术评价	其他经济技术因素

针对中国交通运输的现状，在中国ITS的功能和模块划分上，充分考虑了中国ITS的发展特点，即中国ITS与基础设施建设同行；走学习与创新之路；分地区、分阶段地实施与发展；适应中国的管理体制；开发适合中国市场的ITS产品。

本章依据"九五"国家重点科技攻关项目《中国智能运输系统体系框架》和江苏省交通科技重点项目《江苏省智能运输系统体系框架与规划》的研究内容，应用面向过程的系统设计方法，阐述中国ITS的用户主体、服务主体、服务功能，结合中国智能运输系统体系框架交通管理与规划领域，介绍逻辑框架、物理框架的建立过程，使读者进一步加深对智能运输系统体系框架建立方法的理解，同时掌握中国智能运输系统体系框架的主要内容。

第二节　中国ITS需求分析

智能运输系统的基本目的是为了给交通运输的各类用户提供高效、快捷、安全的运输服务。为了更好地提供服务，首先必须回答该系统中是谁为谁服务、提供些什么服务、怎样提供服务、怎样组织服务等一系列与用户服务相关的问题。所以首先应该从用户需求入手，进而提出用户服务以及功能需求，建立系统的用户主体、服务主体等重要组成部分，然后建立逻辑框架，最后形成物理框架。

一、用户主体

用户主体也就是接受服务的一方，系统所有的服务都是为用户提供的，如果没有明确用户对象，就不可能很好地了解用户需要的服务。这里把用户主体分为6大类(如表4-2所示)。由于ITS涉及的部门多，其中道路使用者是最终用户，所有功能最终是为了向道路使用者提供信息，使其能在道路上行驶的时候更加快捷、舒适。其他是中间用户，中间用户既向最终用户提供一些服务，同时也是接受服务的一方。例如高速公路紧急救援中心，在发生交通意外事故的时候，监控中心检测到事故的发生立即向紧急救援中心提供事故发生的时间、地点、人员伤亡情况等信息，紧急救援车辆赶往现场过程中也接受监控中心的监视，同时也完成事故的处理工作，为出行者提供服务。

用户主体描述表 表4-2

道路使用者	乘客	
	驾驶员	小型汽车
		公交车
		货车
		摩托车
		紧急车辆
		军用运输车
		特种运输车辆
		出租车
	非机动车驾驶员	
	行人	
	老弱病残	
道路建设者	基础建设	
	道路养护	
交通管理者	交通管理部门	城市交通管理部门
		公路交通管理部门
		空中交通管理部门
运营管理者	道路运营管理部门	城市公共交通部门
		公路客运部门
		货运部门
	铁路运营管理部门	铁路客运管理部门 铁路货运管理部门
	航空运营管理部门	航空客运管理部门 航空货运管理部门
	水运运营管理部门	水运客运管理部门 水运货运管理部门
公共安全负责部门	公安部门	
	消防部门	
	急救中心	
	抗震减灾部门	
相关团体	政府部门	
	学术机构	
	规划部门	
	环保机构	

二、服务主体

提供服务的一方往往不是某一个部门，而某一项服务就需要许多部门一起协作才能提供该项服务。为此将服务主体进行分类，如表 4-3 所示。各大类团体组成了一个服务体系，为用户提供需要的每一项服务。

服务主体描述表　　表 4-3

交通管理中心	城市交通管理中心	
	公路交通监控中心	
公共交通旅客运输部门	城市公共交通(包括轻轨)运营商	
	城际公共交通运营商	
	交通换乘枢纽	
交通信息服务提供商	基础信息提供商	
	实时交通信息提供商	
紧急救援事件管理部门	紧急事件处理部门	城市紧急救援中心
		公路紧急救援中心
	消防中心	
	医疗急救中心	
	危险品处理公司	
基础设施管理部门	基础设施维护者	
	基础设施管理者	
	收费设施提供商	收费路桥隧提供者
		收费停车场提供者
货物运输部门	道路货物运输提供商	城市配送
		公路货运
	铁路货物运输提供商	
	航空货物运输提供商	
	水路货物运输提供商	
	货物联运提供商	
	仓储服务提供商	
产品/设备制造商	汽车制造商	
	通信和信息设备制造商	
	系统集成商	
产品服务部门	汽车维修商	
	保险商	
	地图制作/更新提供商	
	基础地理信息提供商	交通信息提供者
		金融中心
交通执法部门	公安部门	
	工商税务部门	
交通规划部门		
气象部门		
环保部门		

三、需求分析

针对智能运输系统的用户主体，通过分析对运输系统基本需求和对 ITS 交通管理与规划的需求，制定的相关需求分析见表 4-4。

需求分析表(交通管理与规划领域)　　表 4-4

用户主体			对运输系统基本需求	对 ITS 交通管理及规划的需求
道路使用者	乘客		提供公交服务	1. 提供天气情况、污染状况信息； 2. 提供最佳路径； 3. 提供时刻表、换乘地点、月票购买点信息； 4. 提供可行的运输方式； 5. 提供紧急事件服务
	驾驶员	小型汽车	城市道路、公路、停车场、交通设施	1. 提供天气情况、污染状况信息； 2. 提供路面、路况信息； 3. 提供路线引导； 4. 提供优化的交通控制策略(如城市绿波控制)； 5. 提供餐饮、住宿、加油站、维修等服务信息； 6. 提供紧急事件服务
		公交车	城市道路、公路、交通设施	1. 提供天气情况、污染状况信息； 2. 提供路面、路况信息； 3. 提供车辆自动定位与电子地图； 4. 提供优化的交通控制策略(如城市绿波控制)； 5. 交通站点的优化； 6. 提供公交专用道路； 7. 提供餐饮、住宿、加油站、维修等服务信息； 8. 提供紧急事件服务
		货车	城市道路、公路、停车场、交通设施	1. 提供天气情况、污染状况信息； 2. 提供路面、路况信息； 3. 提供车辆自动定位与电子地图； 4. 提供路线引导； 5. 提供优化的交通控制策略(如城市绿波控制)； 6. 为超重、超长车提供特殊交通管理； 7. 提供餐饮、住宿、加油站、维修等服务信息； 8. 提供紧急事件服务
		摩托车	城市道路、公路、停车场、交通设施	1. 提供天气情况、污染状况信息； 2. 提供路面、路况信息； 3. 提供路线引导； 4. 摩托车停车场信息； 5. 提供紧急事件服务
		紧急车辆	城市道路、公路、停车场、交通设施	1. 提供路面、路况信息； 2. 提供交通控制； 3. 提供路线引导； 4. 提供紧急车辆配置与优化调度方案
		特种运输车	城市道路、公路、停车场、交通设施	1. 提供大气情况、污染状况信息； 2. 提供路面、路况信息； 3. 提供路线引导； 4. 提供紧急事件服务与处置预案
		出租车	城市道路、公路、停车场、交通设施	1. 提供路面、路况信息； 2. 提供交通信息服务； 3. 提供紧急事件服务预处置预案
	非机动车驾驶员		城市自行车道、停车场、交通设施	1. 提供天气情况、污染状况信息； 2. 提供路面、路况信息； 3. 自行车道控制与优化； 4. 提供紧急事件服务
	行人		人行道	1. 提供天气情况、污染状况信息； 2. 提供交通流、拥挤及阻塞信息； 3. 提供城市电子交通地图； 4. 提供紧急事件服务

续上表

<table>
<tr><th colspan="3">用户主体</th><th>对运输系统基本需求</th><th>对 ITS 交通管理及规划的需求</th></tr>
<tr><td rowspan="2">道路建设者</td><td colspan="2">基础建设</td><td>路网现状</td><td>1. 路网交通流信息；
2. 路侧地形、地貌信息</td></tr>
<tr><td colspan="2">道路养护</td><td>路面性能</td><td>1. 路面、路况信息；
2. 养护资金的优化；
3. 基础设施的维护状况</td></tr>
<tr><td>交通管理者</td><td colspan="2">交通管理部门</td><td>交通管理设备、监控设备</td><td>1. 当前的、历史的交通流和天气、污染信息；
2. 提供制定、评估、仿真交通流的交通管理策略；
3. 提供监控信息和监控设备；
4. 提供车辆及其收费信息；
5. 提供与政府部门、公安部门等的信息交换接口；
6. 提供违反交通规则车辆的证据和有效处罚手段；
7. 提供优化的交通控制策略(如城市绿波控制)；
8. 提供停车设施的使用情况和管理手段；
9. 自动检测车辆特征、自动车型分类；
10. 紧急事件信息提供和消防设施信息的获取</td></tr>
<tr><td rowspan="2">运营管理者</td><td rowspan="2">道路运营管理部门</td><td>城市交通管理部门</td><td>城市道路、地铁、交通设施</td><td>1. 提供天气情况、污染状况信息；
2. 提供路面、路况信息；
3. 用户对交通流的需求信息；
4. 站点的信息；
5. 相互换乘的信息；
6. 公交专用线；
7. 轨道运输监控信息；
8. 提供紧急事件服务</td></tr>
<tr><td>公路交通管理部门</td><td>公路、交通设施</td><td>1. 提供天气情况、污染状况信息；
2. 提供路面、路况信息；
3. 提供餐饮、住宿、加油站、维修等服务信息；
4. 车辆定位信息；
5. 用户对交通流的需求信息；
6. 站点的信息；
7. 相互换乘的信息；
8. 提供紧急事件服务</td></tr>
<tr><td rowspan="4">运营者</td><td colspan="2">货运部门</td><td>城市道路、公路、交通设施</td><td>1. 提供天气情况、污染状况信息；
2. 提供路面、路况信息；
3. 车队的自动定位与电子地图；
4. 提供紧急事件服务</td></tr>
<tr><td colspan="2">铁路运营部门</td><td rowspan="3">交通设施、控制设备</td><td rowspan="3">1. 提供运输系统的历史及现在交通数据；
2. 提供换乘时间和地点信息；
3. 提供各种运输方式的信息交换接口</td></tr>
<tr><td colspan="2">航空运营部门</td></tr>
<tr><td colspan="2">水运运营部门</td></tr>
</table>

续上表

<table>
<tr><th colspan="2">用户主体</th><th>对运输系统基本需求</th><th>对ITS交通管理及规划的需求</th></tr>
<tr><td rowspan="4">公共安全部门</td><td>公安部门</td><td rowspan="4">道路网、交通设施</td><td rowspan="4">1. 提供天气情况、污染状况信息；
2. 提供路面性能的评价及预测信息；
3. 出行信息；
4. 交通流的现状及预测信息；
5. 交通设施与车辆的使用情况；
6. 交通事故信息、事故预报警信息</td></tr>
<tr><td>消防中心</td></tr>
<tr><td>急救中心</td></tr>
<tr><td>抗震减灾部门</td></tr>
<tr><td rowspan="4">相关团体</td><td>政府部门</td><td>监控系统</td><td>1. 路网交通信息；
2. 基础设施的使用信息；
3. 事故信息；
4. 交通违纪信息</td></tr>
<tr><td>学术机构</td><td>监控系统</td><td>1. 路网天气、交通状况和交通需求相关的信息；
2. 运输规划策略评估的仿真环境；
3. 提供路面破损信息；
4. 科研成果的应用及反馈信息</td></tr>
<tr><td>规划部门</td><td>监控系统</td><td>1. 路网天气、交通状况和交通需求相关的信息；
2. 运输规划策略评估的仿真环境</td></tr>
<tr><td>环保机构</td><td>监控系统</td><td>1. 污染信息(空气指数等)；
2. 生态影响；
3. 尾气排放信息</td></tr>
</table>

四、服务功能

道路使用者作为出行者，目的就是希望能更快、更安全、更舒适地到达目的地。在行驶过程中能尽可能多的得到自己想得到的信息，比如到下一个服务区还有多少距离，到达目的地需要多少时间，现在自己的位置、天气情况以及是否发生交通事故等。而对于其他中间用户，由于社会职能不同，具体需求有所差异。如发生交通事故时，系统的中间用户都需要得到准确的事故地点、时间等信息，以保证救援车辆能够快速到达事发地点，只是交警部门侧重于事故严重程度以及事故造成的交通堵塞状况；交通信息部门侧重于将事故信息及时公告，提醒交通出行者注意；车辆维修部门侧重于车辆损坏状况等信息；消防部门侧重于了解火灾性质、规模等信息；而医疗中心则关注人员伤亡情况。本章依据交通管理与规划领域对智能运输系统的需求，制定相应的服务功能定义，见表4-5。子服务功能定义见表4-6。

服务功能定义(交通管理与规划领域)

表4-5

服务名称	定 义	用 户 主 体
交通控制	该服务通过使用ITS技术来管理和控制交通流，以达到使道路网络交通流运行稳定的要求	交通管理者
需求管理	该服务为影响出行需求而制定和实现各种管理和控制策略，这些策略影响不同运输方式的总体需求，主要通过价格策略、地区访问控制和控制区域出入来实现	交通管理者

续上表

服务名称	定　义	用 户 主 体
紧急事件管理	该服务利用现代通信、检测及图像识别技术，对交通中的偶发事件(如交通事故、车辆抛锚、货物散落、自然灾害等)进行探测和预报，获取事件的发生位置、性质和类型及当前的交通状况等信息，通过公路交通部门、公安部门、消防部门及医疗救护部门等机构间的协调与合作，对事件进行有效的处理以减少事件对公路交通的影响时间，把损失降低到最低限度	道路使用者、公路客运部门、道路货运部门、城市公共交通部门
交通法规监督与执行	交通管理部门应用ITS技术执行交通法规，及时准确地收集到违反交通法规事件的信息，在不影响正常交通运行的前提下自动或人工执行相应的处理措施	公路交通管理部门、城市交通管理部门
交通运输规划支持	向运输规划者提供有关路网交通流和交通需求的数据(当前的和历史的)，并提供实现路网交通运输规划计算、评估以及仿真的有效手段，从而得到路网交通流分配的优化策略	交通运输规划部门
交通基础设施的维护管理	应用ITS技术来进行道路、通信及机电系统等交通基础设施的维护管理，能够收集并统计交通基础设施的管理维护数据，在此基础上产生并实施相应的管理维护计划	公路交通管理部门、城市市政管理部门、收费道路运营公司

子服务功能定义(交通管理与规划领域)　　表4-6

交 通 控 制			
子服务名称	定　义	用户主体	服务主体
自适应交通信号控制	采用自适应控制方法来对交叉口、干道或大区域交通流进行有效的控制，提高道路的通行能力	道路使用者(驾驶人员、行人)	交通管理者(公安部门、行政部门)
行驶方向变换消息标志	为了高效利用道路的有效面积，在交通量随时间周期性变化较大的路段设置可变车道，在特定时段采用变换策略，通过设定特殊的消息标志来提高道路的通行能力	道路使用者	交通管理者
交通管理策略的实现	利用各种信息以及控制手段来保证事先制定的交通管理策略的实现	道路使用者	交通管理者
城市和城市之间的集成控制	利用先进的通信以及控制手段对城市间交通进行集成控制	道路使用者	交通管理者
匝道控制	通过对公路及城市道路的出入口匝道进行控制，来达到使路网或道路的交通流运行稳定的目的	道路使用者	交通管理者
交通控制和路线诱导的集成	通过适当的交通控制策略与路线诱导进行有效的结合，来为驾驶人员提供快捷、安全的信息服务	道路使用者	交通管理者
速度控制	通过对道路上行驶的车辆的速度分布进行适当的控制，以达到使交通流运行稳定的目的	道路使用者	交通管理者
可变车道	为实现行驶方向变换而设置的专用车道	道路使用者	交通管理者

续上表

需求管理			
子服务名称	定义	用户主体	服务主体
可达性控制	通过对特定区域或路段的驶入进行控制以达到影响该区域或路段交通需求的目的	道路使用者	交通管理者
拥挤价格	对具有不同交通需求路段的使用采取不同的收费标准来达到控制交通需求的目的	道路使用者	交通管理者
停车价格	通过制定不同的停车价格来对不同区域的交通需求进行间接控制	道路使用者	交通管理者
公交车辆费用管理	采用不同的收费价格来影响人们对交通方式的选择	道路使用者	交通管理者

紧急事件管理			
子服务名称	定义	用户主体	服务主体
事件的预防	利用各种通信和信号控制技术，向道路养护部门和道路使用者提供实时的道路和交通状况、自然灾害及气象信息，以便预先采取相应的预防措施以减少交通事故的发生	道路使用者	公路交通管理部门、公安部门、交通监控中心、气象部门、道路养护部门
事件的检测	利用各种检测、监视和通信手段获取的实时信息来证实公路交通中某一事件已经发生	道路使用者、道路部门	公路交通管理部门、公安部门、气象部门、道路养护部门
事件的鉴别	对已检测到的事件进行鉴定，明确事件发生的位置、性质及类型等信息	道路使用者	公路交通管理部门、公安部门、交通监控中心
事件的响应	根据所确认事件的发生位置、类型、性质及可能造成损失的大小等信息，快速作出适当的救助策略，通知有关部门向现场派出紧急救援人员和设备，同时对参与救援活动的人员和设备进行协调和管理	道路使用者	公路交通管理部门、公安部门、消防部门、医疗救护部门、交通监控中心
事后管理	事件发生后，协调紧急救援部门对事件所涉及的人员和设备进行安全快速的救助，使事件现场得到安全及时的清除，尽快恢复道路的最大通行能力以避免二次事故的发生	道路使用者、公路客运部门、道路货运部门、城市公共交通部门	公路交通管理部门、公安部门、消防部门、医疗救护部门、交通监控中心
事件的记录	对事件发生时及发生后所获取的各种实时信息（如事件发生的时间、地点及性质，事件发生所涉及的车辆和人员数目及车辆类型，参与救援的部门、人员与设备，当时的路况和交通状况等）进行统计、分析，形成事件处理报告，作为备案	道路使用者	公路交通管理部门、公安部门、交通监控中心

续上表

交通法规监督与执行			
子服务名称	定　义	用户主体	服务主体
出入控制法规执行	利用ITS技术在一定条件下限制某些特定道路使用者进入特定的道路或城市区域	交通管理者	交通管理中心
停车法规执行	交通管理部门利用ITS技术执行停车法规,采集违反停车法规车辆的信息并进行相应的处理及存档	交通管理者	交通管理中心
限速法规执行	交通管理部门利用ITS技术监视车辆限速情况,并对超速行驶的车辆进行相应的处理并存档	交通管理者	交通管理中心
交通信号法规执行	交通管理部门利用ITS技术监视交通信号执行情况,并对违反法规的道路使用者进行相应的处理并存档	交通管理者	交通管理中心
车辆限载执行	道路(桥梁)交通管理部门利用ITS技术监视车辆载重情况,对超载车辆进行相应的处理并存档	交通管理者	交通管理中心
尾气排放监视	交通管理部门利用ITS技术监视车辆尾气排放情况,对排放标准超过国家规定的车辆进行处理并存档	交通管理者	交通管理中心

交通运输规划支持			
子服务名称	定　义	用户主体	服务主体
提供当前交通信息	向交通运输规划部门提供信息: 1. 从交通控制系统获取的当前交通流数据; 2. 从公共交通信息系统获取的当前使用水平; 3. 从路线导航系统获取的OD数据; 4. 从路线导航系统获取的路线选择数据; 5. 从预出行信息系统获取的交通需求数据	规划部门	交通管理部门
相关规划部门协调	在相关的交通运输规划部门交换交通和需求信息,进行协作以产生整体最优的规划策略	规划部门	其他交通运输管理部门
产生规划策略	提供交通运输规划的计算、仿真手段产生基于当前和未来交通状况和需求的交通运输规划策略(针对交通流),并进行评估	规划部门	交通规划部门
历史数据处理	对所有运输模式的交通需求和交通运输规划数据进行存档	规划部门	交通规划部门

续上表

基础设施的维护与管理			
子服务名称	定义	用户主体	服务主体
道路路面维护管理	对道路路面情况进行定期检测，形成数据库并进行评估，以确定方案对道路实施维护行为	道路使用者	道路养护部门
道路路侧环境维护管理	定期对道路路侧环境（包括绿化带、斜坡等）进行检测、评估和维护	道路使用者	道路养护部门
道路标志维护管理	定期对道路路面和路上的交通标志进行检测、评估和维护	道路使用者	道路养护部门
桥梁隧道基础结构维护管理	对桥梁、隧道的结构部分进行定期检测，形成维护方案和建议并实施	道路使用者	道路养护部门
通信及其他外场设备维护管理	对通信及其他外场设备（机电设备）进行定期的检测（自动或人工实施），形成维护方案和建议并实施	道路使用者	道路养护部门
道路维护中车辆限制管理	在保证对交通影响最小的前提下，实施基础设施维护过程中对车辆进行限制的方案	道路使用者	道路养护部门
灾难恢复管理	灾难后，对灾难中损毁的交通基础设施（道路、桥梁、隧道和机电设备等）进行检测、评估并能迅速地维修，恢复使用	道路使用者	道路养护部门

第三节　中国ITS逻辑框架

逻辑框架是一个功能间信息相互交互，为了完成所有服务而构成的逻辑层次。逻辑框架定义了为了提供各项ITS用户服务，ITS必须拥有的功能和必须遵从的（技术）规范，以及各功能之间交换的信息。逻辑结构是组织复杂实体和关系的辅助工具，其重点是系统的功能性加工和信息流。开发逻辑结构有助于确定系统的功能和数据流动，并能指导开发出对新系统和改进后的系统的功能性要求。逻辑结构独立于体制和技术，它不确定由谁来实现系统中的功能，也不考虑实现这些功能的方式。相关的加工和信息流组合起来就可形成特定的运输管理功能。

逻辑框架阐明了用户和系统之间发送与接收的信息，实现用户服务的目标和功能，并实现系统内部处理的信息（称为“过程”），对“过程”中处理的信息和功能进行限定，对信息和功能之间的关系系统化。将功能中处理的信息以一种通用的模型形式加以表示。在此，“信息”是指根据系统外部交通运输现象收集的元素，并对这些元素进行处理和压缩得到的结果。“功能”是指在系统内部，负责信息收集、信息提供、信息处理与相关控制，以及其他信息交换的部分。

一、逻辑框架基本内容

智能运输系统的逻辑框架从功能的角度描述用于交通运输的复杂系统，并确定为满足用户需求服务定义的功能模块，以及这些功能模块之间需要交换的数据流。逻辑框架的基本内容主要包括：

(1)逻辑功能层次表；

(2)逻辑功能描述表；

(3)数据流图(DataFlowDiagram,DFD)；

(4)数据流描述表。

二、逻辑功能层次表

为完整地描述逻辑框架中各个功能的层次结构，通过应用面向过程的设计方法，将系统分为功能域、功能、子功能。在此基础上，整个逻辑框架就成为一个树状分层结构，逐渐把一个庞大的复杂系统分解为具有单一功能易于实现的处理过程。从层次分析的角度，系统的逻辑功能主要分成功能域、功能、子功能等层次。根据中国用户服务和服务需求得出的中国ITS逻辑框架的功能域见图4-1，逻辑框架顶层结构如图4-2所示。

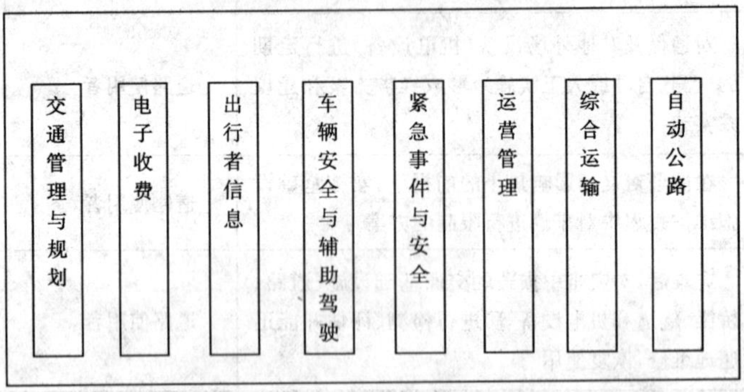

图4-1　中国ITS逻辑框架的功能域

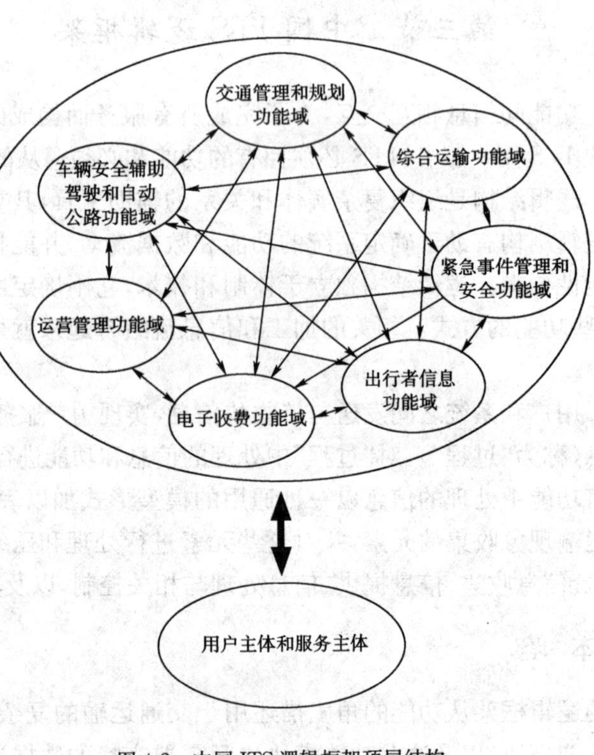

图4-2　中国ITS逻辑框架顶层结构

逻辑功能层次表是对系统逻辑功能进行层次化分解所得的功能细化层次结构表，它直观表明了系统中功能域、功能各个层次之间的隶属关系，为系统的逻辑功能设计给出了功能划分的程度和相互之间的结构联系。根据功能层次的内在联系和为完成系统服务功能的需求，设计中国 ITS 逻辑框架的功能层次表（交通管理与规划领域），见表 4-7。

中国 ITS 逻辑框架的功能层次表（交通管理与规划领域） 表 4-7

功能域	功能		
	第一层功能	第二层功能	第三层功能
1 交通管理与规划	1.1 交通管理	1.1.1 交通控制	1.1.1.1 提供城市的交通控制
			1.1.1.2 提供城市间的交通控制
			1.1.1.3 桥梁和隧道交通控制
		1.1.2 事件管理	1.1.2.1 检测事件
			1.1.2.2 鉴别、分类事件
			1.1.2.3 评估事件和决定响应
			1.1.2.4 事件数据管理
			1.1.2.5 提供事件管理操作接口
		1.1.3 需求管理	1.1.3.1 收集有关出行因素信息
			1.1.3.2 实现需求管理策略
			1.1.3.3 开发需求管理策略
			1.1.3.4 管理需求数据
			1.1.3.5 需求管理运营者接口
		1.1.4 维护管理	1.1.4.1 道路短期维护管理
			1.1.4.2 道路长期维护管理
			1.1.4.3 交通设施维护管理
			1.1.4.4 自然灾害恢复管理
			1.1.4.5 维护人员操作支持
			1.1.4.6 维护数据管理
	1.2 交通规划支持	1.2.1 采集交通和需求数据	1.2.1.1 采集数据的分类
			1.2.1.2 采集数据的融合
		1.2.2 产生规划策略支持	1.2.2.1 规划策略计算分析
			1.2.2.2 规划策略仿真评估
		1.2.3 规划数据管理	1.2.3.1 规划数据的存储
			1.2.3.2 规划数据的挖掘
	1.3 交通法规执行与监督支持	1.3.1 违规事件检测	1.3.1.1 违规事件检测
			1.3.1.2 违规确认功能
		1.3.2 违规者识别	1.3.2.1 违规图像分析
			1.3.2.2 违规者身份识别
		1.3.3 违规通知处理	1.3.3.1 违规通知分类
			1.3.3.2 产生责任调解书
		1.3.4 违规信息储存	1.3.4.1 储存违规通知书
			1.3.4.2 违规信息提供
		1.3.5 驾驶员与车辆注册数据管理	1.3.5.1 交通法规信息管理
			1.3.5.2 用户注册信息管理

三、逻辑功能描述表

逻辑功能描述表是针对逻辑功能层次表中的功能给出具体描述，通过描述功能所包含的具体功能范围、效用和在整个智能运输系统中的作用，为中国ITS逻辑框架的功能设计提供具体内涵，具体内容见表4-8。

中国ITS逻辑框架的功能描述表（交通管理与规划领域） 表4-8

功能域名称	1.1 交通管理	
	功能名称	功能描述
	1.1.1 交通控制	为ITS系统服务的道路交通网络提供交通控制服务。具体子功能分为三个低层功能，如下所示： (1)提供城市的交通控制服务； (2)提供城市间的交通控制服务； (3)为桥梁和隧道提供交通控制服务
	1.1.2 事件管理	为道路网络内部发生事件的管理提供需求；为可预测的事件或不可预测的事件提供服务；不可预测事件在该功能中检测，或由其他域的功能检测。能通过事件管理策略管理其他功能域检测到的事件
	1.1.3 需求管理	在交通管理域内提供需求管理。该功能包括的低层功能包括： (1)收集有关出行因素信息； (2)实现需求管理策略； (3)开发需求管理策略； (4)管理需求数据存储； (5)提供需求管理运营者接口。 以上功能的提供为出行模式的合理分布提供了可能，有利于国家对交通的合理调控，同时需求管理可以依据国家政策制定价格策略
	1.1.4 维护管理	应当提供维护包含城市间的和城市的道路网络管理需要的设备； 应当包含路面、管理道路网络的任何设备以及加桥梁和隧道等基础构造； 当发现需要进行短期、长期维护或修理工作时，在开始维护工作组织之前，应当获得运营者的确认，在需要时，该功能应当包括路面除冰
	1.2 交通规划支持	
	功能名称	功能描述
1 交通管理与规划	1.2.1 采集交通和需求数据	本功能从其他功能和终端获取对所有运输模式的交通状况和交通需求的数据（当前的和历史的），并对这些数据进行统计，并将结果发送至交通规划部门作为规划依据
	1.2.2 产生规划策略支持	本功能为交通规划部门提供进行交通规划的支持手段，包括：对交通和需求数据进行计算分析得出规划策略；对规划策略进行仿真评估以验证其正确性
	1.2.3 规划数据管理	本功能将交通规划数据储存入交通规划数据存储中，这些数据包括：交通和需求数据（当前的和历史的），生成的交通规划策略，以及对其仿真评估结果
	1.3 交通法规执行与监督支持	
	功能名称	功能描述
	1.3.1 违规事件检测	提供其他服务域不提供的特殊类型违反交通规则事件的检测功能。此功能测量违规事件的可控参量，并与此参量的合法值进行比较，如果误差不在合法范围内，查询用户身份并发出违规事件信息
	1.3.2 违规者识别	此功能分析其他服务域以及违规事件检测功能传送来的图像和其他信息，确认违规事件的特性类别。所使用的信息储存在用户注册数据库中
	1.3.3 违规通知处理	处理所有违规事件通知。根据违规事件的类型、严重程度将通知分类，并查询违规者的身份，然后向执法部门提交必要的起诉文件
	1.3.4 违规信息储存	负责管理违规数据储存，包括所有的违规通知和违规起诉书，并在特别申请时，向执法部门提供这些数据
	1.3.5 驾驶员与车辆注册数据管理	此功能负责维护驾驶员与车辆注册数据，并根据执法部门发布的信息修正这些数据

四、数据流图

逻辑功能之间的交换信息被定义为数据流。数据流图描述了逻辑框架中各个功能之间以及功能与系统终端之间传输数据的形式、方向，是系统中数据流程设计功能的基础，也是衡量所建系统应当具有数据处理功能的依据。在系统功能层次表的基础上，产生数据流图(DFD)。

1. 数据流的命名规则

数据流命名规则如下。

(1)以交通管理与规划领域所涉及的功能域命名，功能域命名使用英文缩写。

交通管理：TM；

交通规划：TPS；

交通执法支持：LES；

通信信息：CAI；

运输管理：TPM；

紧急事件与安全：EIAS；

电子收费：ETC。

(2)对于功能域之间的数据流，命名格式为：

起点.终点_数据流名称

其中，数据流名称采用中文描述，原则是简洁明了。起点和终点是功能域的英文缩写。

(3)功能域内部的数据流命名格式为：

功能域缩写_数据流名称

(4)连接功能域和终端的数据流，命名格式为：

从终端流出：f 终端缩写-功能域缩写_数据流名称

向终端流入：t 终端缩写-功能域缩写_数据流名称

(5)当某一终端仅与某一功能连接时，命名格式如下：

从终端流出的数据流：From 终端缩写

流入终端的数据流：To 终端缩写

双向数据流：To/From 终端缩写

2. 终端定义

在体系框架中，终端是指与系统有信息交互的部门、机构、人员等实体，其与系统的交互信息可以理解为系统的“输入与输出”信息。终端定义见表 4-9。

终端定义 表 4-9

序号	终端名称	定义内容
1	交通流	该终端包括在道路上有执照的操作人员、设施(可移动和不可移动)之间的相互作用所表现的具有交通特性的物理实体
2	道路环境	该终端指道路周围的自然条件，包括排放物、噪声、雾、冰、雪、雨等会影响行车驾驶的因素
3	气象部门	该终端为整个系统提供天气信息和气象预报。天气信息包括气温、降雾、降雨或刮风(风向、等级)等。气象预报应预测这些方面的变化。在系统提出要求时，可以同时提供这两种信息
4	外场设施	该终端是提供联网监控功能的信息采集者和命令执行者。主要包括静态交通管理标志与标线、交通机电基础设施、道路环境信息采集设施和交通通信线路等

续上表

序号	终端名称	定义内容
5	政府部门	该终端是国家行政管理机关用于管理和协调联网监控的行政秩序，制定联网监控的管理体制，决策重大交通事件的处理
6	运营管理	该终端是联网监控系统的直接操作者，能够规划、监视、控制和评价联网监控系统的运行。主要工作人员包括收费、路网监控、紧急事件操作、设施维护等工作者
7	媒体	该终端包括与交通信息发布有关的广播、电台、电视等公共宣传机构。该终端在基于广播等技术的交通信息发布中起到关键作用
8	公安机关	该终端是能够促使法律、法规应用于交通管理的权威部门，可以提供足够信息，查明肇事者的危害程度。这些信息包括图像、车辆识别、定位、时间、地点、危害性质等
9	救援部门	该终端是紧急事件服务实施的系统。紧急事件服务包括消防、警察、救护、现场清障和车辆修复等
10	紧急车辆	该终端是指被派遣和控制用于紧急救援的车辆。该终端提供紧急事件救援资源的运输和紧急事件处理在道路运输中的详细情况
11	危险品车辆	该终端是指用于运输危险品的车辆。该终端应用运输危险品的许可、救援预案和特殊防护设施(自动停车、导航控制设备等)
12	交通规划部门	该终端负责规划道路运输网结构的变更。运用所收集的信息，实现运输网络的优化。该终端应适合对公共运输和出行者提供服务，能够使系统相互配合，获取交通运输统计信息，策划运输行程等
13	定位平台	该终端负责提供交通地理与车辆定位的信息
14	服务机构	该终端负责为出行者提供餐饮、娱乐、食宿、加油等服务功能

根据逻辑功能层次、数据流命名规则、终端定义和数据流的内容，依据中国交通运输的现状与发展需求，建立相应的逻辑框架的数据流图如图 4-2 所示。

五、数据流描述表

根据数据流图 4-3，对相应数据流进行详细定义，以便为系统设计提供数据流所包含的具体内容，将这些具体的数据流内容用表格加以表示，形成数据流描述表，见表 4-10。

数据流描述表 表 4-10

数据流名称	起点	数据流描述	终点
TM. ETC_交通收费相关信息	交通管理	包含了与电子收费相关的交通管理信息，内容如下： 道路进入许可名单；-免费用户名单；-收费费率改变请求；-交通状况数据	电子收费
ETC. TM_收费及确认信息	电子收费	包含了电子收费统计数据、收费违规信息以及申请确认信息	交通管理
TM. EIAS_事件通告	交通管理	与紧急事件服务功能域相关的事件与交通信息	紧急事件服务
EIAS. TM_事件信息与紧急服务请求	紧急事件服务	紧急事件信息及紧急服务请求	交通管理
TM. TPM_交通与控制信息	交通管理	与运输车队相关的交通信息以及控制信息	运输管理
TPM. TM_公交信息及优先权请求	运输管理	包含当前公交收费和服务信息、服务改变信息、事件信息、请求公交车辆优先权的信息	交通管理
TM. TPM_公交相关交通信息与请求确认	交通管理	包含了与公交相关的交通信息以及公交优先权请求响应	运输管理

续上表

数据流名称	起　点	数据流描述	终　点
CAI. TM_交通管理相关信息	通信与信息	提供用户出行信息、驾驶员信息、路线选择信息等	交通管理
TM. CAI_交通相关信息	交通管理	提供交通信息、需求信息、事件信息和维护信息等	通信与信息
From/To WD_气象信息	气象部门/交通管理	与道路交通相关的气象信息	交通管理/气象部门
fTF-TM_输入信息	交通流	提供路网交通流当前和历史的数据	交通管理功能域
From BTI_桥隧信息	桥隧终端	提供桥梁隧道当前的交通流状况以及基础结构状况信息	交通管理功能域
fT_出行者输入信息	出行者	出行者发出的服务请求信息	交通管理
fREI_道路周边环境信息	道路环境	交通管理功能域所需的道路环境信息	交通管理功能域
fIP_输入信息	信息提供者	交通管理相关信息	交通管理
tIP_输出信息	交通管理	提供交通信息、需求信息、事件信息、维护信息等	信息提供者
tD_输出信息	交通管理	提供驾驶辅助信息	驾驶员
fV_输入信息	车辆	车辆运行的相关信息	交通管理
fMMS_输入信息	多模式运输系统	多模式运输的协调请求及相关数据	交通管理
tSO_输出信息	交通管理功能域	提供路网操作所需的交通、需求、事件及维护信息	系统操作者
fLK_路况信息输入	路况	当前路面服务水平状况信息	交通管理
fSO_输入信息	系统操作者	路网操作请求信息	交通管理
tCXZ_输出信息	交通管理	出行服务信息	出行者
tMMS_输出信息	交通管理	多模式运输的协调信息	多模式系统
TM. LES_违规事件通报及处理请求	交通管理	包含交通管理对交通法规执行的违规事件通报及处理请求	交通法规执行
LES. TM_违章者 ID	交通法规执行与监督支持	包含违规驾驶员的身份识别。在交通管理功能对违规通知分析之后发送。内容如下:相应的违规通知;车辆 ID;驾驶员 ID	交通管理
TM. TPS_规划相关数据	交通管理	交通管理提供的规划相关数据,包括交通数据、需求数据等	交通规划支持
TPS. TM_规划结果	交通规划支持	包含规划结果数据: -交通规划策略; -交通规划策略仿真评估结果	交通管理
tPD_规划结果	交通规划支持	包含向交通规划部门发送的申请响应,包含了与规划结果数据,包括:-交通规划策略;-交通规划策略仿真评估结果	规划部门

续上表

数据流名称	起　点	数据流描述	终　点
fPD_规划输入	规划部门	包含规划部门发出的规划指导、指令信息	交通规划支持功能域
fREI_规划相关数据	道路环境	包含与规划相关的道路环境信息	交通规划支持
tSO_规划结果	交通规划支持	包含向交通管理部门发送的申请响应,规划结果数据:-交通规划策略;-交通规划策略仿真评估结果	路网系统操作者
fMMS_规划相关数据	多模式运输系统	包含多模式运输系统中与规划相关的数据	交通规划支持
TPS. CAI_规划结果	交通规划支持	包含向交通管理部门发送的申请响应,包含了规划结果数据: -交通规划策略; -交通规划策略仿真评估结果	通信信息
CAI. TPS_规划相关数据	通信信息	包含向规划数据管理功能发出的获取规划相关数据的申请以及提供规划相关数据	交通规划支持
TPS. TPM_规划结果	交通规划支持	包含规划结果数据: -交通规划策略; -交通规划策略仿真评估结果	运输管理
TPM. TPS_规划相关数据	运输管理	包含向规划数据管理功能发出的获取规划相关数据的申请提供规划相关数据	交通规划支持
LES. TPS_规划相关数据	交通法规执行与监督支持	提供与规划相关的执法数据	交通规划支持
tD_输出信息	交通法规执行与监督支持	包含要求驾驶员提供车辆记录的请求	驾驶员
fD_输入信息	驾驶员	包含车载设备提供的车辆数据。这些数据包括:速度、污染、驾驶计划等	交通法规执行与监督支持
fCL_车辆特征数据	车辆	包含违规事件检测功能所需要的车辆物理特性。包括:载重、红外信号特征、速度等	交通法规执行与监督支持
fLED_输入信息	执法部门	包含执法部门申请查询的违规记录等信息,如:申请时间;违规时间;违规位置;违规者 ID; 违规类型	交通法规执行与监督支持
tLED_输出信息	交通法规执行与监督支持	包含交通违规数据以及责任调解书	执法部门
LES. TPM_违规通知	交通法规执行与监督支持	运输车队违规事件通知	运输管理

续上表

数据流名称	起　点	数据流描述	终　点
TPM. LES_公交违规通知	运输管理	公交车辆违规事件通知	交通法规执行与支持
TPM. LES_违规相关数据	运输管理	运输车队违规相关数据	交通法规执行与监督
ETC. LES_违规通知	电子收费	包含在电子付费领域的违规通知	交通法规执行与支持
LES. CAI_违规执法信息	交通法规执行与监督支持	违规执法信息	通信信息

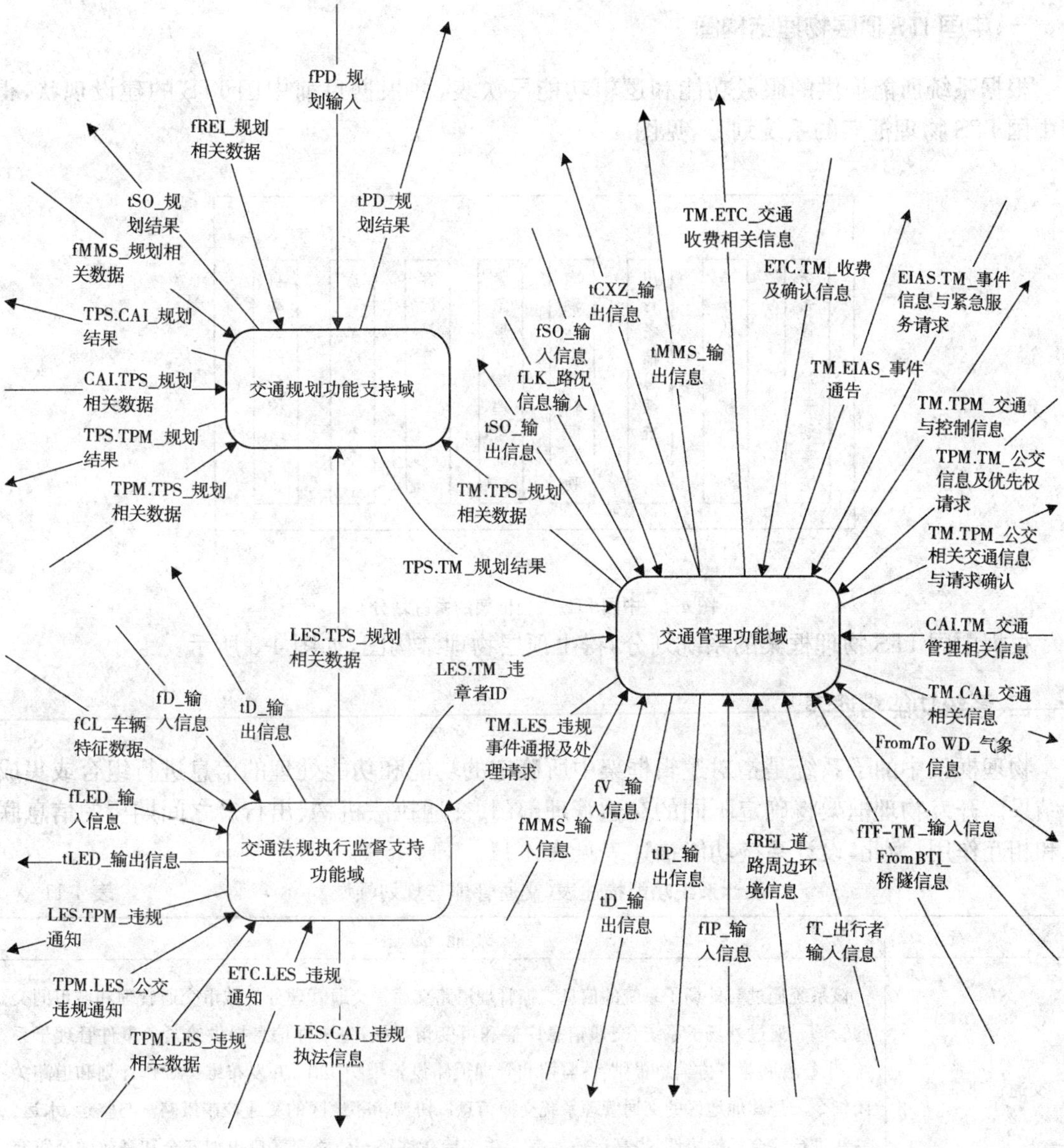

图 4-3　数据流图(交通管理与规划领域)

第四节　中国 ITS 物理框架

物理框架是一个系统间信息相互交互，为了完成所有逻辑功能而构成的物理层次。物理框架将逻辑框架中的功能实体化、模型化，把功能结构相近的实体（物理模型）归结成直观的系统、子系统和模块。物理框架是关于系统如何提供所有用户所要求的功能的物理性陈述，它把逻辑框架所认定的功能“加工”分配到物理实体（即子系统）上，是系统的物理视图，也是描述系统的整体蓝图，物理框架根据逻辑框架中确定的功能与信息，将各个逻辑功能分配到车辆、道路、中心子系统中，描述了子系统之间交换的信息，并指明了系统的整体框架，以提高系统整体性。物理框架的基本内容主要包括物理功能描述表、物理框架流图、物理框架流描述表。

一、中国 ITS 顶层物理结构图

根据系统所能提供的服务功能和逻辑功能层次表，并根据目前中国 ITS 的建设现状，得出中国 ITS 物理框架的系统划分，见图 4-4。

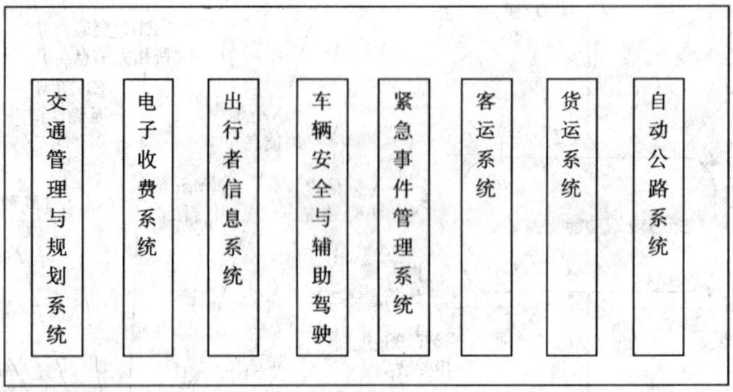

图 4-4　中国 ITS 物理框架的系统划分

根据中国 ITS 物理框架的系统划分，得出顶层物理结构图，如图 4-5 所示。

二、系统功能描述表

物理框架中的子系统是指对逻辑框架中所确定的功能和功能处理的信息进行组合或集成的结果。开发物理框架将确定不同的交通管理部门、交通执法机构、出行者之间期望的信息联系和相互作用，为此，设计系统功能描述表见表 4-11。

设计系统功能描述表（交通管理与规划领域）　　表 4-11

系　统	功 能 描 述
交通管理系统	该系统通过与外场子系统的信息交换管理道路交通。交通管理分为城市交通管理和城市间交通管理。通过外场子系统、交通信息广播和可变情报板，将事件信息提供给紧急事件管理子系统、出行者和第三方消息提供者；监控和管理道路设施维护工作，并发布维护工作计划和道路关闭指令。与其他地区的交通管理系统交换信息以协调相邻地区的交通控制策略。与空运、水运、铁路进行综合运输协调，提高运输效率。并支持在铁路—公路交叉口更加安全和高效的公路交通管理

续上表

系　统	功能描述
交通规划支持系统	交通规划支持系统为整个ITS体系结构提供数据存档和分析的功能。从其他中心子系统收集历史数据、当前数据和预测的交通运输信息，用来分析和评价当前的交通运输系统性能，并计划改进将来的运输系统。这个系统所支持的宽带数据接口将交通运输数据提供给研究者和计划者，为ITS服务的推广使用提供便利
交通执法监督支持系统	对交通违规事件进行检测和确认，并对违规车辆和驾驶员进行车牌和身份识别，依据交通法规，产生责任认定调解书，对违规者进行违规通告。能够在电子收费区域内检测到驾驶车辆超速行驶和其他违规事件，并根据法律，识别车辆以及驾驶员。依据法律和法规对驾驶员和涉及隐私的相关因素进行检测、图像捕捉。在规划和实现系统时，和各种法律执行机构进行合作。由于包含非常重要的数据，须确保数据高度安全

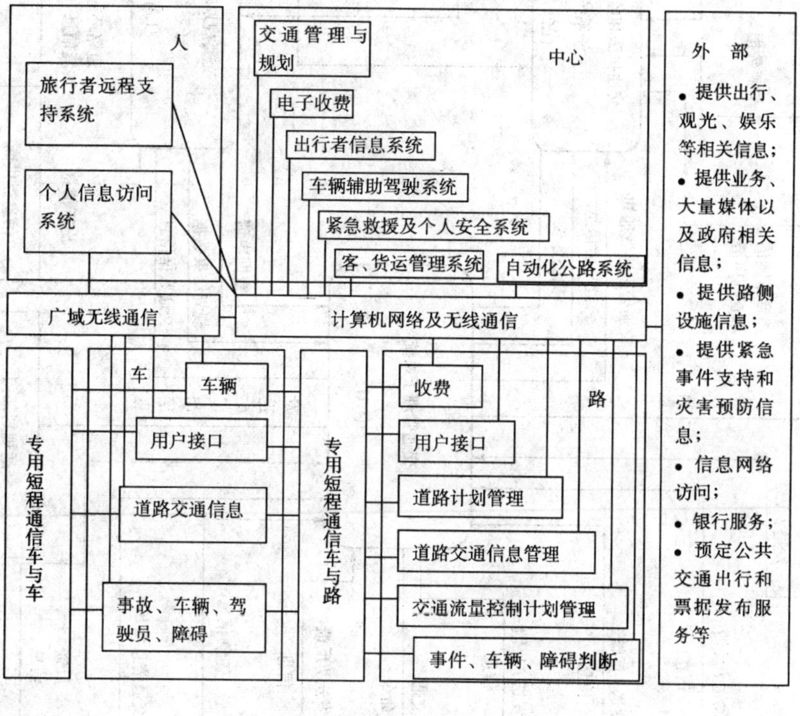

图4-5　中国ITS顶层物理结构图

三、物理框架流图

物理框架流图描述了实际系统中各部分功能和相互关系的具体数据流程。这些系统模块所组成的物理框架并不研究与实际技术相关的具体物理模型，以避免个别技术的发展对物理框架的影响。系统模块需要全部覆盖和完成逻辑框架规定的功能，在划分上与现实世界的物理系统是相一致或相似的。中国ITS物理框架流图如图4-6所示。

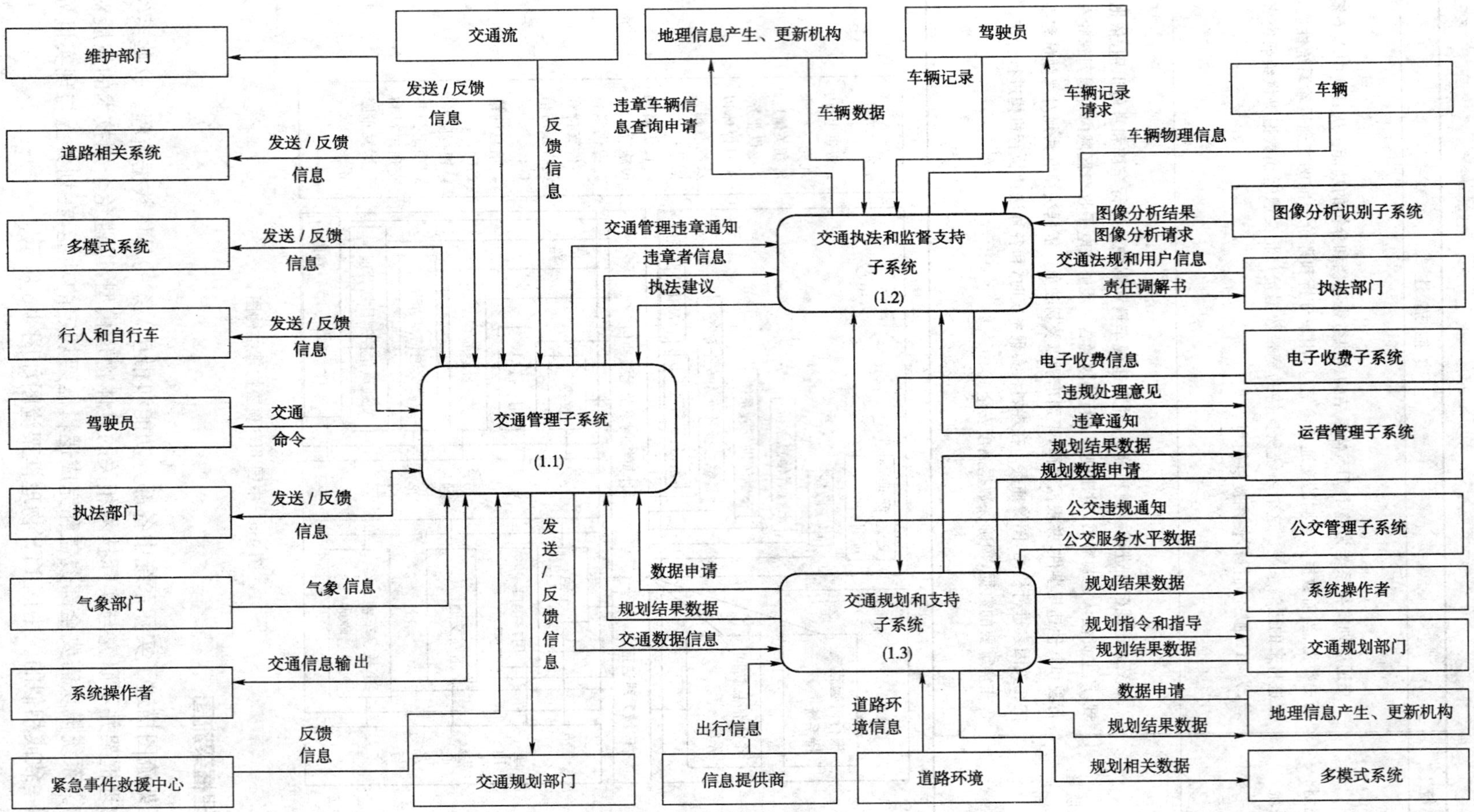

a) 交通管理与规划

图 4-6　物理框架流图

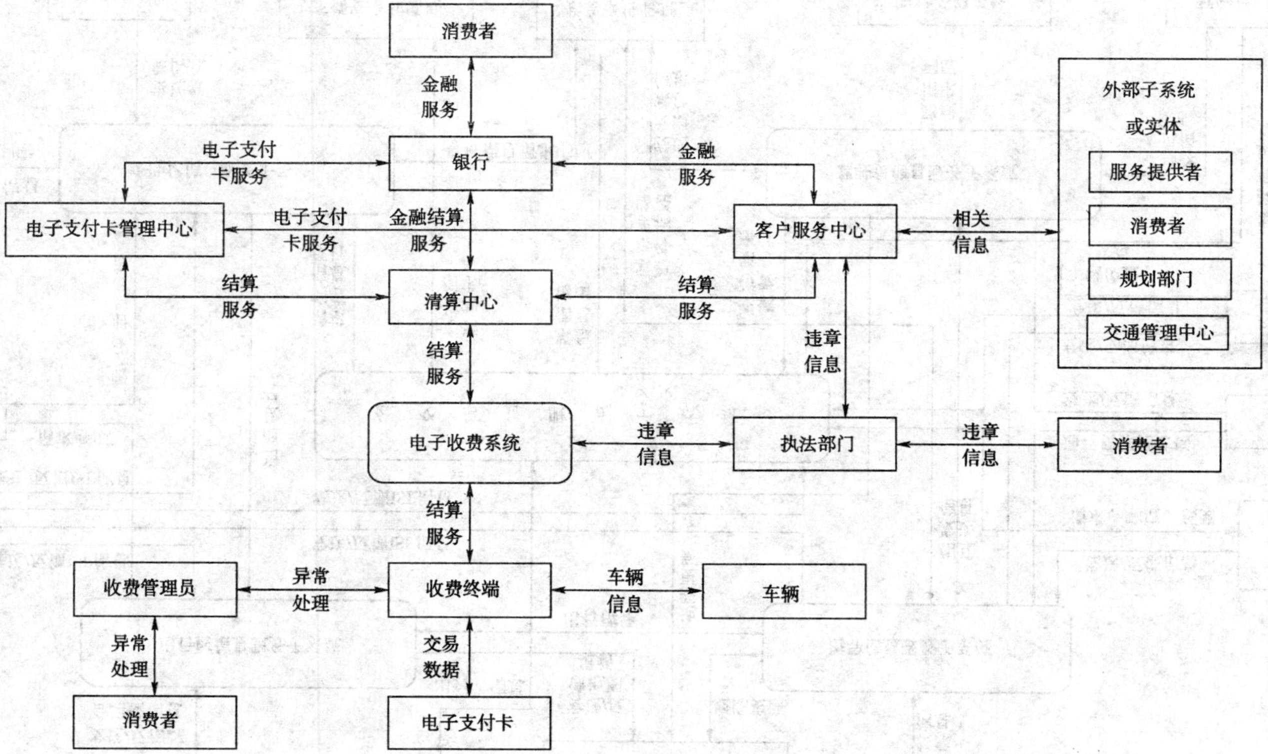

b) 电子收费系统

图 4-6　物理框架流图

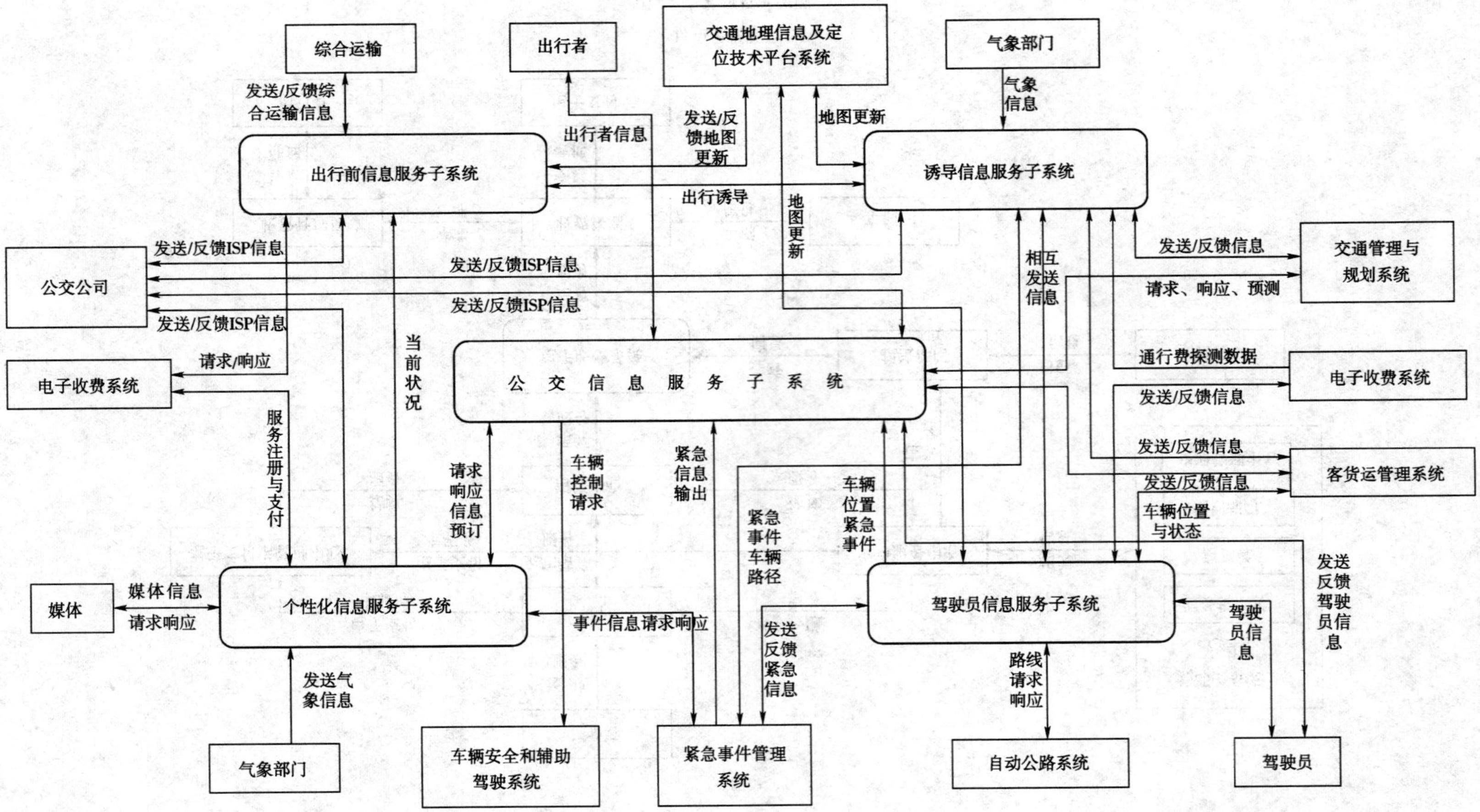

c) 出行者信息系统

图 4-6　物理框架流图

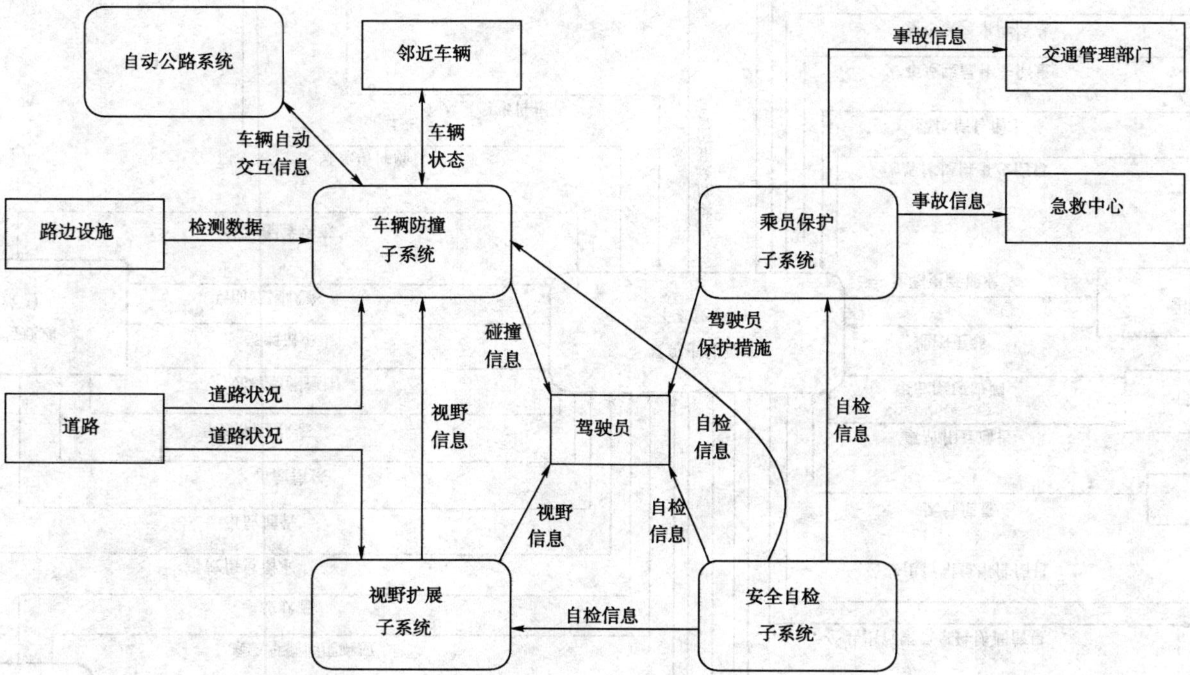

d) 车辆安全与辅助驾驶系统

图 4-6 物理框架流图

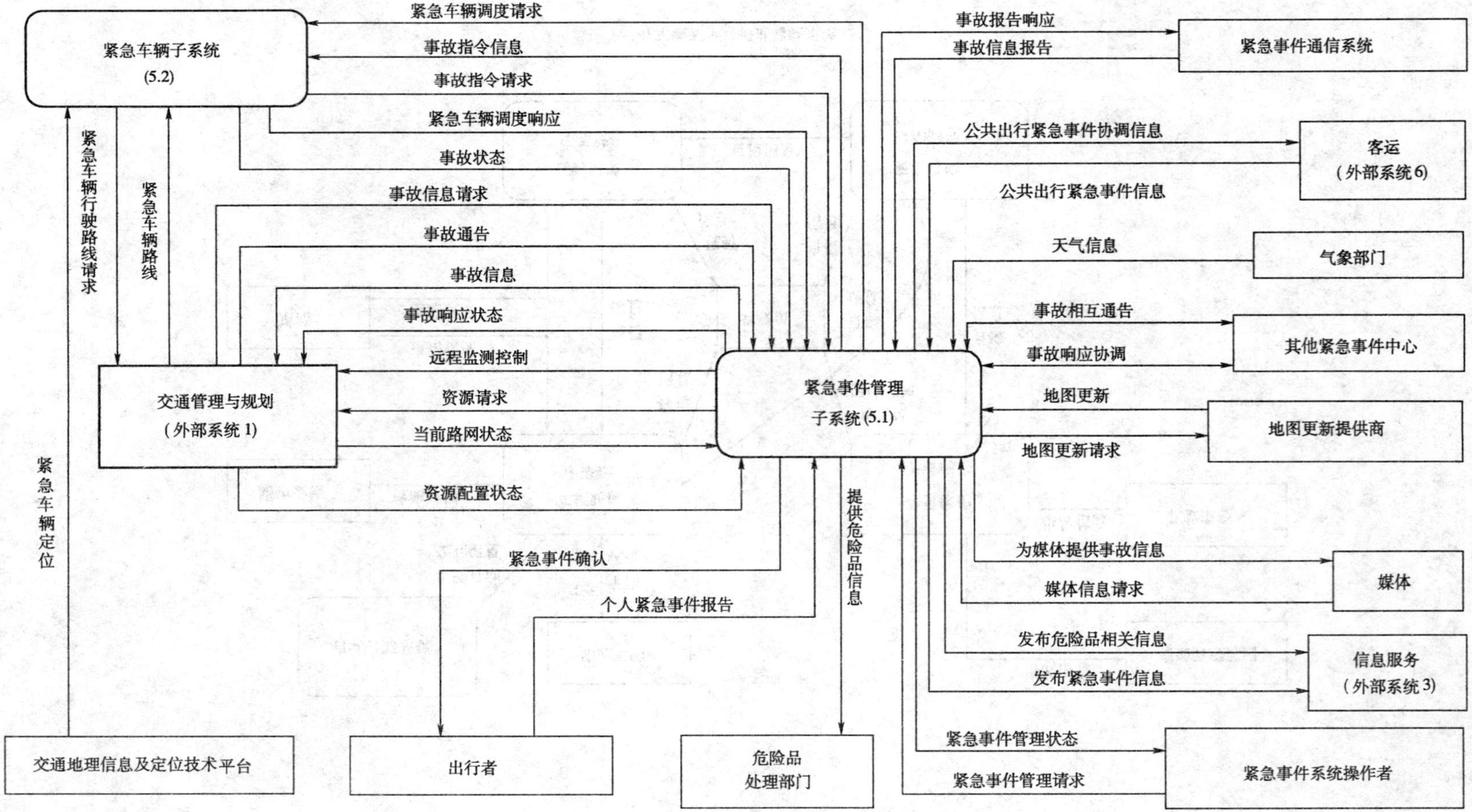

e)紧急事件管理系统

图 4–6　物理框架流图

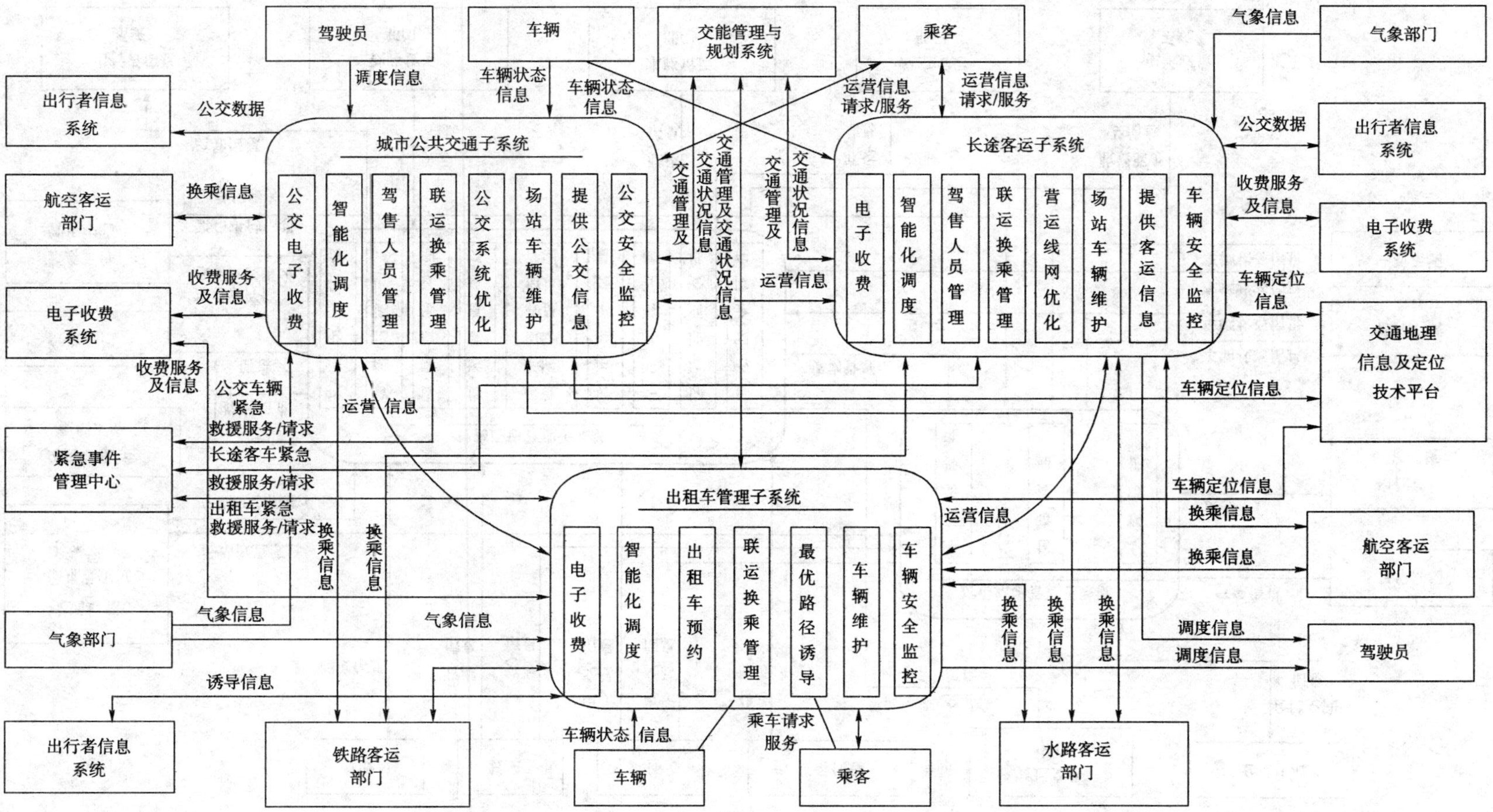

f)客运系统

图 4-6 物理框架流图

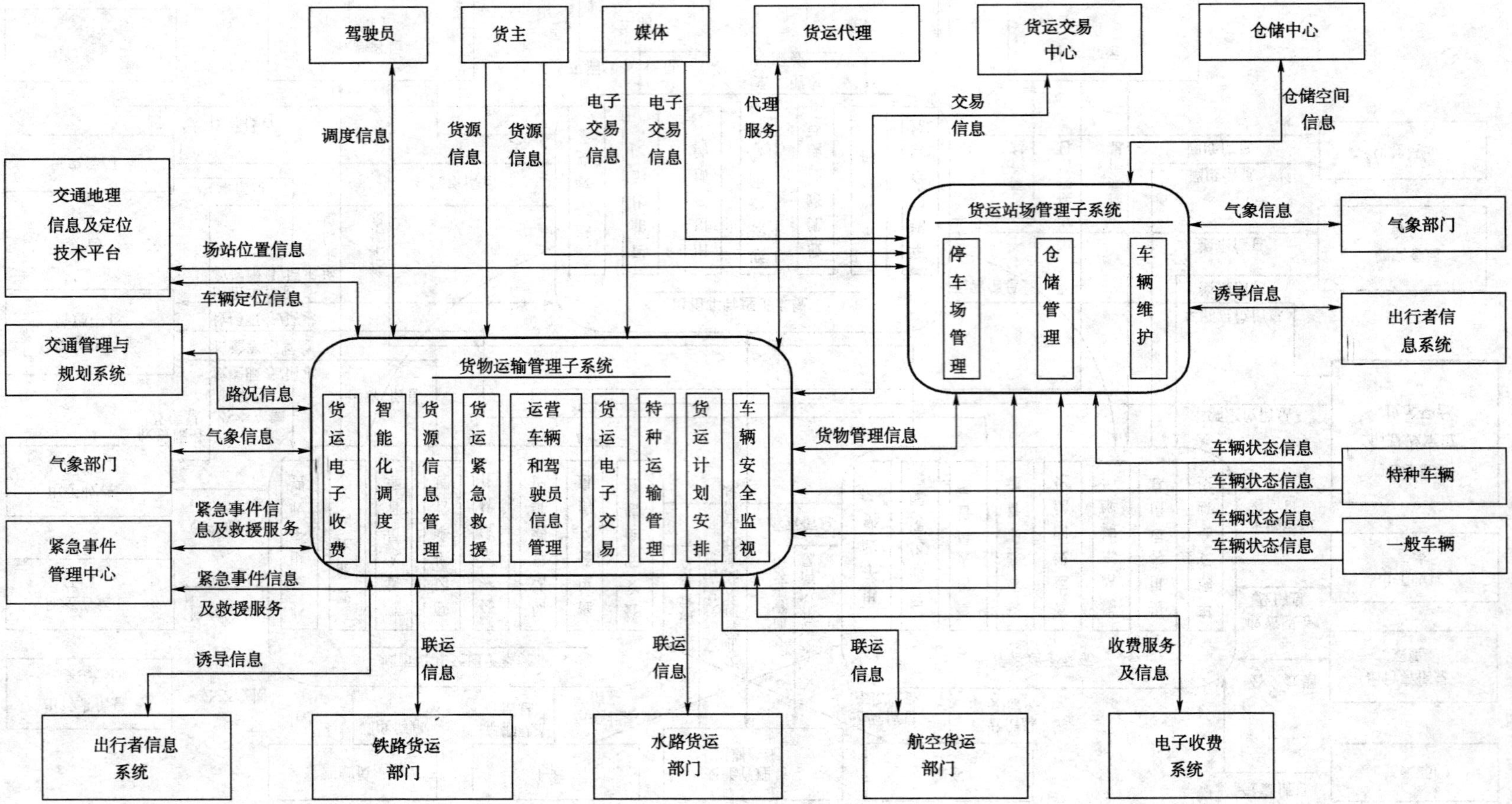

g)货运系统

图 4-6　物理框架流图

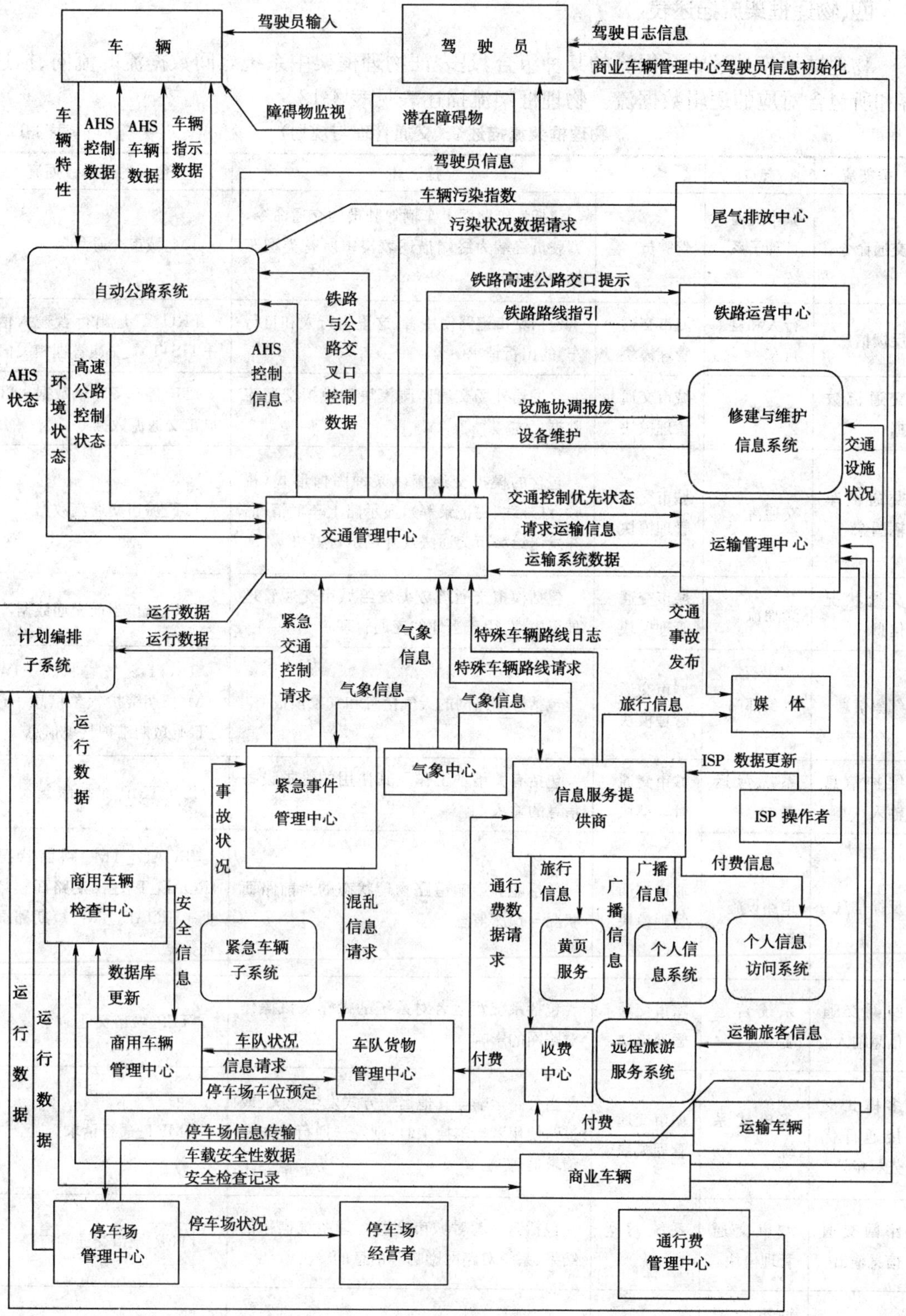

h)自动公路系统

图 4-6　物理框架流图

四、物理框架流描述表

物理框架流是逻辑数据流的某种组合，是表征物理框架中系统之间数据流的流向、描述内容和所包含对应的逻辑数据流。物理框架流描述表见表 4-12。

物理框架流描述表(交通管理与规划)　　表 4-12

框架流	起点	终点	描　述	包含的逻辑数据流
交通命令	城市交通管理子系统	驾驶员	包括发给路网上车辆驾驶员的交通命令，驾驶员终端为终端描述表格中所有类型车辆的驾驶员	TM_城市交通命令
反馈信息	行人和自行车	城市交通管理模块	包括城市道路使用者(这里指行人和自行车)的出行请求	FRU_TM_出行者输入信息＋TIS. TM_交通管理相关信息
交通流数据	交通流	城市交通管理模块	含发给外场交通监测模块的模拟交通流数据	fTF_停车场车辆数据＋fTF_城市交通流数据
交通流车辆图像	交通流	城市交通管理模块	包含的模拟交通流以某种图像形式(视频、红外线、磁记录等)，显示路上车辆情况，并发送给城市交通法规外场执行模块	fTF_城市交通流数据
交通状况信息	交通流	城市交通管理模块	包括模拟交通流数据发给城市交通管理外场模块，用于当地的交通管理	fTF_城市当前交通数据
气象信息	气象部门	城市交通管理模块	包括影响路网的天气信息和气象预报	TM. TIS_灾害状况＋fWF_TM_长期维护气象信息＋fWF_TM_短期维护气象信息
维护信息输入	系统营运者	城市交通管理模块	包括有关维护工作及其使用的维护设备信息的输入	fSO_TMP_维护命令
反馈信息	道路设施	城市交通管理模块	包括能够影响道路物理状态的当前路面状况与预测信息	fROAD_TM_路面状况＋fROAD_TM_长期路面损耗数据＋fROAD_TM_短期路面损耗数据
路网交通信息输入	系统营运者	城市交通管理模块	包括系统营运者对系统的操作及该操作对路网的影响	fTFP_城市交通命令
多模式交接通行优先权申请	多模式系统	城市交通管理模块	当公路运输与其他运输方式发生交叉、或道路使用者请求换乘时，则发送通行优先权请求信息	fIMFT_通行请求
路网交通信息输出	城市交通管理模块	系统营运者	包括营运者对城市交通管理系统操作的结果、系统对路网影响等信息的输出	tTFP_城市交通响应
紧急事件信息	城市交通管理中心模块	紧急事件救援中心	城市交通管理系统向紧急事件救援中心发送事件发生信息以及救援请求	TM. ES_事件通告

续上表

框架流	起点	终点	描　述	包含的逻辑数据流
维护信息输出	城市交通管理模块	系统营运者	包括城市交通管理系统对营运者输入的有关维护工作及其所使用的设备等命令的响应结果	tOM_TM_维护响应
紧急事件处理信息	紧急事件救援中心	城市交通管理模块	向城市交通管理系统发送紧急事件处理进程信息以产生实时交通车辆管理策略，并发送紧急事件对道路交通影响的详细资料	ES. TM_事件信息以及服务请求＋ES. TM_事件信息
反馈信息	交通规划部门	城市交通管理模块	输入在城市路网中使用的交通管理策略生成命令	fPD_城市交通预测命令
发送信息	城市交通管理模块	交通规划部门	包括城市交通管理系统生成交通管理策略的结果	fPD_城市交通预测响应
反馈信息	维护部门	城市交通管理模块	包括根据维护工作(该活动影响路网状况)请求信息、维护中使用的设备信息所得出的结果	fSO_TM_养护状态更新
发送信息	城市交通维护中心模块	维护部门	包括根据维护工作(该活动影响路网状况)请求信息、维护中使用的设备信息所得出的结果	tIMP_TM_灾害恢复支持信息＋tIMP_TM_设备维护支持信息＋tIMP_TM_长期维护支持信息＋tIMP_TM_短期维护支持信息
反馈信息	道路相关系统	城市交通管理中心模块	包括来自其他系统的数据，供自身应用	fTF_城市交通数据
发送信息	城市交通管理模块	道路相关系统	包括来自本系统的数据，应用于其他系统	TM_HTSC_城市数据
发送信息	城市交通违章信息处理模块	执法部门	包括对在路网中监测到的违章者的检举文件	tLE_TM_责任调解书
反馈信息	执法部门	城市交通违章信息处理模块	包括有关交通法规的信息，通过该法规，可对路网中监测到的违章者予以检举与裁决	fLE_TM_交通法规信息
通行优先权控制	城市交通管理模块	多模式系统	多种运输方式交接时，若终止公路运输通行权而改换其他运输方式，则城市交通管理系统发出停止公路交通的命令；若换乘，则发出换乘命令	tIMFT_通行响应
发送信息	城市交通管理模块	行人和自行车	包括发送给路网中的行人和自行车的交通命令，该命令可以是行人和自行车出行请求的答复	tRU_交通命令

续上表

框架流	起点	终点	描　述	包含的逻辑数据流
交通管理信息	城市交通管理模块	城市交通管理外场模块	包括发给外场模块的交通管理信息	fSO_TM_输入信息＋TM_城市交通管理信息
交通管理设备状态信息	城市交通管理模块	城市交通法规外场执行模块	包括可供城市交通法规外场执行模块来检测违章行为的外场设备状态信息	TM_交通检测数据＋TM_违章者 ID
法规执行信息	城市交通法规外场执行模块	城市交通违章信息处理模块	包括违章车辆的数据和城市交通管理外场模块当时输出的交通管理策略。车辆的违章行为是由城市交通法规外场执行模块检测	TM_城市违规通知
交通管理执行信息	城市交通管理模块	城市交通违章信息处理模块	包括城市交通违章信息处理模块中的交通法规，以决定对监测的违章者采取何种措施	TM_城市执法建议
紧急车辆优先权信息	紧急车辆模块	城市交通管理模块	包括由紧急车辆模块发送给城市交通管理外场模块的当地紧急车辆通行优先权信息	ES_TM_紧急车辆优先权请求
发送信息	城市交通管理模块	信息提供者	包括路网交通和出行信息，该信息供广播员和出行情况提供者使用	tISP_城市交通数据
城市间交通管理外场子系统数据	城市间交通管理外场子系统	城市间交通管理中心子系统	由城市间交通管理外场子系统发送至城市间交通管理中心子系统	TM_设备失灵信息＋TM_城间交通设备状况＋TM_城间交通管理响应＋TM_城间交通违规通知＋TM_城间停车状况
城市间交通管理中心子系统数据	城市间交通管理中心子系统	城市间交通管理外场子系统	应用于城市间交通管理系统，由城市间交通管理中心子系统发至城市间交通管理外场子系统	fSO_TM_输入信息＋TMP_城市交通管理信息
交通命令	城市间交通管理外场子系统	驾驶员	包括发送给路网上车辆驾驶员的交通命令	tD_城间交通命令
反馈信息	行人和自行车	城市间交通管理外场模块	包括城市间道路使用者（这里指行人和自行车）的出行请求	fRU_TM_出行者输入信息＋TIS. TM_交通管理相关信息
反馈信息	桥梁/隧道基础设施	桥梁/隧道交通管理子系统	由桥梁/隧道基础设施终端发送至桥梁/隧道交通管理子系统	fIMG_TM_桥/隧信息输入＋fIMG_TM_桥/隧当前状态

续上表

框架流	起点	终点	描　述	包含的逻辑数据流
桥梁/隧道命令与响应信息	桥梁/隧道交通管理子系统	系统营运者	包括系统操作命令、养护工作及其养护设备等信息的输入	tOM_桥/隧信息输入＋tOM_桥/隧响应
桥梁隧道交通命令	桥梁/隧道交通管理子系统	驾驶员	包括发送给桥梁上及隧道中行人、自行车与驾驶员的交通命令的信息	tD_桥梁状态＋tD_隧道状态
桥梁/隧道气象信息输入	气象部门	桥梁/隧道交通管理子系统	包括影响桥梁/隧道的天气信息和天气预报，此为路网交通管理的一部分	fWF_气象信息
桥梁/隧道交通命令请求	城市间交通管理外场子系统	桥梁/隧道交通管理子系统	包括在路网中应用的交通管理策略信息	TM_城间桥梁输入＋TM_城间隧道输入
桥梁/隧道交通命令	桥梁/隧道交通管理子系统	城市间交通管理外场子系统	包括在路网中用的交通管理策略信息	TM_城间桥梁输出＋TM_城间隧道输出
交通流数据	交通流	城市间交通外场监测模块	包括发送给外场交通监测模块的模拟交通流数据。	fTP_服务区车辆数据＋fTP_城间交通流数据
交通流车辆图像	交通流	城市间交通法规外场执行模块	包含的模拟交通流以某种图像形式（视频、红外线、磁记录等），显示路上车辆情况，并发送给城市间交通法规外场执行模块	fTP_城间交通流数据
多模式交接通行优先权申请	多模式系统	城市间交通管理外场模块	当公路运输跟其他运输方式发生交叉、或道路使用者请求换乘时，则发送通行优先权请求信息	fIMFT_通行请求
气象信息	气象部门	城市间交通维护中心模块	包括影响路网的天气信息和气象预报	fWF_气象信息＋TM_TIS_灾害状况＋fWF_TM_长期维护气象信息
路网交通信息输入	系统营运者	城市间交通管理中心模块	包括系统营运者对系统的操作及该操作对路网的影响	fTFP_城间交通命令
维护信息输入	系统营运者	城市间交通维护中心模块	包括有关维护工作及其使用的维护设备信息的输入，这些工作将影响到路网	fSO_TM_维护命令

续上表

框架流	起点	终点	描述	包含的逻辑数据流
路网交通信息输出	城市间交通管理中心模块	系统营运者	包括营运者对城市间交通管理系统操作的结果、系统对路网的影响等信息的输出	tSO_TM_维护响应
维护信息输出	城市间交通维护中心模块	系统营运者	包括城市间交通管理系统对营运者输入的有关维护工作及其所使用的设备等命令的响应结果	TOM_TM_维护响应
反馈信息	道路设施	城市间交通维护中心模块	包括能够影响道路物理状态的当前路面状况与预测信息	fROAD_TM_路面状况＋fROAD_TM_路面长期损耗数据＋fROAD_TM_路面短期损耗数据
紧急事件处理信息	紧急事件救援中心	城市间交通管理中心模块	应用于城市间交通管理系统。该终端向城市间交通管理系统发送紧急事件处理进程的信息以产生实时交通车辆管理策略并发送紧急事件对道路交通影响的资料	ES. TM_事件信息以及服务请求＋ES. TM_事件信息
紧急事件信息	城市间交通管理中心模块	紧急事件救援中心	应用于城市间交通管理系统。城市间交通管理系统向紧急事件救援中心发送事件发生信息以及救援请求	TM. ES_事件通告
反馈信息	交通规划部门	城市间交通管理中心模块	负责输入在城市间路网中使用的交通管理策略生成命令	fPD_城间交通预测命令
发送信息	城市间交通管理中心模块	交通规划部门	包括城市间交通管理系统对城市间路网交通管理策略生成的响应结果	fPD_城间交通预测响应
反馈信息	维护部门	城市间交通维护中心模块	包括根据维护工作(该活动影响路网状况)请求信息、维护中使用的设备信息	fSO_TM_养护状态更新
反馈信息	道路相关系统	城市间交通管理中心模块	包括来自其他系统的数据,供自身应用	FTF_城市间数据
发送信息	城市间交通维护中心模块	维护部门	包括根据维护工作请求信息、维护中使用的设备信息所得出的结果	tIMT_TM_灾害恢复支持数据＋tIMT_TM_设备维护支持信息＋tIMT_TM_长期维护支持信息＋tIMT_TM_短期维护支持信息
发送信息	城市间交通管理中心模块	道路相关系统	包括来自本系统的数据,用于其他系统	TM_HTSC_城市数据

续上表

框架流	起点	终点	描述	包含的逻辑数据流
反馈信息	执法部门	城市间交通违章信息处理模块	包括有关交通法规的信息.通过该法规，可对路网中监测到的违章者予以检举与裁决	fLE_TM_交通法规信息
发送信息	城市间交通违章信息处理模块	执法部门	包括对在路网中监测到的违章者的检举文件	tLE_TM_责任调解书
交通管理信息	城市间交通管理中心模块	城市间交通管理外场模块	包括发送给外场模块的交通管理信息，用于外场的交通管理。	fSO_TM_输入信息＋TM_城市交通管理信息
通行优先权控制	交通管理中心模块	多模式系统	在多种运输方式交接时，若想终止公路运输方式通行权，而改换其他运输方式，则城市间交通管理系统发出停止公路交通形式的命令；如果换乘，则发出换乘命令	tIMFT_通行响应
发送信息	城市间交通管理外场模块	行人和自行车	包括发给路网中的行人和自行车的交通命令，该命令可以是行人和自行车出行请求的答复	tRU_城市间交通命令
设备故障信息	城市间交通管理外场模块	城市间交通维护中心模块	包括城市间交通管理外场模块检测出的外场设备故障信息	TM_城市间交通设备状况＋TM_设备失灵信息
交通管理设备状态信息	城市间交通管理外场模块	城市间交通法规外场执行模块	包括可供城市间交通法规外场执行模块来检测违章行为的外场设备状态信息	TM_交通检测数据＋TM_违章者 ID
法规执行信息	城市间交通法规外场执行模块	城市间交通违章信息处理模块	包括违章车辆的数据、城市间交通管理外场模块输出的交通策略。违章行为由城市间交通法规外场模块测出	TM_城市违规通知
设备监测数据	城市间交通管理外场模块	城市间交通管理中心模块	包括城市间交通管理外场模块对交通管理策略的响应信息	TM_城间交通管理响应
交通流数据	城市间交通外场监测模块	城市间交通管理中心模块	包括城市间交通外场监测模块采集的交通流数据	TM_城间交通数据采集＋TM_交通流管理数据＋TM_城间停车状况

续上表

框架流	起点	终点	描　述	包含的逻辑数据流
交通管理执行信息	城市间交通管理中心模块	城市间交通违章信息处理模块	包括城市间交通违章信息处理模块用到的交通法规，对违章者采取何种措施	TM_城间违规通知
交通管理需求信息	城市间交通管理中心模块	需求管理模块	包括由城市间交通管理中心模块发送给需求管理模块的交通需求信息	TM_需求管理需要的环境数据＋TM_需求管理数据输入＋TM_IUTMC_需求管理输入
紧急车辆优先权信息	紧急车辆模块	城市间交通管理外场模块	包括由紧急车辆模块发给城市间交通管理外场模块的当地紧急车辆通行优先权信息	ES_TM_紧急车辆优先权请求
发送信息	城市间交通管理中心模块	信息提供者	包括路网交通和出行信息，该信息供广播员和出行信息提供者使用	TISP_城间交通数据
交通管理策略	需求管理模块	城市间交通管理中心模块	包括由需求管理模块发送给城市间交通管理中心模块的交通管理和控制策略	TM_需求管理的交通输出＋TM_IUTMC_输出需求管理
电子收费信息	电子收费系统	交通信息采集子系统	提供收费站处的车辆、交通信息及其他(如天气等)信息	EPS. TM_规划相关数据
道路环境信息	道路环境	交通信息采集子系统	提供道路周围的自然信息，包括汽车排放物、雾、冰、雪、雨等影响行车驾驶的因素	fRE_规划相关数据
出行信息	信息提供商	交通信息采集子系统	向交通信息采集子系统提供道路交通信息，以供其进行信息汇总、使用	TIS. TM_路线选择信息
规划相关数据	多模式系统	交通信息采集子系统	提供道路与铁路、航运、机场物理接口处的交通需求信息	fIMI_规划相关数据
公交服务水平数据	公交管理系统	交通信息采集子系统	提供公交车辆的运行信息和运输能力信息，包括车辆班次、时间、路线等	IMT. TM_公交服务水平
交通数据信息	交通管理系统	交通信息采集子系统	提供处于监控状态下的交通状况信息，以及OD数据和交通需求数据	TM_交通需求数据＋TM_交通数据＋TM_OD数据
数据请求	分析与评价子系统	交通信息采集子系统	向交通信息采集子系统提出采集数据的请求，并提供所需数据的范围、形式等	TM_规划数据申请

续上表

框架流	起点	终点	描 述	包含的逻辑数据流
交通规划相关数据	交通信息采集子系统	分析与评价子系统	将采集到的数据进行归类和初步整理后，发送至评价子系统，作为评价的数据依据	TM_规划相关数据
规划指令与指导	交通规划部门	分析与评价子系统	发送规划指令与指导，交通规划支持子系统在收到规划指令后按照规划指导进行分析评价	fPD_TM_规划指导＋fPD_TM_规划指令＋fPD_TM_数据申请
规划数据结果	分析与评价子系统	交通规划部门	发送对道路网性能和交通流状况的分析与评价结果，供交通规划部门作为决策参考	tPD_TM_规划结果＋tPD_TM_数据响应
规划结果数据	分析与评价子系统	系统操作者	向路网系统操作者提供对道路网性能和交通流状况分析与评价的结果数据	tSO_规划结果
数据申请	客、货运管理系统	分析与评价子系统	向分析与评价子系统请求规划结果数据	IMT. TM_数据申请
规划结果数据	分析与评价子系统	客、货运系统	向管理系统提供规划数据，以便决策	TM. IMT_数据响应
数据申请	基础地理信息生产、更新机构	分析与评价子系统	向交通规划支持子系统发出获取规划相关数据的申请	TIS. TM_数据申请
规划数据结果	分析与评价子系统	基础地理信息生产、更新机构	响应来自交通地理信息平台的申请，反馈交通规划策略、交通规划策略仿真评估结果等数据信息	TM. TIS_数据响应
数据申请	交通管理系统	分析与评价子系统	向交通规划支持子系统发出获取规划相关数据的申请	TM_数据申请
数据规划结果	分析与评价子系统	交通管理系统	响应来自交通管理系统的申请，反馈交通规划策略、交通规划策略仿真评估结果等数据信息	TM_数据响应
车辆物理特性信息	车辆	违规事件检测子系统	提供检测违规事件所需要的车辆物理特性等相关信息，包括：载重、红外信号特征、速度等	fV_TM_车辆特性
车辆记录请求	违规事件检测子系统	驾驶员	向驾驶员发送消息，要求驾驶员提供车辆记录信息	tD_TM_车辆记录请求

续上表

框架流	起点	终点	描　述	包含的逻辑数据流
车辆记录	驾驶员	违规事件检测子系统	驾驶员根据违规事件检测系统的要求，利用车载设备提供速度、污染、驾驶计划等数据	fD_TM_记录
违规车辆信息查询申请	基础地理信息生产、更新机构	违规事件检测子系统	提出申请，要求查询违规车辆牌照	TIS. TM_车辆数据
车辆数据	违规事件检测子系统	基础地理信息生产机构	包含了违规车辆牌照识别以及相应的违规信息	TM. TIS_违规车辆 ID 查询申请
车辆特性	货运管理系统	违规事件检测子系统	包含货运车辆特性数据，以检查车辆是否符合当地交通法规的要求	IMT. TM_商用车辆特性
执法建议	交通管理系统	违规事件检测子系统	提供交通管理系统违规事件通报及处理请求	TM_执法建议
违规事件检测数据	违规事件检测系统	协调处理子系统	发送违规车辆的检测（和确认）信息	TM_违规数据＋TM_违规类型＋TM_用户图像
违规车辆牌照	协调处理子系统	违规事件检测子系统	发送违规车辆牌照及违规类型等信息	TM_交通法规信息＋TM_违规车辆 ID＋TM_用户许可参数
图像分析请求	协调处理子系统	图像分析识别子系统	根据违规事件检测数据，向图像分析识别子系统发送图像分析请求	TM_用户图像＋TM_违规通知＋TM_用户数据
图像分析结果	图像分析识别子系统	协调处理子系统	在确认违规事件后，根据图像分析请求，对违规车辆进行图像分析，获其车型、颜色、车牌号码等信息。结合注册用户信息数据，对违规者进行身份识别，获取违规者的 ID，对其违规信息进行存档	TM_违规者 ID＋TM_违规类型＋TM_违规车辆 ID
交通法规和用户信息	政府执法部门	协调处理子系统	包括交通法规和更新信息，路网用户和运营者的数据信息，车辆牌照信息，执法部门申请查询的违规记录等信息	fLE_TM_违规数据查询申请＋fLE_TM_交通法规数据＋fLE_TM_用户许可参数＋fLE_TM_驾驶员与车辆注册数据
责任调解书	协调处理子系统	政府执法部门	在接收到执法部门的申请之后，反馈相应的违规车辆通知信息，包含执法部门形成责任调解书所需的所有数据	tLE_TM_责任调解书＋tLE_TM_违规通知

续上表

框架流	起点	终点	描　述	包含的逻辑数据流
电子收费违规通知	电子收费系统	协调处理子系统	提供电子付费违规通知	EPS. TM_违规通知
公交违规通知	公交管理系统	协调处理子系统	包含公共交通管理系统采集的违规事件信息	IMT. TM_公交违规通知
交通管理违规通知	交通管理系统	协调处理子系统	包含在路网内检测违规事件所得的数据信息	TM_交通管理违规通知
违规者信息	协调处理子系统	交通管理系统	提供违规驾驶员的身份识别	TM_违章者 ID
违规通知	货运管理系统	协调处理子系统	包含运输管理系统采集到的违规事件信息	IMT. TM_违规通知
违规通知	协调处理子系统	货运管理系统	通知运输管理系统有涉及到货运车队的违规事件发生	TM. IMT_违规通知

第五章 城市交通信号控制系统

第一节 概　　述

一、城市交通信号控制的发展概况

城市交通信号控制系统从20世纪初交通信号灯的发明到现在，已有近一百年的发展历史。从控制方式而言，它从定时控制发展到响应控制；从控制范围而言，它从单交叉口信号控制逐渐发展到目前应用广泛的区域信号控制。

1.单交叉口信号控制

在20世纪初交通信号灯发明之后，人们开始研制信号控制机用以进行单交叉口信号控制。早期的信号控制都是按照某种固定不变的周期长度和红绿灯时间比例来控制信号灯运行的，亦即所谓“定时控制”方式。它使得交叉口的各向交通流首次在时间上得到分离，提高了交通安全性。

随后人们发现这种定时控制方式无法适应一日当中交通量随时间波动的客观情况，增加了车辆在交叉口的不必要延误时间。于是人们研制了一种新的信号控制机，这种信号控制机能储存一套不同的信号配时方案，并按照事先规定的运行时间表轮换执行不同的配时方案，以适应每日不同时段的交通需求。这种控制方式即多时段定时控制，而上述原始的控制方式被称为单时段定时控制。

多时段定时控制方式相比单时段定时控制方式前进了一大步，但它仍无法适应交叉口交通量的实时随机变化，因此人们提出了能够根据实时交通量对交叉口进行自适应信号控制的设想，这种设想随着车辆检测器的出现得以实现，这种控制方式被称为单交叉口响应控制。单交叉口响应控制能适应交叉口各条进口车道上车辆随机到达的情况，然而当交叉口各个进口方向交通负荷均接近饱和程度，响应式控制方式便失去其灵活性，此时它只能按某种固定比例来分配各个方向的绿灯时间，无异于定时控制方式。

2.干线交叉口协调控制系统

单交叉口信号控制的3种方式都存在一个共同的缺点，即它们不能使相邻交叉口协调运行，特别是在相邻交叉口间距小、交叉口交通量很大的情况下，车辆经常遇到红灯，时停时开，交通流运行效率低下。为使车辆减少在各个交叉口上的停车时间，特别是使干道上的车辆能够畅通行驶，人们开始研究对干道上的一部分相邻交叉口进行协调控制。在这种协调控制中，各交叉口具有共同的信号周期。通过合理选择共同信号周期和相邻信号间的相位差，理论上可以使得干线上的车辆经过各交叉口时遇到的都是绿灯，这种控制方式被称为干线交叉口协调控制，又称绿波控制。

干线交叉口协调控制(简称线控制)也可以分为定时控制和响应控制两种。干线交叉口定时协调控制与单交叉口定时控制一样，它将一天分成若干个时段设定控制方案，并按时间表进行相应的控制。适用于交通流比较稳定的干线道路，比如低峰时段、普通时段、拥挤时段分别有明确的交通模式的情况下。干线交叉口响应协调控制可根据交通需求的变动进行实时的控制参数修正，从而实现高度的线控制；此外，当交通量很小时它还能放弃交叉口之间的协调控制，转而对干线各交叉口实行单交叉口响应控制，使之适应各自的交通需求。适用于交通量随时间变化较大、交通运行效率要求高的干线道路。

干线交叉口协调控制系统的配时方案可用软件来计算，常用的配时方案计算软件有MAXBAND和PASSERII等。

3. 区域信号控制系统

随着计算机技术、通信技术以及交通控制理论的发展，人们开始研究一种范围更广的以城市或城市某区域中所有交叉口为控制对象的信号协调控制系统，即区域信号控制系统。按控制策略，区域信号控制系统可以分为定时式脱机操作控制系统和响应式联机操作系统。

定时式脱机操作控制系统利用交通流历史以及现状统计数据，进行脱机优化处理，得出多时段的最优信号配时方案，存入控制器或控制计算机内，对整个区域交通实施多时段定时控制。典型的定时式脱机操作控制系统是英国交通与道路研究所(TRRL)于1966年开发的TRTANSYT(Traffic Network Study Tool)。

响应式联机操作系统是一种能够适应交通量变化的自适应控制系统，此系统在控制区域内设置车辆检测器，实施采集交通数据并实施联机最优控制。典型的响应式联机操作系统有澳大利亚的SCATS系统和英国的SCOOT系统。SCATS系统由澳大利亚新南威尔士道路和交通局(RTA)于20世纪70年代末研制成功，它把信号周期、绿信比和相位差作为各自独立的参数分别进行优选，优选过程以饱和度和综合流量为主要依据。它的优化过程并没有利用数学模型，而是在各种预定的方案中进行优选，该系统所采用的方法简单但配时方案的数量有限。SCOOT系统是一种实时协调控制的自适应控制系统，它是英国TRRL在TRANSYT系统的基础上发展起来的，SCOOT优化采用小步长渐近寻优方法，通过频繁调整的连续累计适应一段时间内交通的变化趋势，在避免因配时突变引起车流不稳定的同时，大大简化了优化算法，从而实现实时自适应控制。

除了SCATS系统和SCOOT系统之外，各发达国家也开发了相应的系统，比如日本的京三系统，美国的OPAC系统、RT-TRACS系统、RHODES系统，西班牙的ITACA系统，法国的PRODYN系统和德国的MOTION系统等。我国“七五”和“八五”期间，国家计委、国家科委组织开发了第一个实时自适应城市交通控制系统HT-UTCS，1991年上海交通大学与上海市交警总队合作开发了SUATS系统等，天津大学从1989～1991年研究开发了TICS系统等。

目前我国部分大中城市区域信号控制系统的使用情况如下。

SCATS系统：上海、杭州、宁波、东莞、宜昌、广州、苏州、天津、石家庄、沈阳。

SCOOT系统：北京、大连、成都、青岛、绵阳。

西班牙ITACA系统：武汉、长春、郑州、南宁。

日本京三系统：深圳、厦门。

HT-UTCS系统：南京、株洲、常熟、张家港、廊坊、南昌、南通。

二、城市交通信号控制系统的分类

1. 按控制范围分类

(1)单个交叉口的交通控制

每个交叉口的交通控制信号只按照该交叉口的交通情况独立运行，与其邻近交叉口的控制信号没有联系，称为单个交叉口交通控制，也称为单点信号控制，俗称“点控制”。这是交叉口交通信号控制的最基本形式。

(2)干线交叉口信号控制

把干线上若干连续交叉口的交通信号通过一定的方式联结起来，同时对各交叉口设计一种相互协调的配时方案，各交叉口的信号灯按此协调方案联合运行，使车辆通过这些交叉口时，不致经常遇到红灯，称为干线交叉口信号控制，也叫“绿波控制”，俗称“线控制”。

(3)区域交通信号控制系统

以某个区域中的所有信号控制交叉口作为协调控制的对象，称为区域交通信号控制系统，俗称“面控制”。控制区内各受控交通信号受交通控制中心的集中控制。对范围较小的区域，可以整区集中控制，范围较大的区域，可以分区分级控制。

2. 按控制方法分类

(1)定时控制

交叉口交通信号控制器均按事先设定的配时方案运行，也称为周期控制。一天只用一个配时方案的称为单段式定时控制；一天按不同时段的交通量采用几个配时方案的称为多段式定时控制。

(2)感应控制

感应控制是在交叉口进口道上设置车辆检测器，信号灯配时方案由计算机或智能化信号控制器计算，可随检测器检测到的车流信息而随时改变的一种控制方式。

单点感应控制按检测器设置方式的不同，可分为半感应控制和全感应控制两种。

①半感应控制：只在交叉口部分进口道上设置检测器的感应控制。

②全感应控制：在交叉口全部进口道上都设置检测器的感应控制。

第二节　交通信号控制参数

交通信号控制的本质是通过合理控制交通信号灯，轮流给交叉口各向车流分配通行权，以达到满足交通需求、充分利用交通资源的目的。确定交通信号控制方案主要包括确定信号相位和确定信号控制参数。信号控制参数决定了信号控制方案的性能，本节对信号周期、有效绿灯时间、绿信比、信号相位与相位差等信号控制参数作一简要介绍。

1. 信号周期

在信号控制交叉口，通过各种灯色来表示各向车流是否具有通行权。灯色循环显示一次，通行权在各向车流中相应循环一次。一次循环及其所需要的时间就是一个信号周期，用 C 表示，单位为秒(s)。

2. 信号相位、相位数和相序

每个信号周期可以分成几个时间段，每个时间段中，只有一个或几个方向的车流具有通行权，该时间段被称为一个信号相位。如图 5-1 所示，在图 a)中东西方向的直行、左转、右转车流具有通行权，在图 b)中南北方向的直行、左转、右转车流具有通行权。有时也把该时间段内具有相同通行权的车流组合称为一个信号相位。

一个信号周期所具有的信号相位个数称为相位数，相位数一般不小于 2。图 5-1 中的相位个数为 2，当东西进口道左转车较多且设有专用左转车道时，可以考虑 3 相位信号配时方案，如图 5-2 所示。

一个信号周期内信号相位的出现顺序，即通行权的顺序，称为相序。

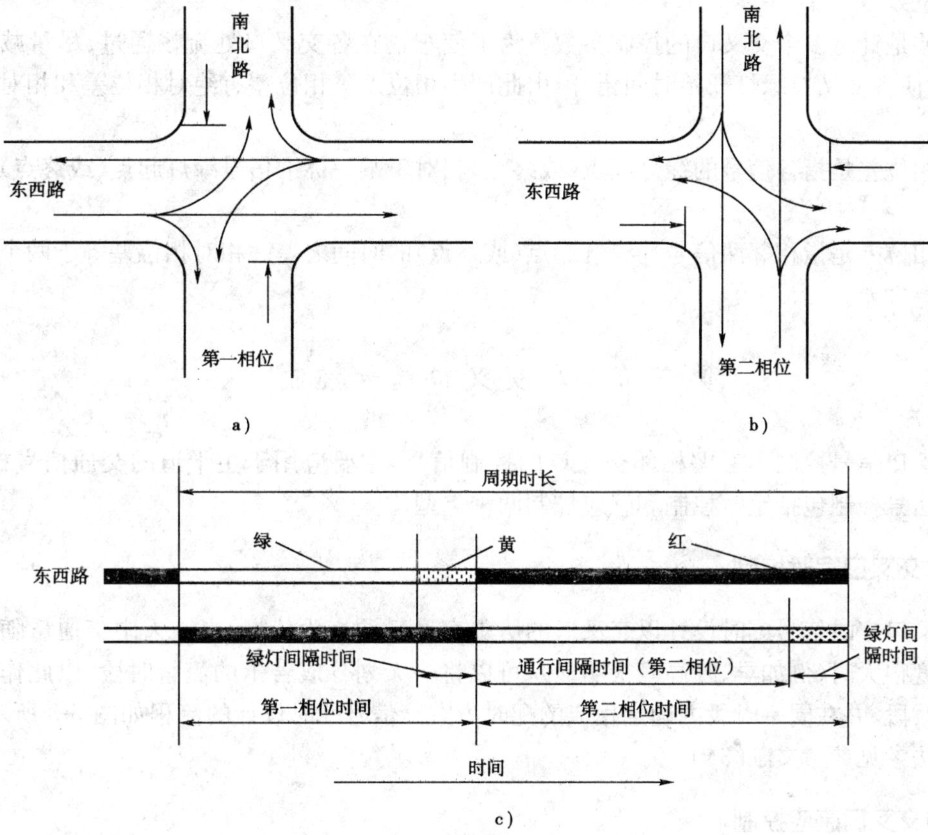

图 5-1 两相位信号配时图

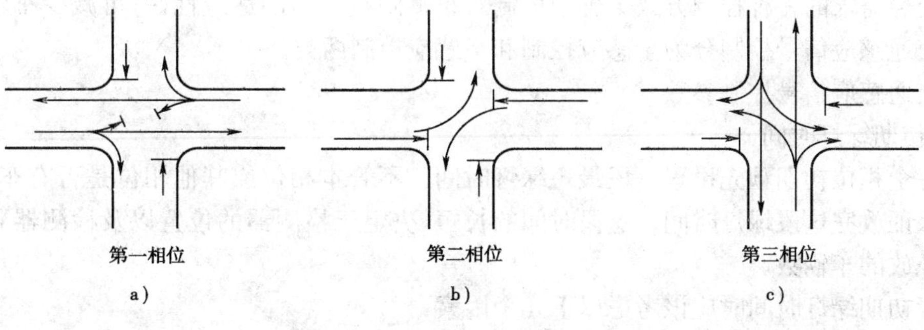

图 5-2 具有专用左转相位的三相位方案

3. 有效绿灯时间

在一个相位的实际绿灯时间和黄灯时间之内，能够被车辆充分利用的时间称为该相位的有效绿灯时间。有效绿灯时间等于实际绿灯时间和黄灯时间之和减去前后损失时间（起动停车时间）。

4. 绿信比

绿信比是一个信号相位的有效绿灯时间与信号周期之比，一般用 λ 表示。

$$\lambda = \frac{g_e}{C} \tag{5-1}$$

5. 相位差

相位差是针对多个交叉口的控制参数。为了使车辆在各交叉口处流畅通过、尽量减少停车次数，可使各交叉口绿灯开始时间错开，由此产生相位差。相位差有绝对相位差和相对相位差两种。

绝对相位差是指各信号的绿灯起点（或终点）相对于某一标准信号绿灯起点（或终点）的时间之差。

相对相位差是指相邻两信号的绿灯起点（或终点）的时间之差。相对相位差等于两个信号绝对相位差之差。

第三节　单交叉口信号控制

单交叉口信号控制不考虑相邻交叉口的控制信号，主要应用于主干道的交通信号控制。单交叉口信号控制包括定时控制和感应控制两种类型。

一、单交叉口定时控制

单交叉口定时信号配时设计以交叉口的历史交通量调查为依据，当一天中交通量随时间变化的幅度很大时（例如早、晚高峰很明显），可以将一天划分成若干的流量时段，以此作为信号配时的时段，并在同一时段内确定相应的配时方案。信号配时设计的流程如图 5-3 所示，详细设计方法参见参考文献[34]。

二、单交叉口感应控制

交通感应信号控制是通过车辆检测器测定到达进口道的交通需求，使信号显示时间适应测得的交通需求的一种控制方式。感应控制对车辆随机到达的适应性好，可减少车辆的停车次数。交通感应信号控制分为全感应控制和半感应控制两类。

1. 交通感应信号控制参数

(1)初期绿灯时间

给每个相位初期预先设置一段最短绿灯时间。不管本相位或其他相位是否有车，对本相位必须保证放完这段绿灯时间。这段时间的长短，决定于检测器的位置以及检测器到停车线之间可停放的车辆数。

设置初期绿灯时间时应该考虑以下几个因素：

①正停在检测器和停车线之间的车辆，全部驶出停车线所需的最短时间。初期绿灯时间应等于这段最短绿灯时间减去一段单位延长绿灯时间。

②正行人安全过街所需的时间。

③我国还要考虑保证红灯时停在停车线前的非机动车安全过街所需要的时间。

(2)单位绿灯延长时间（最小绿灯时间）

是初期绿灯时间结束后，在一定时间间隔内，测得有后续车辆到达时所延长的绿灯时间。如果在这段时间内，没有测得来车，即被判为交通中断而结束绿灯。单位绿灯延长时间对于感应信号控制的效率起决定性作用。

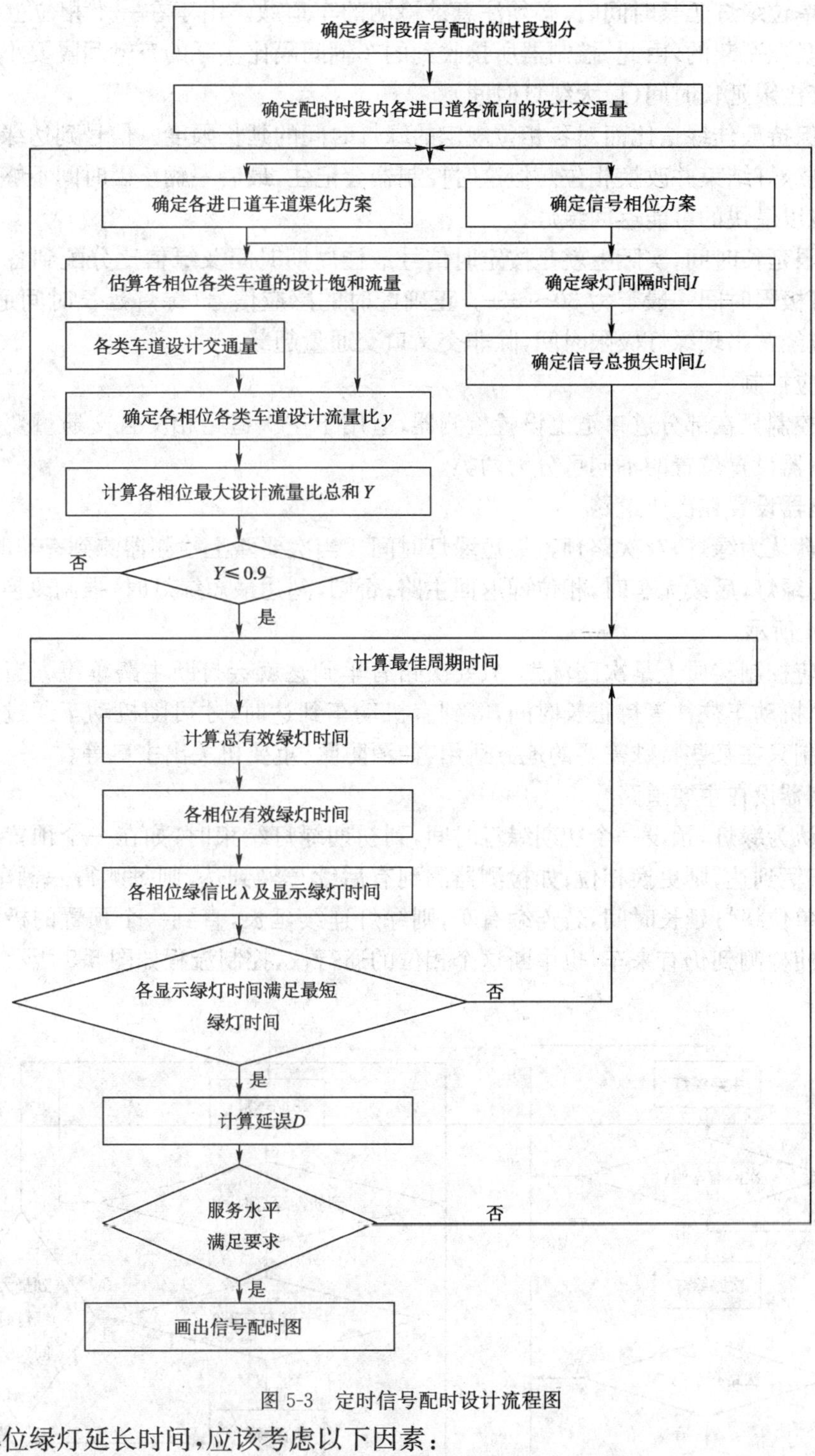

图 5-3　定时信号配时设计流程图

确定单位绿灯延长时间，应该考虑以下因素：

①单位绿灯延长时间的长短必须能使车辆从检测器开出停车线。

②单位绿灯延长时间的恰当长度，应尽可能不产生绿灯时间损失。为了提高通车效益，这段时间应按实际需要定得尽可能的短，应使单位绿灯延长时间尽可能短，只满足实际交通所需的长度，而不应等待不紧跟的车辆通过绿灯。

③确定单位绿灯延长时间时，必须注意被检测的车道数。由于在一个相位上的所有单个检测器都是联在一起的，由此，控制器所接收到的车辆间隔比实际的车辆间隔要小得多。

(3)绿灯极限延长时间(最大绿灯时间)

是为了保持最佳绿信比而对各相位规定的绿灯时间的延长限度。信号到达绿灯极限延长时间时，强制绿灯结束并改换相位。但这时控制器会记住，最后一辆车因时间不够而未能通过停车线，且将以最快的可能返回绿灯。

绿灯极限延长时间，实际上就是按定时信号最佳周期时间及绿信比分配到各个相位的绿灯时间，绿灯极限时间一般定为 30～60s。正确配时的感应信号(绿灯延长时间适当短时)在运行中，不应经常出现绿灯极限时间，除非交叉口交通量超载。

2. 半感应控制

半感应控制只在部分进口道上设置检测器，适用于主次道路相交且交通量变化较大的交叉口，按检测器设置位置的不同可分为两类。

(1)检测器设置在次要道路

主路上默认为绿灯，对次路预置最短绿灯时间。当次要路上检测器测到有车时，立即改变相位，次路为绿灯，后续无车时，相位即返回主路；否则，到达最短绿灯时，强制改换相位。控制流程如图 5-4 所示。

这种感应控制实质上是次路优先，只要次路有车到达就会打断主路车流。当次路车辆很少时，次路非机动车往往等待很长时间，等到有机动车到达时，才可随机动车通过交叉口。这种半感应控制只在某些特殊需要的地方适用，如消防队、重要机关出去口等。

(2)检测器设在主要道路

主路默认为绿灯，预设一个初期绿灯时间，到初期绿灯结束时，如在一个预置的时间间隔内，无后续车辆到达，则更换相位；如检测器测到有后续车辆到达，则每测得一辆车，绿灯延长一个预置的单位绿灯延长时间，若连续有车，则绿灯连续延长，直到一个预置的极限延长时间时，此时，即使检测到仍有来车，也中断这个相位的通行权，控制流程如图 5-5 所示。

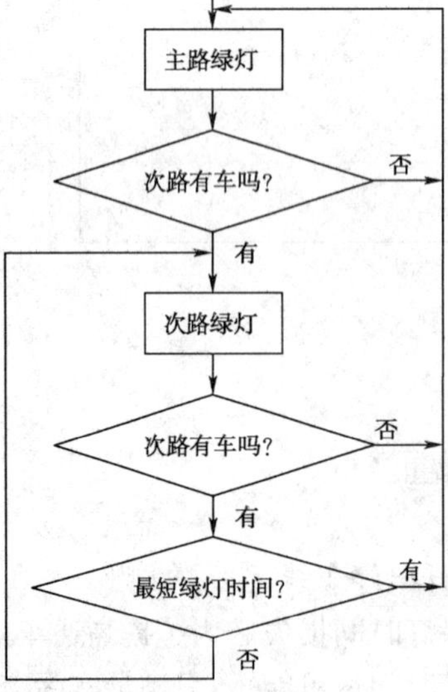

图 5-4 次路检测半响应控制流程图

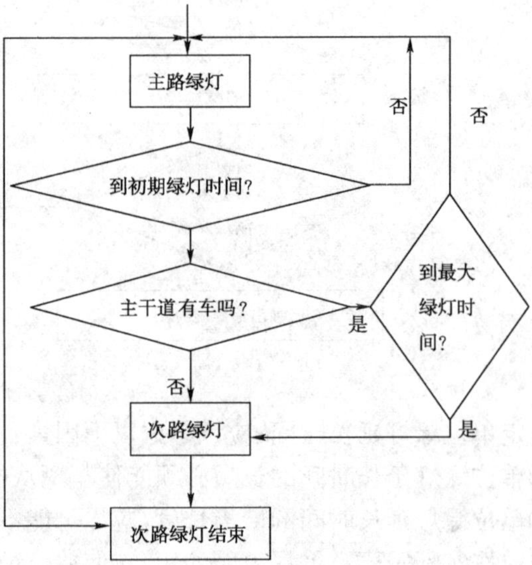

图 5-5 主路检测半响应控制流程图

这种控制方式可避免主路车流被次路车辆打断，且有利于次路上自行车的通行。

3. 全感应控制

所有进口道上都设置检测器的感应控制称全感应控制，适用于相交道路等级相当，交通量相仿且变化较大的交叉口上。

全感应控制的控制机理：交叉口主次路均采用感应控制，当交叉口没有机动车到达时，信号器以定周期方式按最小周期运行；当某一方向来车时，在最小绿灯时间结束后，对来车方向开绿灯，按此方式循环，控制流程如图 5-6 所示。

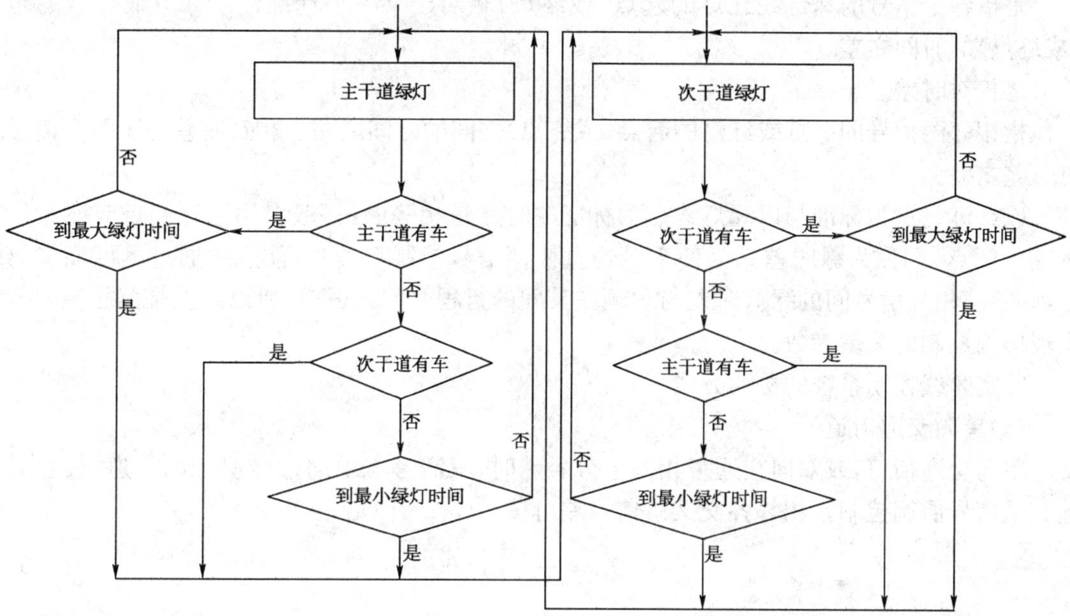

图 5-6　全感应控制流程图

第四节　定时协调控制

随着计算机、计算方法、自动控制、车辆检测技术的发展，人们开始研究区域内所有交通信号的协调控制，形成区域交通信号控制系统（简称面控制）。线控制是面控制的一种简化形式，也是面控制系统的一个组成部分。凡是可以用在面控制系统上的技术、方法、程序等，都可以用在线控制系统上，两者的控制参数也基本一致。本节先介绍线控制技术，然后介绍面控制。

一、线控制

1. 线控制的基本参数

在干线交通信号协调控制系统中，周期时长与绿信比两个基本参数与点控制稍有不同；另外，在线控制中还有一个重要参数：时差。

(1)周期时长

在线控制中，为使各交叉口的交通信号能取得协调，各个交通信号的周期时长必须是统一的，为此，必须先按单点定时信号的配时方法，根据系统中各交叉口的布局及交通流向、流量，计算出各个交叉口交通信号所需的周期时长，然后从中选出最大的周期时长作为系统的周期时长，把需要周期时长最大的这个交叉口叫做关键交叉口。

(2)绿信比

在信号控制系统中，各个信号的绿信比是根据各交叉口各相交通量的流量比来确定的，因此，各个交叉口信号的绿信比不一定相同。

(3)时差

时差也称相位差，有绝对时差和相对时差之分。

①绝对时差

是指各个信号的绿灯或红灯的起点(或终点)相对于某一个标准信号绿灯或红灯的起点(或终点)的时间之差。

②相对时差

指相邻两信号的绿灯或红灯的起点(或终点)之间的时间之差。相对时差等于两个信号绝对时差之差。

以红灯终点为标准与以绿灯终点为标准的时差是相等的，一般多用绿灯起点或终点作为时差的标点，则称为绿时差。为使车辆通过协调信号控制系统时，能连续通过尽可能多的绿灯，必须使相邻信号间的绿灯时差与车辆在其间的行程时间相适应，所以时差是信号控制系统实现协调控制的关键参数。

2. 定时线控制系统的协调方式

(1)单向交通街道

单向交通街道，或双向交通量相差十分悬殊时，只需考虑单向信号协调的街道，最容易实施交通信号协调控制。相邻各交叉口信号差可按式(5-2)计算：

$$Q_f = \frac{s}{v} \times 3\ 600 \tag{5-2}$$

式中：Q_f——相邻信号间的时差；

s——相邻信号间的间距；

v——线控系统车辆可连续通行的车速(km/h)。

(2)双向交通街道

双向交通街道的信号协调控制，在各交叉口间距相等时，比较容易实现。当信号间车辆行驶时间正好是线控系统周期时长一半的整数倍时，可获得理想的效果。各交叉口间距不等时，信号协调控制就较难实现，必须采取试探与折中的方法；否则，会损失信号的有效通车时间，增加相交街道上车辆的延误。

双向交通定时式线控制各信号间的协调方式有 3 种。

①同步式协调控制

在同步式协调系统中，连接在一个系统中的全部信号，在同一时刻，对干道车流显示相同的灯色。

当车辆在相邻交叉口间的行驶时间等于信号周期时长时，即相邻交叉口的间距符合关系式(5-3)时，这些相邻交叉口可组成同步式协调控制，车辆可连续通过相邻的交叉口。

$$s = \frac{vC}{3\ 600} \tag{5-3}$$

式中：C——系统周期时长(s)。

②交互式协调控制

在交互式协调系统中，连接在一个系统中相邻交叉口的信号，在同一时刻，显示相反的灯色。

车辆在相邻交叉口间的行驶时间等于信号周期时长的一半时，见式(5-4)，采用交互式协调控制，车辆可连续通过相邻的交叉口。

$$s = \frac{vC}{2 \times 3\ 600} \tag{5-4}$$

③续进式协调控制

续进式协调控制根据车速与交叉口的间距，确定合适的时差，用以协调各相邻交叉口上绿灯的开启时刻，使在上游交叉口绿灯开启后驶出的车辆，以适当的车速行驶，可在下游交叉口绿灯开启时到达。

3.定时式线控制系统的配时设计方法

(1)时间—距离图

线控制系统配时方案通常可用时间—距离图来描述，如图 5-7 所示。图中纵坐标为时间(即信号配时)，横坐标为干道上交叉口间的距离。图 5-7 中一对平行斜线所标定的时间范围，称为通过带，其宽度就是通过带宽(或绿波带宽)，简称带宽。它确定干道上交通流所能利用的通车时间。平行斜线的斜率就是车辆沿干道可连续通行的车速，称为通过带速度，简称带速。

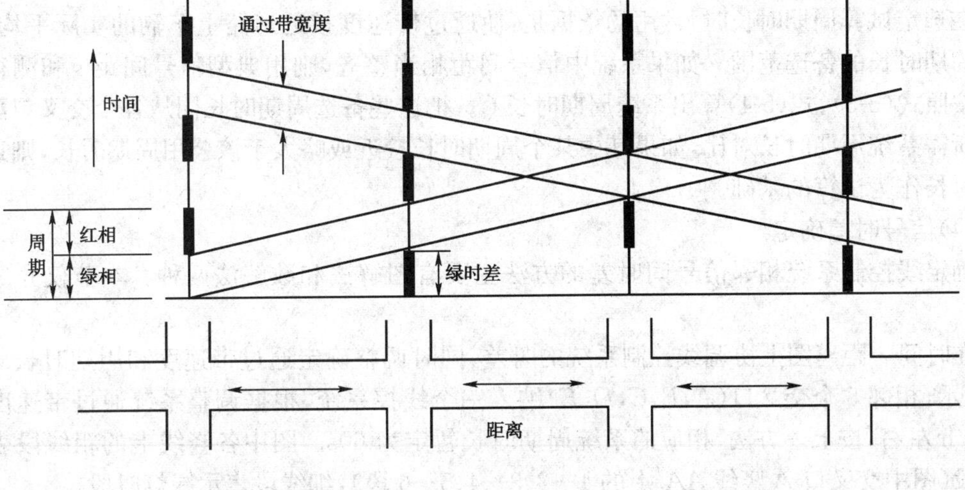

图 5-7　时间—距离图

(2)备用配时方案设计

①根据每一交叉口的平面布局及计算交通量，按单点定时控制的配时方法，确定每一交叉口所需的周期时长。

②以所需周期时长最大的交叉口为关键交叉口，以此周期时长为线控系统的备选系统周期时长。

③以各交叉口所需周期时长并根据主次道路的流量比，计算各交叉口相位的绿信比及显示绿灯时间。

显示绿灯时间 g_m 和有效绿灯时间 g_{me} 的计算见式(5-5)和式(5-6)。

$$g_m = g_{me} - I_m + l \tag{5-5}$$

$$g_{me}=(C_m-L_m)\frac{\max[y_m,y'_m]}{Y_m} \tag{5-6}$$

式中：I_m——交叉口绿灯间隔时间；

l——启动损失时间；

C_m——系统周期时长；

L_m——交叉口总损失时间；

y_m、y'_m——交叉口车道两向的流量比；

Y_m——交叉口车道最大流量比之和。

关键交叉口上主干道相位的显示绿灯时间，是各交叉口对干道方向所必须保持的最小绿灯长度；非关键交叉口上次要道路方向的显示绿灯时间，即是该交叉口对次要道路所必须保持得最小绿灯时间。

④系统周期时长大于非关键交叉口所需周期时长时，非关键交叉口改用系统周期时长，其各相绿灯时间均随着增长，非关键交叉口次要道路方向的绿灯时间保持其最小绿灯时间。

按以上方法设计的配时方案，只是备用方案，尚需配合协调系统时差的需要进行调整。

(3)周期时长的确定

交通信号协调控制系统中的系统周期时长，不仅取决于各交叉口信号配时的结果，还与时差有关，所以在协调系统时差时要经过反复试算来确定。

在选定试算周期时长时，常用的依据是：使通过带速度接近道路上车辆的实际平均车速，定出周期时长的备选范围。如果系统中信号间距相当整齐，则用典型信号间距 s 和测得的车速 v 按照式(5-3)、式(5-4)算出系统周期时长 C。把这些备选周期时长同从各个交叉口配时算得的所需系统周期时长对比，如果其中某个周期时长接近或略大于该公用周期时长，则选用此周期时长作为试算的基础。

(4)信号时差确定

确定线控制系统相邻信号间时差的方法主要有图解法和数解法两种。本节仅介绍图解法。

在时间—距离图上协调线控制系统的时差，同时调整确定通过带速度和周期时长。如图5-8所示，相邻5个交叉口(A,B,C,D,E)纳入一个线控系统，根据调整系统通过带速度宜在36km/h左右，按上述方法，相应的系统周期时长暂定为60s。图中各竖线上的粗线段表示红灯时段(图中交叉口 A 竖线 AA' 上的1—2、3—4、5—6段)，细线段表示绿灯时段。

①从 A 点引一相当于36km/h带速的斜线①，此斜线与 BB' 线的交点，同从 AA' 上1点所引水平线同 BB' 线的交点(BB' 线上的1点)很接近。BB' 线上的1点可取为交叉口 B 与交叉口 A 配成交互式协调的绿时差；在 BB' 线上相应于 AA' 线画出2—3、4—5粗线段，为交叉口的红灯时段。

②连接 A 点和 BB' 上的1点成斜线②，线②同 CC' 的交点，同从 AA' 上2点所引水平线同 CC' 的交点(CC' 上的2点)很接近，CC' 上的2点也可取为交叉口 C 与交叉口 B 组成交互式协调的绿时差，所以在 CC' 竖线上可画出1—2、3—4、5—6各粗线段为 C 交叉口的红灯时段。

③连接 A 点和 CC' 的2点成斜线③，线③在 DD' 上的交点同从 AA' 上2点所引水平线同 DD' 的交点(DD' 上的2点)很接近，所以交叉口 C 与交叉口 D 应是同步式协调，在 DD' 上画出与 CC' 相同的1—2、3—4、5—6红灯时段。

④以下用同样的方法在 EE' 线上作出红灯时段。这样就配成各交叉口由交互式与同步式

组合成的双向线控制系统。

⑤在图上作出最后的通过带，算得带速约为 57km/h，带宽 16s，为周期时长 60s 的 27%。这样的带速和实际车速相比过高，为了降低带速，有必要相应加长周期时长，为使带速控制在 40km/h 左右，延长周期时长为 85～90s。

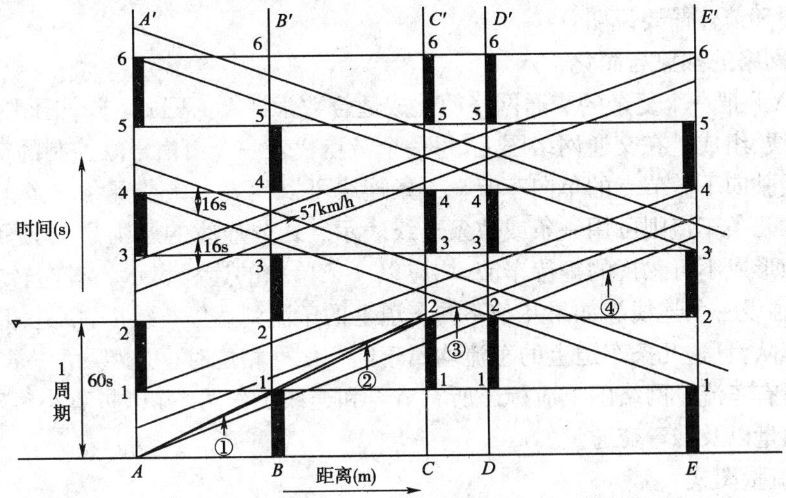

图 5-8　协调时差图解法示例

⑥调整绿信比。各交叉口的绿信比均不相同，可用以下方法调整：不移动按上述方法求得的各交叉口的红灯（或绿灯）的中心位置，只将红灯（或绿灯）的时间按实际绿信比延长或缩短即可。经这样调整后，通过带宽增加不少，但仍低于 50%周期时长。

二、区域协调控制

定时区域协调控制配时方案设计主要有两种基本方法：带宽最大化和延误及停车次数最小化。基于带宽最大化方法的配时程序有 MAXBAND、MULTIBAND、AAPEX 等，基于延误及停车次数最小化的程序有 TRANSYT 等。本节对 TRANSYT 作一简要介绍。

TRANSYT（Traffic Network Study Tool）是英国交通与道路研究所（TRRL）提出的脱机优化网络信号配时程序，它主要由交通模型及优化计算两部分组成，其基本原理如图 5-9 所示。

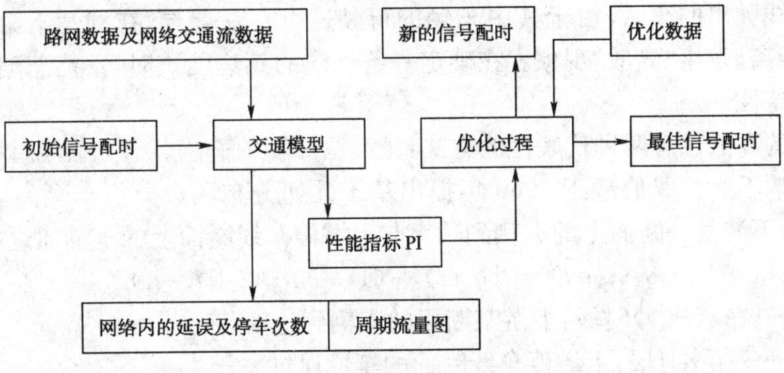

图 5-9　TRANSYT 基本原理图

1. 交通模型

建立交通模型的目的是用数学方法模拟车流在交通网上的运行状况，研究交通信号控制系统控制参数的改变对车流运行的影响，以便评价交通控制参数的优劣。交通模型应能够对不同控制方案下的车流运行参数（延误时间、停车率、燃油消耗量等）作出可靠的估算。

系统首先将路网数据、交通流数据及初始信号控制参数输入交通模型，通过仿真，得出系统的性能指PI(Preformance Index)，作为优化控制参数的目标函数。下面就 TRANSYT 系统的几个主要环节作简要说明。

(1)交通网络的抽象与简化

TRANSYT 把一个复杂的交通网络简化成适合数学计算的图式，这个图式由“节点”和节点之间的“连线”组成。在交通网络图上，每一个节点代表一个由信号灯控制的交叉口，每一条连线表示一股驶向下游节点的单向车流。一条连线可以代表一条或几条车道上的车流，而一个进口道上的几条车道则可用一条或数条连线表示。划分连线的原则是：凡是可能在交叉口停车线后单独形成不可忽视的等待车流，均应以一条单独的连线表示。有左转专用信号的左转车流，要单独设一条连线。如果几条不同车道上的车流到达停车线后，以近似相同的比例加入同一等待车队，且这几条车道上的车流均属于同一信号相位时，可以只用一条连线代表这几条车道上的所有车流。网络图上应标出所有节点和连线的编号，并以折算小客车为单位标出平均小时交通量以及转弯交通量。

(2)周期流量图式

周期流量图式是交通量在一个周期内随时间变化的柱状图。为计算方便，通常将一个信号周期等分成若干时段，每个时段约为 1～3s。在 TRANSYT 交通模型里，计算过程的基本数据为每个时段内的平均交通量、转弯交通量及该时段的排队长度。在 TRANSYT 的所有计算分析中，均以柱状流量图式为依据。

(3)车流在连线上运行状况的模拟

描述车流在一条连线上运行的全过程，TRANSYT 使用如下 3 种周期流量图式。

①驶入流量图式（简称驶入或到达图式）。描述车流在不受阻滞的情况下，到达下游停车线的到达率的变化情况。

②驶出流量图式（简称驶出图式）。描述车流离开下游交叉口时的实际流量的变化情况。

③饱和驶出图式（简称满流或出发图式）。实际上是一种以饱和流率驶离停车线的流量图式。只有当绿灯期间通过的车流处于饱和状态时才出现这种图式。

到达图式不仅与上游连线的驶出图式有关，而且很大程度上受车流“离散”的影响。从上游交叉口停车线驶出的车队，由于其中车辆的行驶速度存在差异，在到达下游交叉口停车线前，渐渐拉开距离，发生“离散”现象。在确定一条连线的到达图式时，不能忽略车流运行过程中的车队离散特性。

研究车流的离散性有两种代表性的方法：派西法和罗伯逊法。研究表明，两种方法对信号配时设计的影响不大。罗伯逊于 1969 年提出基于几何分布函数分析车辆离散程度的方法。按照罗伯逊法，下游某一断面上的车辆到达率与上游停车线断面上的车辆通过率有如下关系：

$$q_d(i+t) = Fq_o(i) + (1-F)q_d(i+t-1) \tag{5-7}$$

式中：$q_d(i+t)$——第$(i+t)$时段，下游某断面的车辆到达率；

$q_o(i)$——第 i 时段，上游停车线断面的车辆通过率；

t——两个断面之间，车辆平均行驶时间的 0.8 倍；

F——车流离散系数，表示车流在运动过程中离散程度的大小，实际上反映车流中车辆行驶速度的差异。

TRANSYT 使用式(5-7),用上游驶出图式推算下游连线停车线断面上的到达图式。离散系数 F 可用式(5-8)近似计算。

$$F=\frac{1}{1+0.35t} \tag{5-8}$$

综上所述,不难推算出第 i 个时段内被阻于停车线的车辆数 m_i。

$$m_i=\max[(m_{i-1}+q_i-s_i),(0)] \tag{5-9}$$

式中:m_i——第 i 个时段内被阻于停车线的车辆数;

q_i——第 i 个时段内到达的车辆数(由到达图式求得);

s_i——第 i 个时段内放行的车辆数(由饱和图式求得);

m_{i-1}——第 i 个时段内驶离停车线的车辆数。

由此,利用式(5-10)便可求得第 i 个时段内驶离连线的车辆数 n_i。

$$n_i=m_{i-1}+q_i-m_i \tag{5-10}$$

由 n_i 值便可求出连线的驶出图式,并由此推算下游连线的到达、满流和驶出图式。

(4)车辆延误时间的计算

TRANSYT 计算的车辆延误时间由正常相位延误、随机延误与过饱和延误 3 部分组成。一条连线上车辆总延误是所有行驶于该连线两端点之间车辆延误时间之和。对于信号控制的路网,车辆总延误可认为是停车线处车辆平均排队长度之和。车辆排队长度可由驶入、出发、驶出流量周期变化图式计算。

(5)停车次数的计算

TRANSYT 计算的停车次数,包括正常相位停车率、随机停车率、过饱和停车率 3 部分。随机停车率主要是估算由于各个信号周期之间交通量的随机波动造成的额外停车次数,过饱和停车率则是对交通过饱和状态下额外增加的停车次数进行估算。正常相位停车率可由车流的流量周期图式求出,TRANSYT 引入的随机与过饱和停车次数计算方法,请参见文献[35]。

2. 优化方法

TRANSYT 协调路网各交叉口信号,采用“爬山法”同时对各交叉口的相位差和绿灯长度进行优化调整,以路网性能指标 PI 最小为准则,选择一个最佳配时方案。

(1)性能指标 PI

TRANSYT 以性能指标 PI 作为优化的标准,其形式如下:

$$\mathrm{PI}=\sum_{i=1}^{N}\left(W\cdot w_i d_i+\frac{K}{100}k_i s_i\right) \tag{5-11}$$

式中:W——每辆车延误 1h 相当的经济损失值;

w_i——第 i 条连线上车辆延误时间的加权系数;

d_i——第 i 条连线上车辆的总延误时间;

K——每 100 次停车所相当的经济损失值;

k_i——第 i 条连线上车辆停车次数的加权系数;

s_i——第 i 条连线上全部车辆完全停车次数总和;

N——连线的总数目。

(2)相位差(绿灯起步时距)优化

相位差是影响各交叉口之间协调关系的主要参数。在初始配时方案相位差的基础上,以适当的步距调整控制对象区域内某一个交叉口相位差,计算性能指标 PI。若求出的 PI 值小于初始方案的 PI 值，说明这种调整方向是正确的，还应当以同样的步距沿同一方向(指正负而言)对该交叉口的相位差作连续调整，直至获得最小的 PI 值为止。反之，假如第一次调整后的 PI 值比初始方案所对应的 PI 值大，则应朝相反方向调整相位差，直至取得最小 PI 值为止。调整过程如图 5-10 所示。

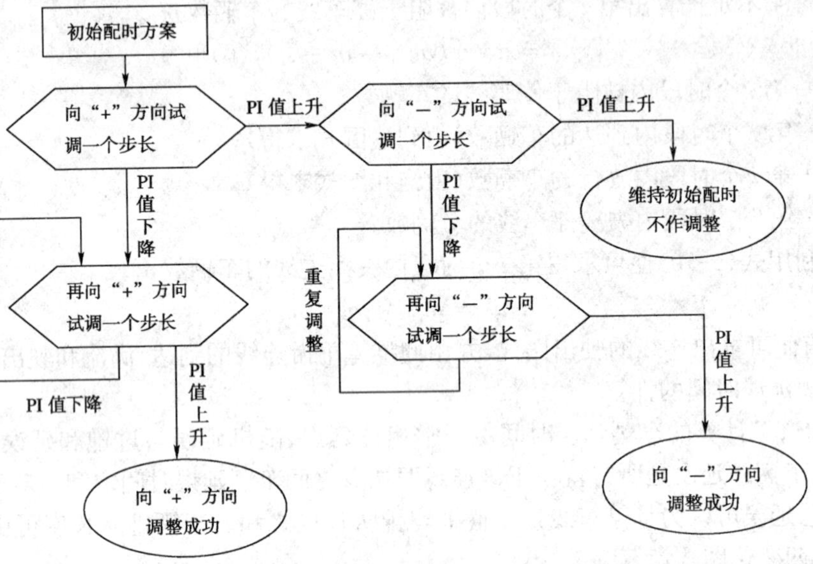

图 5-10　调整流程图

按上述步骤，完成一个交叉口的相位差调整之后，依次对所有其他交叉口作同样的调整。对所有交叉口的相位差依次调整一遍之后，还要再从第一个交叉口开始依次对所有交叉口作第二遍调整。如此反复，直至 PI 值最小为止。

(3)绿灯时间的优化

TRANSYT 同样可以对各信号相位的绿灯时间进行优化调整。方法是不等量地更改一个或几个乃至全部信号相位的绿灯时间，以期降低性能指标 PI 值。在调整过程中，不允许绿灯时间小于规定的最短绿灯时间。调整过程与图 5-10 类似。

(4)等饱和度初始配时方案

初始配时方案可以由使用者拟定，也可由 TRANSYT 提供。TRANSYT 可以为交叉口的各信号阶段自动选择一个初始绿灯长度，使各个关键冲突车流方向具有相等的饱和度。按这一原则建立的初始配时方案，称为“等饱和度”配时方案。

(5)控制子区的划分

一个范围较大的交通网络，在实行信号联网协调控制时，往往要分成若干个相对独立的部分，每一个部分可以有自己独特的控制策略，各自执行适合本区交通特点的控制方案，这样的独立控制部分称为控制子区。

在一个实际网络中，一方面各个部分交通状况存在较明显的差别，不宜执行同一种信号配时方案；另一方面，确实存在一些不必实行协调控制的连线。在实际工作中，往往以这些不宜协调的连线作为划分控制子区边界的参考依据，即子区边界点基本上均在这些连线上。

(6)信号周期的优化

信号周期的选择还没有令人满意的方法。TRANSYT 没有直接把信号周期的选择包含在优化程序中，但可以帮助使用者对各种不同的周期方案进行比较，TRANSYT 可输出每一交叉口在不同信号周期长度下，饱和度及该交叉口各连线车辆性能指标总和的变化情况。TRANSYT 可以为路网选择一个较为合适的共同信号周期长度，同时还可以确定哪些交叉口应当采用双周期，其原则是性能指标最小。上述功能的前提是将各交叉口作为独立控制。

第五节　响应式协调控制

定时配时系统的优点是不需大量设备，投资低、容易实施，对于交通增长已趋稳定的地区，可选用这种系统；其主要缺点是配时方案的形成是基于历史数据而不是实时数据，因此定时配时系统难以适应交通状况的实时变化及长期变化，更不能适应由于交通事故等意外事件造成的交通拥堵。为了解决上述问题，出现了响应式协调控制系统。本节对广泛应用的两种响应式协调控制系统 SCATS 和 SCOOT 进行简要介绍。

一、SCATS 系统

SCATS(Sydney Coordinated Adaptive Traffic System)由澳大利亚新南威尔士道路和交通局(RTA)于 20 世纪 70 年代末研制成功，是一种实时配时方案选择式自适应交通控制系统。

1. SCATS 系统的组成

完整的 SCATS 系统是一种三级结构，如图 5-11 所示。最下级为交通信号控制器，可以对单个交叉口实行车辆感应控制，实现“战术控制”；中间级为区域控制中心，对交通控制器实行控制，实现“战略控制”；最上级为中央监控中心，对整个控制系统运行状况及系统各项设备工作状态作集中监视，还有专门用于系统数据库管理的计算机对所有各区域控制中心的各项数据以及每一台信号控制器的运行参数作动态存储。

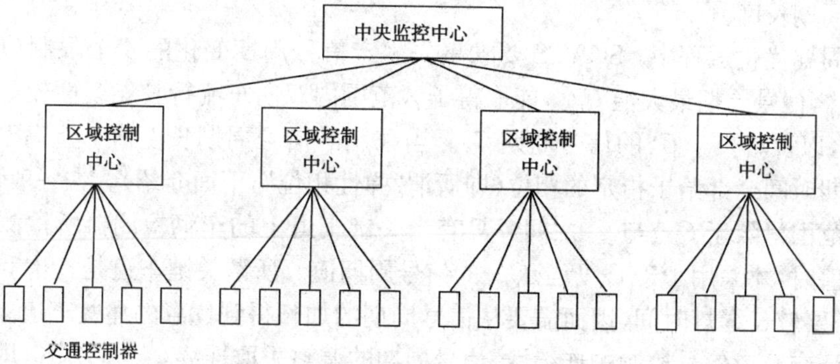

图 5-11　SCATS 系统的结构

通常将 1～10 个信号控制器组合为一个“子系统”，若干子系统组合为一个相对独立的系统。系统内的子系统之间存在一定的协调关系，而系统之间基本上互不相关。随着交通状况的实时变化，子系统既可以合并，也可以重新分开。周期、绿信比、相位差三项基本配时参数的选择都以子系统为计算单位。

SCATS 在对若干子系统协调控制(战略控制)的同时，也允许每个交叉口“各自为政”地实行车辆感应控制(战术控制)；战略控制与战术控制的有机结合，大大提高了系统本身的控制效率。系统把信号周期、绿信比及相位差作为独立的参数分别进行优选，优选过程不采用延误时间和停车次数作为直接的优选目标函数，而是以饱和度和综合流量作为主要依据。

(1)饱和度

与一般的饱和度概念不同，SCATS系统使用的“饱和度”是指被车流有效利用的绿灯时间和总的绿灯时间之比，有的文献中称为“类饱和度”，饱和度DS可用式(5-12)表示。

$$DS = \frac{t_e}{t} \tag{5-12}$$

$$t = t_e + t_0 - n\tau \tag{5-13}$$

上两式中：t_e——车辆有效利用的绿灯时间；

t——可供车辆通行的全部绿灯时间；

t_0——停车线上无车通过的绿灯时间；

τ——车辆正常通过时，两车之间必不可少的空当时间；

n——空当个数。

(2)综合流量

为了避免采用与车辆种类(车身长度)直接相关的参量表示车流流量，SCATS系统引入一个虚拟的参量反映通过停车线的混合车流大小，即综合流量q'。

$$q' = \frac{DS \cdot t \cdot q_s}{3\ 600} \tag{5-14}$$

式中：q_s——绿灯时间内的最大流率。

2. SCATS系统的参数优化

(1)信号周期优化

对信号周期的选择是以子系统(子区)为基础的，子系统中的各交叉口具有公共周期。在一个子区内，根据其中信号周期饱和度最大的交叉口来确定整个子区应当采用的信号周期长度，即在上一周期内，从各交叉口的信号周期饱和度值中找出最大值，据此确定下一周期应当采用的信号周期长度。

在信号周期优化过程中，SCATS要求事先规定信号周期变化的4个限制值，即：信号周期最小值C_{min}，信号周期最大值C_{max}，能取得子区范围内双向车流行驶连续性较好的中等信号周期长度C_s，以及略长于C_s的信号周期C_x。当采用的信号周期长度值一旦高于C_x，多出来的那部分周期时间全部给予指定的相位(即所谓“弹性相位”，下面介绍)。在一般情况下，信号周期的选择范围只限于C_{max}与C_s之间。只有当关键车道上的车辆检测器所检测到的车流量低于预定阈值时，才采用小于C_s乃至C_{min}的信号周期值。所谓关键车道是指饱和度明显高于其他车道，需要较长绿灯时间，因而需要从信号周期的加长得到优惠的那些车道。

为了保证交叉口信号控制的连续性，信号周期的调整采取连续小步距方式，即一个新的信号周期与上一周期相比，其长度变化限制在±6s之内。信号周期C的调整量ΔC由下式决定：

$$\Delta C = 60[DS - f(C)] \tag{5-15}$$

新的周期长度C'即可按下式求出：

$$C' = C + \Delta C \tag{5-16}$$

当现行信号周期长度为“最佳”值时，即DS值恰好适中，无须调整，那么函数$f(C)$的值与x值相等，在这种情况下，$\Delta C = 0$。如果现行信号周期长度不够，须在以后的周期中予以增加，可取$f(C) = 0.5$；反之，现行信号周期过长，则取$f(C) = 0.9$；中等信号周期长度的$f(C)$值介于0.5和0.9之间，呈线性关系。

(2)绿信比方案选择

事先为子系统中每一个交叉口都准备了4个绿信比方案供实时选择使用，这4个方案分别针对交叉口在可能出现的4种负荷情况下，各相位绿灯时间占信号周期长度的比例值。在每个交叉口的所有相位中，要指定一个相位为“弹性相位”，其绿灯时间以占信号周期长度的百分数表示，其余各相位的绿灯时间则直接以秒数表示。在每一绿信比方案中，不仅规定各相位绿灯时间，同时还规定相位次序。在不同的绿信比方案中，相序也可能是不相同的，即SCATS系统中交叉口的相序是可变的。

在SCATS系统的绿信比方案中，还为单个交叉口车辆感应控制方式提供多种选择的灵活性。受车流到达率波动的影响，某些相位按既定绿信比方案应该享有的绿灯时间可能有余量，而另外一些相位分配的绿灯时间又可能不足。因此，在不加长和缩减信号周期长度的情况下，有可能也有必要对各相位绿灯时间随实时交通负荷变化作合理的余缺调剂，这就要求在绿信比方案中对可能采用的调剂方式作出具体规定。在某些交叉口，可能有些相位的绿灯时间不宜接受车辆感应控制的要求而缩短，也要在方案中注意这些相位的绿灯时间只能加长不能缩短。

绿信比方案的选择，在每一信号周期内都要进行一次，其大致过程如下，在每一信号周期内，都要对4种绿信比方案进行对比。若在连续3个周期内某一次方案两次“中选”，则该方案即被选择作为下一周期的执行方案。在一个进口车道上，仅仅把饱和度DS值最高的车道作为绿信比选择的考虑对象。绿信比方案选择分以下两步进行：

①根据当前信号阶段每一支车流的实测类饱和度值DS及相应相位的绿灯时间，推算出其他3种待比较的绿信比方案若付诸实施时的饱和度值DS。

②从上面计算出及实测的各进口车道的饱和度DS中，对应于每一种绿信比方案，各自找出一个最大的饱和值(即关键相位的饱和度值)，然后，将4种绿信比方案所对应的最大饱和度值进行比较，饱和度值最低的那种绿信比方案“中选”。

(3)相位差方案选择

在SCATS系统中，相位差方案分为“内部”和“外部”两类：“内部”方案用于子区内部各交叉口之间的信号协调；“外部”方案用于两个相邻的子区合并时，协调连接两个子区路径上的车流。两类相位差方案各有5种，都要事先确定。

在系统运行过程中，每个信号周期都要对相位差进行实时选择。5个“内部”方案中的第一方案，仅用于信号周期长度恰好等于C_{min}的情况；第二方案，仅用于信号周期满足$C_s < C < (C_s + 10)$的情况；余下的3个方案，则根据实时检测的综合流量值进行选择，连续5个周期内，有4次“当选”的相位差方案，即被选中为付诸实施的新方案。对于每一条有关的进口车道，都要分别计算出相位差方案付诸实施时该进口道能够放行的车流量及饱和度，然后将总的结果加以对比。实质上，系统是对比上述3种方案所能提供给每一条进口道的通过带宽度，所能提供的通过带宽度愈大，该方案的优越性愈明显。经过综合比较后，优越性最大的相位差方案“当选”。

对于协调子区之间关系的“外部”相位差方案，也采用与“内部”方案相同的方法和步骤来进行选择。

3. 子区的合并

SCATS用“合并指数”作为判断相邻子系统是否需要合并的标准。在每一信号周期，都要进行一次合并指数的计算，相邻两子区各自所要求的信号周期长度相差不超过9s，则合并指数累积值为(+1)，反之为(−1)。若合并指数的累积值达到“4”，则认为这两个子区达到合并的标准。合并后的子区，在必要时还可以自动重新分开为原先的两个子区，只要合并指数累积值下降至“0”。

子区合并之后，新的子区所采用的信号周期长度，将采用原先两个子区所执行的信号周期长度中较长的一个，而且原先两个子区中的某一个随即加快或放慢其信号周期的增长速度，直到这两个子区的“外部”相位差方案得到实现为止。

4. 局部车辆感应控制

SCATS 系统在实行对若干子区的整体协调控制（称为战略控制）的同时，也允许每个交叉口独立实施车辆感应控制（称为战术控制）。战略控制与战术控制的有机结合，大大提高了系统的控制效率。SCATS 系统正是利用了设置在停车线附近的车辆检测装置，才能提供这样一种有效的灵活性。

除非在绿信比选择方案中有规定的一些情况外，每一个交叉口的所有信号阶段都可以执行车辆感应控制。

5. SCATS 系统的特点

（1）周期、绿信比和相位差的优化是在预先确定的多个方案中，根据饱和度和综合流量值选择；

（2）SCATS 系统可以根据交通需求改变相序或跳过下一个相位（如果该相位没有交通需求的话），因而能及时响应每一个周期的交通需求；

（3）每个周期都可以改变周期长度；

（4）具有局部车辆感应控制功能；

（5）可以自动划分控制子区；

（6）不需要建立交通模型，其控制不是基于模型的，本质上是一种实时方案选择系统，因而限制了配时方案的优化程度；

（7）检测器安装在停车线处，难以监测车队的行进，故相位差的优选可靠性较差。

二、SCOOT 系统

SCOOT（Split-Cycle-Offset Optimization Technique）即“绿信比—信号周期—相位差优化技术”，是一种对交通网络实行实时协调控制的自适应系统。由英国交通与道路研究所（TRRL）于 1973 年开始研究开发，1979 年正式投入使用。SCOOT 是在 TRANSYT 的基础上发展起来的，其模型及优化原理均与 TRANSYT 相仿。不同的是 SCOOT 是方案形成式的控制系统。

SCOOT 系统主要包括交通数据采集、交通模型、配时参数优化、信号控制方案执行、系统监测 5 个子系统，各子系统间相互关系如图 5-12 所示。SCOOT 系统通过安装于各交叉口每条进口道上游的车辆检测器采集的交通数据，形成周期流量图式，基于交通预测模型，预测交叉口停车线断面上车流图式、车辆排队情况及交通拥挤程度，并进一步计算出对应于各种配时参数组合的路网运行性能指标 PI 值，采用小步长渐进寻优方法，连续、实时地调整绿信比、相位差和周期时长这 3 个参数，使之与变化的交通流相适应，联机形成控制方案。对交通网上可能出现的交通拥挤和阻塞情况，SCOOT 有专门的监视和应对措施。它不仅可以随时监视系统各组成部分的工作状态，对故障发出自动报警，而且可以向操作人员提供每一个交叉口正在执行的信号配时方案的细节情况，每一周期的车辆排队情况以及车流到达图式等信息。

1. 交通数据采集

（1）检测器布设位置

已投入运行的 SCOOT 系统主要使用环形线圈检测器实时检测交通数据。SCOOT 通过实时检测，达到能实时预测停车线上到达图式、计算PI的目的，所以检测器的合适位置是设在离停车线相当距离的地点，一般设在上游交叉口的出口，离下游停车线尽量远。选择设置检测器地点时，要考虑下列因素：

①当两交叉口间有支线或中间出入口，且其交通量大于干线流量的10%时，尽可能把传感器设在该支线或中间出入口的下游；否则，需要在支线或出入口设置补充检测器。

②传感器应设在公交车停靠站下游，避免其他车辆因绕道而漏测。

③传感器应设在人行横道下游。考虑到车辆通过检测器的车速要求基本上等于该路段上的平均车速，传感器离人行横道至少应为30m。

④传感器设在离下游停车线距离至少相当于行车时间8～12s的路程或一个周期内车辆最大排队长度以上。

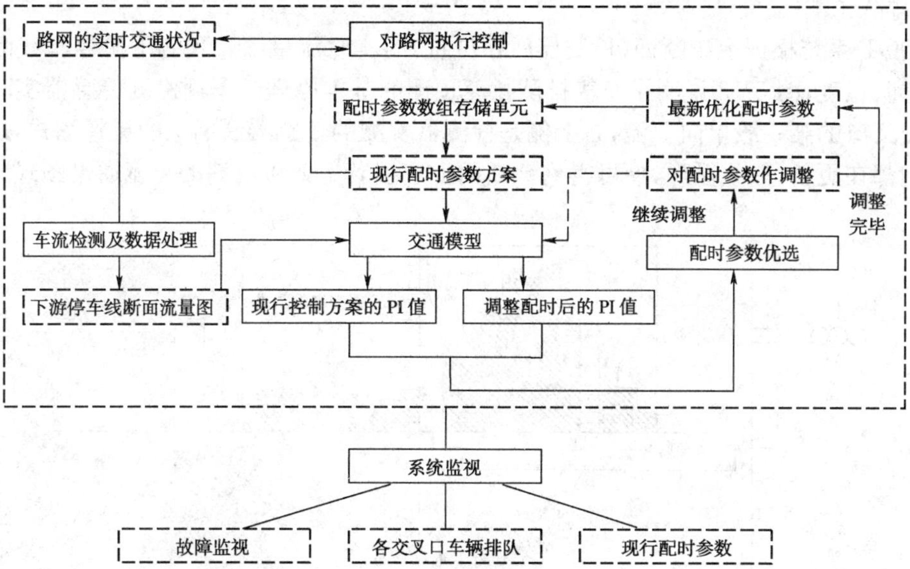

图5-12　SCOOT的5个子系统之间的相互关系

这样设置传感器的好处有以下几点：

①可实时检测当前周期流量，实时预测到达停车线的周期流量图；

②可实时检测当前周期排队长度，避免因车辆队尾越过上游交叉口而加剧交通堵塞；

③可实时检测车辆拥挤程度。

这样设置传感器的缺点是不如设在靠近停车线处能实时检测饱和流量和执行感应控制的功能。

(2)交通数据的采集

SCOOT系统中检测器采集的交通数据有以下几种：

①交通流量。交通流量随时间变化的情况由“实时流量图式”反映。

②占有时间及占有率。为了准确采集到检测器有车通过与无车通过的时间，采集周期要足够短。SCOOT检测器每0.25s自动采集一次各检测器的感应信号，并作分析处理。

③拥挤程度。用受阻车队对检测器的占有率来衡量，即检测器上有车辆通过(或停留)时间占信号周期的比率。SCOOT把拥挤程度按占有率大小分为8级，用拥挤系数表示，对应数值为0～7。

(3)周期流量图式

在一个信号周期内，将检测器检测的交通数据（流量与占有率）存储起来，可形成一条连线的周期流量图式。这种实时流量随时间变化的周期流量图式是 SCOOT 系统运行的基础，是交通模型所必需的基本输入数据。

SCOOT 的周期流量图式形式上与 TRANSYT 相同，但它们之间存在以下重要差别：

①TRANSYT 的流量图式是根据历史数据计算的上游连线平均交通量推算出来的，SCOOT 的流量图式是根据检测器实时测量的数据建立的。

②TRANSYT 对混合车流的折算，是按照事先确定的车种混合比例，将各种车型的流量折算为标准小客车单位（PCU），SCOOT 的实测流量图式以车流流量和检测器被占据时间的混合量为计量单位，称为连线车流图式单位（LPU），LPU 数的推算方法参见文献[35]。

2. 交通预测模型

(1)排队预测

SCOOT 系统根据上游断面（检测器所在位置）的实时流量图式预测下游停车线断面的车辆受阻排队长度，图 5-13 说明了车辆排队长度预测的基本原理。车辆检测传感器实时检测来自上游交叉口的某一股单向车流，右上侧是检测器实测的传感器断面上的流量图式，这个图式每个周期都在更新，如此循环，便可得到该断面上连续若干信号周期的车流通过图式。

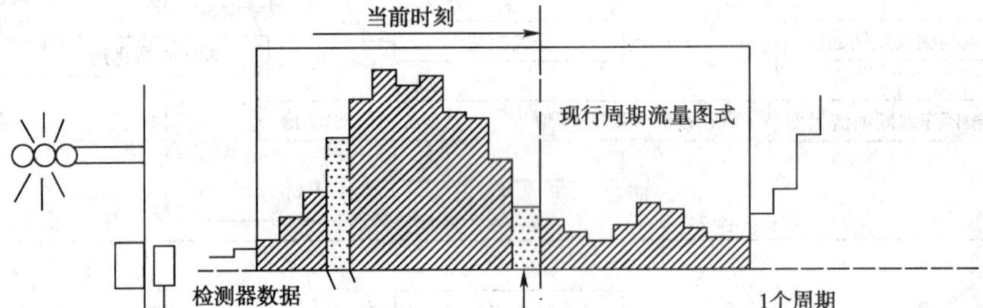

图 5-13　车辆排队长度预测

在对下游停车线断面排队长度进行预测时，需要用到“平均巡行时间”，即车辆从上游检测点到下游停车线的平均行驶时间。右下侧是停车线断面上预测的排队图。SCOOT 系统的中央计算机控制着交叉口的信号灯，它随时掌握信号灯的当前状态是红灯还是绿灯，把在红灯期间到达的车辆加入排队行列。受红灯阻滞所形成的排队队列，在下一个绿灯期开始后的一段时间还会持续增长，直到积聚的车辆放完为止。此后的绿灯期内，车辆以确定的“饱和流率”（事先储存于计算机数据库中）驶出停车线，直到排队车辆全部消散；若绿灯期仍未结束，后续到达的车辆将不受阻滞地通过停车线。

多种因素会影响排队长度预测的准确性。如某些车辆通过上游检测断面后，中途转弯驶入其他支路，并未到达下游停车线；饱和流量的变动、离散系数、平均巡行时间估算的准确性等都会影响排队长度预测的准确性，因此，对预测的排队长度必须实地检验和修正。

(2)拥挤预测

为避免车辆排队过长，以致延伸到上游交叉口，在拟定配时方案时必须控制受阻车辆排队长度。SCOOT系统通过车辆检测器监测可能影响上游交叉口的受阻车队的出现。只要检测一个周期时间内，检测器上有车辆通过(或停留)时间占信号周期的比率，就可确定拥挤程度。当检测器上一直有车时，就意味着受阻车队已延伸到上游检测断面，将出现上游交叉口堵塞的局面。

SCOOT系统用拥挤系数表示进口路段实时拥挤程度，拥挤系数与车辆占有率之间的对应关系应根据各交叉口的具体情况分别确定。

3. 配时参数优化

SCOOT系统不断地对绿信比、相位差和信号周期长度等配时参数作微小调整，以适应路网交通状况的实时变化，SCOOT系统正是依靠这种频繁微小调整的连续积累以适应较长时间段内交通的变化趋势。

(1)性能指标

与TRANSYT相似，SCOOT系统也采用多元目标函数作为信号配时方案实时优选的性能指标，性能指标PI可用以下目标函数表示。

$$PI=\sum_{i=1}^{N}(K_i d_i U+L_i s_i V+M_i c_i+\cdots) \tag{5-17}$$

式中：d_i、K_i——第i条连线上的车辆平均延误时间及加权系数；

U——单位延误时间的经济损失当量；

s_i、L_i——第i条连线上的车辆平均停车次数及加权系数；

V——一次停车的经济损失当量；

c_i、M_i——第i条连线上的交通拥挤系数及加权系数；

N——连线的总数目。

目标函数中所包含的元的个数取决于控制决策的需要。在交通高峰时间，通常以减少车辆排队长度(车辆延误时间)为主要控制目标，目标函数可以是只包含延误时间d_i的一元函数。为防止交通堵塞，控制车辆排队长度，可将拥挤系数c_i纳入目标函数。

除上述几项控制目标外，停车线断面的饱和度也是一项重要参数。饱和度的大小主要取决于信号周期长度及有效绿灯时间占信号周期长度的比率。饱和度达到100%时，势必发生严重的交通堵塞，通常将饱和度控制在90%以下。SCOOT把饱和度作为优选周期时长和绿信比的依据。

(2)绿灯时长优化

绿灯时长优化即绿信比优化。在绿灯开始后，计算机根据上游检测到的车流到达图式，预测“现时”车辆排队长度，并推算未来车流到达停车线断面情况，根据运行性能指标决定绿灯时长是否需要调整以及采用哪种调整方案。调整方案有两种：即在原绿灯时长的基础上增加4s或减少4s，这种调整称为临时性调整。可迅速适应交通状况的实时变化。为了跟踪交通变化的趋势，根据上述绿灯时长调整的方向（增加或减少），在调整后的下一周期，保持1s的趋势调整量（增加或减少），称为永久性调整，以利于跟踪交通变化的趋势。

SCOOT对每个交叉口绿灯时长的优化是独立进行的，与其他两项配时参数相比，绿信比的调整更频繁。

(3)相位差优化

每一信号周期都要对控制区域内的所有交叉口的相位差进行优化，即确定是否需要将交叉口各信号阶段的开始时间提前或推迟一段时间，每次调整量为几秒钟。每一交叉口都有一个预先指定的时间点作为优化和调整相位差的时间，每到这一时间，SCOOT系统便根据实时流量周期图式所提供的数据，依据性能指标PI，对几种调整方案与现行方案进行比较，PI最小的方案被认为是最佳方案。

SCOOT系统在运行过程中始终寻求使每一交叉口PI值最小的配时方案。英国运输与道路研究所(TRRL)的研究表明，只要围绕每一交叉口的小区域能够取得一个接近整体最小值的PI值，那么整个路网的PI值也接近其整体最小值。

相位差优化时，必须考虑短距离交叉口间的车辆排队情况，避免下游交叉口过长的排队堵塞上游交叉口，SCOOT首先考虑这些交叉口间车辆行驶的连续性，必要时，可牺牲长距交叉口上信号间的协调，以避免短距离交叉口间出现车辆排队堵塞上游交叉口的现象。

(4)信号周期优化

按照交通特性的相似性，SCOOT系统将一个大的交通网络划分为若干子区域，SCOOT系统运行以划定的子区为依据。与SCATS系统不同，SCOOT的子区是事先确定的，运行中子区不能合并，也不能分拆。同一子区内的交叉口采用相同的信号周期长度，除非SCOOT系统确定某些交叉口采用双周期更有效。双周期特别适合交通负荷小的交叉口。

SCOOT对子区信号周期长度进行调整，每次调整量为几秒钟，两次调整的间隔不短于2.5min。对各子区的信号优化是独立进行的，并事先规定一个信号周期的上、下限值。下限值主要出于行车安全上的考虑，照顾到行人安全过街所必要的最少时间，以及车辆一次放行的最短绿灯时间；上限值主要考虑满足最大通过量要求，减少车辆受阻延误。

信号周期长度的优化原则，是保证在一个子区内负荷最高的关键交叉口，其饱和度达到最高上限值0.9。系统不断对每个交叉口作饱和度计算，假若所有交叉口的饱和度都低于0.9，则系统将逐渐缩短该子区的信号周期长度，使饱和度上升；反之，若一个子区内某一交叉口的饱和度超过0.9，系统将逐步增加该子区的公用信号周期长度，使饱和度下降。

当负荷最高的关键交叉口饱和度维持在0.9左右时，该子区范围其余负荷较低交叉口的饱和度必然低于0.9。为解决这一问题。SCOOT根据交叉口的实际饱和度，安排部分交叉口为双周期制（采用公共周期长度的一半作为周期长度），必要时也可以由双周期转换为单周期。为了减小单周期与双周期转换产生的信号配时不连续对车流造成的干扰，系统限制过于频繁的转换。

4. SCOOT系统的特点

(1)配时参数优化采用连续微量调整的方式，不会出现过大的起伏，可避免因配时方案变化引起车流的不稳定。

(2)无须预测未来若干分钟内交通状况的变化。

(3)配时参数每次调整量不大，但调整频繁，所以系统总能适应交通变化的趋势。

(4)配时算法对检测器数据错误的敏感性低。配时参数是经过多次微量调整累积形成的，个别检测器的数据错误并不影响优化过程的总趋势。

第六章　车辆定位与导航系统

第一节　概　　述

一、车辆定位导航系统的发展概况

最早的车辆定位与导航系统可以追溯到几千年前中国古代的指南车和计里鼓车，指南车的发明大约在公元前2600年。从19世纪开始，诸如里程计、差分里程计和磁罗盘这些基本的定位和导航技术被逐渐应用到了车辆上。1895年，美国出版了一张用于汽车驾驶的交通图。19世纪初，公路上建立了路标并为道路编号。1910年，第一台机械路径引导装置问世。在随后的10年里，许多获专利的机械车辆路径引导装置相继出现，并得到很好的应用效果。20世纪60年代末期，美国公路局提出了一种电子路径引导系统ERGS(Electronic Route Guidance System)，这是一种用于控制和疏导交通的无线路径引导导航系统。它利用短距离指向标(Beacons)网络作为双向通信媒介，驾驶员可以通过带有指轮(Thumbwheel)开关的控制台输入目的地码。当车辆接近主要交叉路口时，目的地码从车载无线收发机通过埋在路面下的环形天线传到指向标上。这些天线通常设置在离交叉路口较近的路面下，通过同轴电缆连接到路边与中央计算机连接的控制器上，这样可以得到有关的实时交通数据和信息。在接收到目的地码后，控制器将它解码并结合其得到的交通数据来规划最佳路径，并在车体离开环形天线附近区域前，由控制器规划出路径引导指令经由指向标发送到车上。然后，这些指令显示在车载显示器上。此项目首先提出了中央动态路径引导的概念，ERGS的试验系统获得了极大的成功，但最终还是由于资金有限而没有能够完全实施。20世纪70年代，类似的系统分别在日本和德国进行了试验。同时，美国也开发了一种自主导航系统，该系统利用推算定位(Dead-Reckoned)模块，借助于地图匹配(Map Matching)算法进行车辆定位。一旦确定车辆沿着路径行驶的位置，该系统的第二版本能够把路径引导指令显示在车内的等离子显示器(PDP)上。美国于20世纪80年代中期将一种称为Navigator的汽车自主导航系统投入市场。该系统使用了数字地图数据库、推算定位和地图匹配技术将车辆的当前位置和目的位置以图标形式显示在数字地图上。进入20世纪90年代，随着计算机和通信技术的飞速发展，车辆定位与导航系统开始进入真正的实用阶段，特别是美国全球卫星定位系统(GPS)的建立，为全球范围内的用户提供了一种廉价、实用的定位手段，使车辆定位与导航系统的发展进入了高潮。第一种装有GPS接收机的自主式导航系统Guidestar于1994年投入市场。同时，定位与导航系统的概念和相关的研究范围也开始扩展，从单一的车辆定位和导航发展到能够进行道路和车辆双向信息交换的智能车辆/道路系统，进而演变成集交通基础设施智能化、交通工具智能化、交通管理智能化概念为一体的智能交通系统。

作为当今车辆定位与导航系统和智能交通系统发展最为成功的国家之一，日本于1971年制定了综合车辆交通控制系统(Comprehensive Automobile Traffic Control System,

CATCS),该计划与美国的ERGS很相似。到20世纪80年代,日本推出了一种采用彩色显示器并由CD-ROM来存储数字地图新技术的自主导航系统。从那以后,各式各样的车载导航系统产品不断被推向市场。到20世纪90年代中期,已经有超过120万台的导航系统卖给了用户。

欧洲在20世纪80年代相继推出了名为CARIN和EVA的自主车辆导航系统。CARIN是第一种使用CD-ROM存储数字地图的导航系统,它使用了推算定位和地图匹配技术,并显示彩色地图。EVA除了推算定位、地图匹配和依次转向路径引导,还可以用图形化指令和合成语音为驾驶员提供路径转向引导。

二、车辆定位导航系统的组成

车辆定位导航系统是由车辆定位技术、计算机技术、地理信息系统、数据库技术、无线通信技术等高新技术融合在一起的综合系统。它一般由定位模块、数字地图模块等7个模块组成(图6-1),它基本上将车辆与道路融合到了一起,而这正体现了ITS的核心概念和思想。每个模块的功能说明如下。

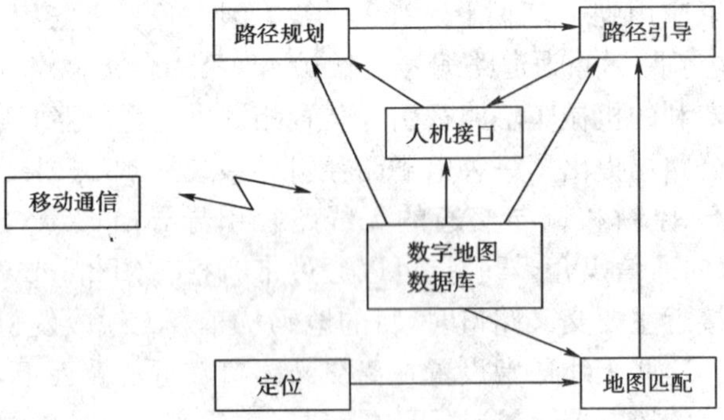

图6-1 车辆定位导航系统原理框图

(1)定位模块:根据某种定位传感器(或融合不同定位传感器的输出)确定车辆的位置,为车辆提供实时连续的位置信息。典型的定位技术有航向推算、全球定位系统GPS等。

(2)数字地图模块:它包含了预先定义好存储格式的数字地图信息,这样便于计算机处理与地图有关的信息。不同地图数据库所用的相对参考坐标系不同,应制定统一的标准以引导研制和应用。

(3)地图匹配模块:将从定位模块获取的位置或轨迹与数字地图模块所提供的基于地图的位置(路径)进行匹配来确定车辆在地图上的位置。如果地图数据库非常精确的话,地图匹配能很好地改进定位模块的精度。

(4)路径规划模块:帮助驾驶员在行驶前或者运行中来规划路线的过程。一般得到的路径是基于最小旅行代价的路线,旅行代价可以是时间、距离或者选择路线的复杂度等。

(5)路径引导模块:在路径规划之后可以有一个路径引导过程来指挥驾驶员沿着先前计算出的路线行驶。根据数字地图模块所提供的地图,还可以再加上从无线通信网络收到的实时交通信息来对用户进行导航。

(6)人机交互模块:该模块允许用户与定位导航计算机及其装置进行人机交互。地图显示、路径规划、路径引导等产生的各种要求通过这个模块送到计算机中,然后再通过它反馈给用户。

(7)移动通信模块:在这个模块中,通过无线通信网络,车辆、驾驶员和交通管理系统能接收到实时的交通信息,保证整个公路车辆系统能更加安全和有效地工作。

本章以下部分将介绍车辆定位与导航系统中的GPS定位、导航数字地图、地图匹配、路径规划与引导、移动通信等关键技术。

第二节　GPS定位系统

一、概述

全球定位系统(GPS,Global Positioning System)是一种卫星导航系统。卫星导航系统通过接收导航卫星发送的导航定位信号并以导航卫星作为动态已知点,实时地测定运动载体的在航位置和速度,进而完成导航。

1973年12月,美国国防部批准陆海空三军联合研制一种新的军用卫星导航系统——NAVSTAR (Navigation Satellite Timing and Ranging),也称为全球定位系统GPS。它是美国国防部的第二代卫星导航系统。GPS的研制分为三个阶段,第一阶段(1973～1978年)是方案论证和初步设计阶段,发射了4颗试验卫星,建立了地面跟踪网,研制了地面接收机;第二阶段(1979～1984年)是工程研制和系统试验阶段,发射了7颗BlockI试验卫星,研制了导航型和测地型GPS接收机,测试结果表明系统达到预定设计目标;第三阶段(1985～1993年)为实用组网阶段,发射了BlockII和BlockIIA工作卫星。截至1993年,由分布在6个轨道平面内的24颗GPS卫星组成的GPS星建成,GPS系统达到初始运行能力。GPS的问世标志着导航技术发展到了一个辉煌的时代。

与目前其他导航系统相比,GPS具有以下特点:

(1)全球地面连续覆盖。由于GPS卫星的数目较多,且分布合理,所以地球上任何地点均可同时观测到至少4颗卫星,从而保障了全球全天候连续地三维定位。

(2)功能多,精度高。GPS可为各类用户连续地提供动态目标的三维位置、速度和时间信息。利用C/A码单点定位精度可达14m,测速精度可以达到0.3m/s,测时精度可达到500ns。利用P码单点定位精度可达3m,测速精度可以达到0.1m/s,测时精度可以达到100ns。

(3)实时定位。利用GPS导航,可以实时地确定运动目标的三维位置和速度,由此既可保障运动载体沿预定航线运行,也可实时地监视和修正航行路线,并可选择最佳路线。

GPS提供两种服务:精密定位服务(PPS)和标准定位服务(SPS)。精密定位服务为美国核准的军方用户和特许的政府部门用户使用,标准定位服务为民间用户使用。

精密定位服务PPS精度高,使用受到控制,通过选择可用性(SA,Selective Availability)和反欺(AS,Antispoofing)两种加密特性实现。实施SA是为了让SPS用户不能充分得到系统的精度。SA使卫星时钟发生“颤动”,从而降低C/A码测距精度,同时,SA还人为干扰卫星星历数据,降低GPS卫星广播的轨道参数精度。PPS用户通过密钥消除SA的影响。

AS是一种防止欺骗干扰的机制,它通过引入机密码W码,并将P码和W码进行模2相加,将P码转换成Y码。由于W码是严格保密的,所以非特许用户无法利用P码做精密定位,也无法发射干扰频率来实现电子欺骗。

标准定位服务SPS全世界所有用户均可使用。SA是SPS导出定位值的主要误差源。2000年5月1日,美国政府取消了限制民用精度的SA政策,使民用C/A码的定位精度大大提高。

除了GPS卫星定位导航系统外,目前世界上还有前苏联的第二代卫星导航系统——

GLONASS(Global Orbiting Navigation Satellite System)以及当前欧洲正在研制中的伽利略卫星导航(GALILEO)系统等。

二、GPS系统的组成

全球定位系统(GPS)由3部分组成,即空间卫星星座部分、地面监控部分和用户设备部分(GPS接收机)。

1.空间星座部分

卫星上的核心设备是高精度铯原子钟,具有抗辐射性能,它发射标准频率信号,为GPS定位提供高精度的时间标准。GPS卫星的主要功能是:向用户发送定位信息;提供高精度的时间标准;接收并储存地面监控站发来的导航信息;必要的数据处理;接收并执行监控站指令,调节卫星姿态和轨道修正,或启用备用卫星。

全球定位系统的空间卫星星座部分,由24颗卫星组成,其中包括3颗备用卫星。工作卫星分布在6个轨道面内,每个轨道面上均匀分布有4颗卫星。卫星轨道面相对于地球赤道面的倾角为55°,各轨道平面升交点的赤经相差60°,在相邻轨道上的卫星要叉开30°,以保证全球均匀覆盖。轨道平均高度约为20 200km,卫星运行周期为11h 58min。因此,同一观测站上每天出现的卫星分布图形相同,只是每天提前约4min。每颗卫星每天约有5h在地平线以上,同时位于地平线以上的卫星数目随时间和地点而异,最少为4颗,最多可达11颗。

3颗在轨的备用工作卫星相间布置在3个轨道平面中,随时可以根据指令代替发生故障的其他卫星,以保证整个GPS空间星座正常而高效地工作。

GPS卫星在空间的上述配置,保障了在地球上任何地点、任何时刻均至少可以同时观测到4颗卫星,加之卫星信号的传播受天气的影响不大,因此GPS是一种全球性、全天候的连续实时定位系统。

每颗卫星装有4台高精度原子钟(2台铷钟和2台铯钟),这是卫星的核心设备。它将发射标准频率,为GPS测量提供高精度的时间标准。

GPS卫星的基本功能是:

(1)接收和存储由地面监控站发来的导航信息,接收并执行监控站的指令;

(2)卫星上设有微处理机,进行部分必要的数据处理工作;

(3)通过星载的高精度铯钟和铷钟提供精密的时间标准;

(4)向用户发送定位信息。

2.地面监控部分

全球定位系统的地面监控部分由3部分组成:1个主控站、5个监测站和3个注入站。

(1)主控站

主控站位于美国科罗拉多州普林斯附近的佛肯空军基地。主控站除协调和管理所有地面监控系统的工作外,其主要任务是:

①采集数据,推算编制导航电文;

②提供全球定位系统时间基准;

③主控站负责协调和管理所有地面监测站和注入站系统,诊断所有地面支撑系统和天空卫星的健康状况,并加以编码向用户指示,使得整个系统正常工作;

④调整卫星运动状态,启动备用卫星。

(2)监测站

GPS的地面监测站共有5个，分别位于太平洋的卡瓦加兰岛、印度洋的迭戈加西亚、南大西洋的阿松森群岛、夏威夷和主控站所在地佛肯。

监测站设有双频GPS接收机、高精度铯钟和环境数据传感器。接收机对GPS卫星进行连续观测，以采集数据和监测卫星的工作状况；原子钟提供时间标准；而环境传感器收集当地的气象数据。所有观测资料由计算机进行初步处理并存储和传送到主控站，用以确定卫星的精密轨道。

(3)注入站

GPS的注入站共有3个，与前述三大洋的卡瓦加兰、迭戈加西亚、阿松森群岛上的监控站并置。注入站的主要设备包括1台直径3.6m的天线，1台C波段发射机和1台计算机。其主要任务是在主控站的控制下，将主控站推算和编制的卫星星历、钟差、导航电文和其他控制指令等注入到相应卫星的存储系统，并监测注入信息的正确性。

3.用户设备

全球定位系统的空间部分和地面监测部分，是用户广泛应用该系统进行导航和定位的基础，而用户只有通过用户设备(接收机)，才能实现应用GPS导航和定位的目的。

用户设备的主要任务是接收GPS卫星发射的信号，以获得必要的导航和定位信息及观测量，并经数据处理而完成导航和定位工作。

三、GPS定位系统基础知识

1.坐标系

(1)地球坐标系

为了准确描述观测目标在地球上的位置，需要采用固联在地球上、随地球自转的坐标系，即地球坐标系。地球坐标系有两种表达形式，即空间直角坐标系和大地坐标系，如图6-2所示。

地球空间直角坐标系的定义：原点O与地球质心重合，z轴指向地球北极，x轴指向格林尼治子午面与地球赤道面的交点e，y轴与x轴、z轴构成右手直角坐标系。又称为地球固联坐标系或地心地固坐标系(ECEF)。

大地坐标系的定义：地球椭圆的中心与地球质心重合，椭球短轴与地球自转轴重合，大地纬度φ(也常用B表示)为过地面点的椭球法线与椭球赤道面的夹角，大地经度λ(也常用L表示)为过地面点的椭球子午面与格林尼治子午面之间的夹角，大地高h(也常用H表示)为地面点沿椭球法线之椭球面的距离。

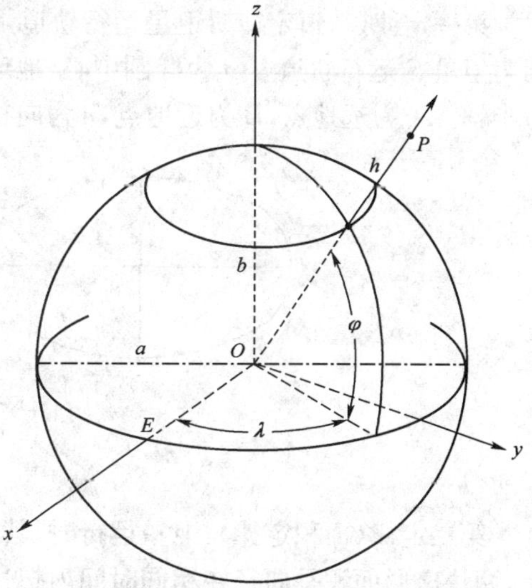

图6-2 地球坐标系

两种坐标的转换关系如下。

由式(6-1)，可将大地坐标转换为空间直角坐标。

$$\begin{cases} x=(N+h)\cos\varphi\cos\lambda \\ y=(N+h)\cos\varphi\sin\lambda \\ z=[N(1-e^2)+h]\sin\varphi \end{cases} \tag{6-1}$$

式中：N——椭球卯酉圈曲率半径；

e——椭球的第一偏心率。

$$N=\frac{a}{W}, W=\sqrt{1-e^2\sin^2\varphi}, e=\frac{\sqrt{a^2-b^2}}{a} \tag{6-2}$$

式中：a、b——分别为椭球的长半径和短半径。

由式(6-3)，可将空间直角坐标转换为大地坐标。

$$\begin{cases} \varphi=\arctan\left[\tan\Phi\left(1+\dfrac{ae^2}{z}+\dfrac{\sin\varphi}{W}\right)\right] \\ \lambda=\arctan\left(\dfrac{y}{x}\right) \\ h=\dfrac{R\cos\Phi}{\cos\varphi}-N \end{cases} \tag{6-3}$$

式中：$R=(x^2+y^2+z^2)^{1/2}$，$\Phi=\arctan\left(\dfrac{z}{(x^2+y^2)^{1/2}}\right)$。

(2)WGS-84 坐标系

世界大地坐标系(WGS, World Geodetic System)属于协议地球坐标系。在 GPS 试验阶段，卫星瞬时位置的计算采用 1972 年世界大地坐标系(WGS-72)，而从 1987 年 1 月 10 日开始，采用改进的大地坐标系 WGS-84。

WGS-84 空间直角坐标系定义：原点在地球质心，三个坐标轴的方向与国际时间局(BIH)所定义的 BIH1984.0 的方向一致，z 轴指向 BIH1984.0 定义的协议地球极(CTP)方向，x 轴指向 BIH1984.0 的零子午面和 CTP 赤道的交点，y 轴与 z、x 轴构成右手坐标系。

WGS-84 的地球椭球采用国际大地测量与地球物理学联合会(IUGG)第 17 届大会推荐的 4 个基本椭球参数：长半轴、地心引力常数、正常化二阶带谐系数及地球自转角速度。利用这 4 个基本参数，可得出 WGS-84 椭球的几何参数：长半轴 a=6 378 137±2m，扁率 f=1/298.257 223 563。

2.卫星运行规律

(1)开普勒三定律

人造卫星在地球引力作用下，绕地球运行，其运动规律服从开普勒行星运动三定律。

第一定律(轨道定律)：卫星运行轨道是以地球中心为一焦点的椭圆。如图 6-3a)所示，椭圆为卫星 S 运行轨道。O'为椭圆中心，地球中心位于焦点 O 上。a 为卫星轨道的长半轴，b 为短半轴。A 为远地点，B 为近地点，r 为向径，ν 为真近点角。

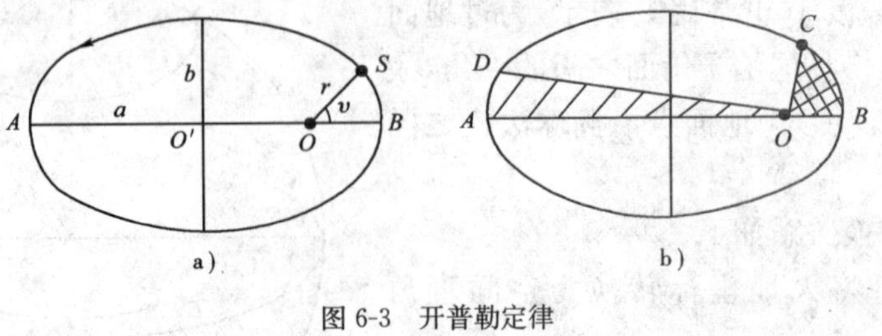

图 6-3　开普勒定律

a)第一定律；b)第二定律

第二定律(面积定律)：卫星运行时，其向径在单位时间内扫过的面积相等。如图 6-3b)所示，两块扇形面积是向径在相同时间内扫过的相等面积。这说明卫星在轨道上运行的速度是变化的，也就是真近点角的变化是不均匀的。

第三定律(调和定律):卫星绕地球运动周期 T 的平方同轨道长半轴的立方成正比。

$$T^2=\frac{4\pi^2}{\mu}a^3 \tag{6-4}$$

式中:μ——开普勒常数。

(2)卫星基本轨道参数

卫星在以地心为焦点的椭圆轨道上的位置,可用卫星基本轨道参数来描述。确定卫星空间位置的思想方法是先确定卫星轨道平面的位置,进而确定轨道的形状,最后确定卫星在轨道上的位置。计算卫星位置的顺序往往相反。

要确定卫星轨道平面在空间的位置,需先找一个可以认为固定不变的参考系。由于地球自转,地球的赤道平面在空间的位置可认为基本不变,可以用作参考面。地球绕太阳公转的轨道平面在空间的位置也可认为基本不变,也可作为一参考面。设想整个宇宙空间是以地心为中心,半径为无穷大的球,称为天球。再设想把地球赤道平面无限延展,它和天球的交线称天球赤道。地球公转轨道平面也假设为无限延展,它和天球的交线称天球黄道,如图 6-4a)所示。天球赤道和天球黄道交于两点,一点称为春分点,一点称为秋分点。这两点在天球上的位置可作为参考点。通常以春分点及天球赤道面,作为确定卫星轨道面的参考系。

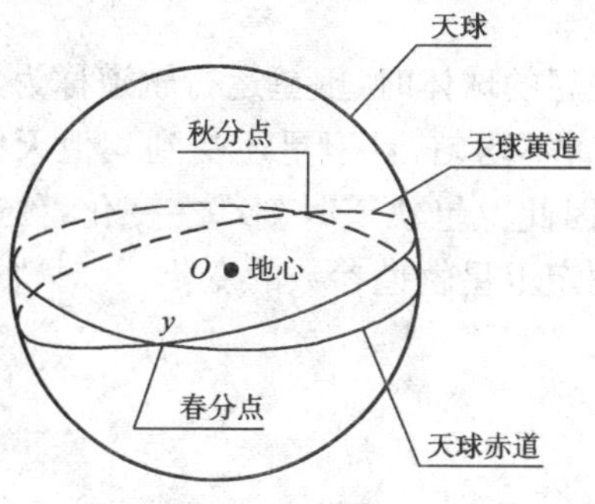

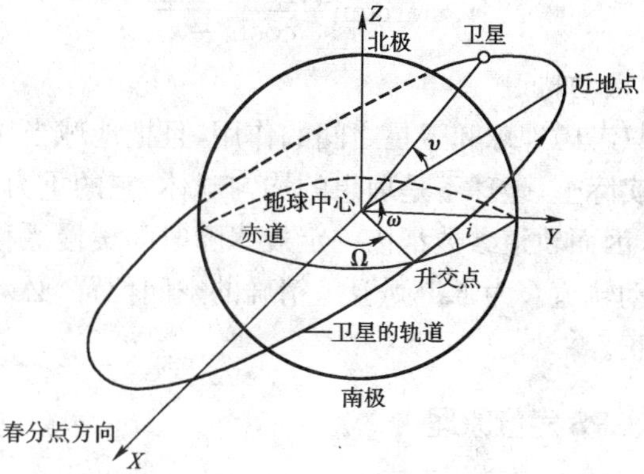

图 6-4 轨道参数示意图

卫星的位置和运行轨道,通常用下面几个轨道参数来确定,参见图 6-4b)。

①轨道倾角 i:卫星轨道平面与赤道平面的夹角。

②升交点赤经 Ω:卫星轨道与赤道相交于两点,其中卫星从南向北越过赤道时,卫星轨道与赤道的交点称为升交点。从春分点方向向东在赤道上测得的升交点的弧距,称为升交点赤经。

③近地点角距 ω:从升交点到近地点的角距,称为近地点角距。

④轨道长半轴 a:卫星轨道近地点和远地点连线的一半。

⑤第一偏心率 e:$e=\frac{\sqrt{a^2-b^2}}{a}$。

⑥真近点角 ν:卫星与地心连线和近地点与地心连线的夹角。

以上 6 个基本参数 i、Ω、ω、a、ν 称为卫星轨道六要素。i 和 Ω 决定了轨道平面在空间的位置;ω 确定近地点在轨道上的位置,即长半轴的方向;a 和 e 分别表示轨道的大小和形状;ν 确定了卫星在轨道上的位置。

在卫星导航电文中，真近点角 ν 通常不是直接给出，而是给出在历元 t_0 上的平近点角 M_0 及卫星在轨道上运行的平均角速度 n，根据卫星过所在点的时间 t，通过下面的公式计算出真近点角。下面首先介绍平近点角和偏近点角概念。

平近点角 M：若以卫星过近地点的时刻 t_p 作为起算点，于观测时刻 t，卫星以平均角速度 n 绕地心在轨道平面中转过的角度。真近点角随时间非线性变化，因此定义了平近点角 M，平近点角随时间线性变化。

$$M = n(t - t_p) \tag{6-5}$$

偏近点角 E：当卫星沿椭圆轨道运行时，某一瞬间位于 S 处，以椭圆中心 O' 为圆心，以长半轴为半径，作椭圆的外切圆。过 S 点作长半轴的垂线，交外切圆点 S'，$O'S'$ 与 $O'B$ 的夹角，称为偏近点角 E(图 6-5)。

真近点角 ν 计算如下：

$$M = M_0 + \sqrt{\frac{\mu}{a^3}}(t - t_0) \tag{6-6}$$

$$E = M + e\sin E \tag{6-7}$$

$$\nu = \arctan\frac{\sqrt{1-e^2}\sin E}{\cos E - e} \tag{6-8}$$

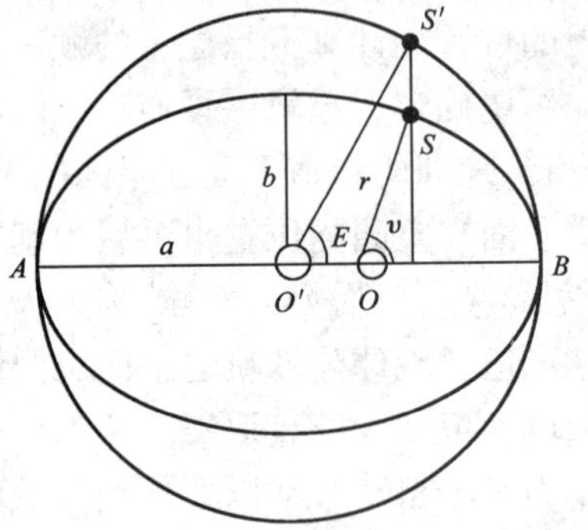

图 6-5　偏近点角示意图

(3)摄动轨道

当只考虑地球和卫星之间的作用，且把地球当作理想的球体时，卫星运行轨道称为无摄动轨道。实际上，地球不是理想的均匀球体，它的重力分布不均匀，且卫星还受到其他天体引力的作用，因而轨道参数都按一定规律随时间缓慢漂移，因此卫星轨道时刻都在变化，称这种现象为摄动轨道。为了得到卫星精确的空间位置，必须测定卫星轨道参数的变化，并对轨道参数加以校正。

四、GPS 定位原理

GPS 定位的基本原理：GPS 接收机接收来自卫星的导航信息，利用星历资料计算卫星位置，利用伪随机码相关技术测量测者到卫星的距离，最后解算观测方程求用户的位置。

1. 卫星提供的导航信息

(1)卫星信号

GPS 卫星发射的信号包含 3 种成分：①数据码 D(t)(导航电文编码)；②测距码(C/A 码和 P 码)；③载波 L_1 和 L_2。

在无线电通信技术中，为了有效地传播信息，将频率较低的信号加载在频率较高的载波上(此过程称为调制)，然后载波携带有用信号传送出去。GPS 使用 L 波段的两种载波：

L_1 载波：f_1=1 575.42MHz；

L_2 载波：f_2=1 227.6MHz。

GPS 卫星发射的信号是将导航电文经过两级调制后的信号。第一级调制是将低频 D(t) 码分别调制到 C/A 码和 P 码，实现对 D(t)的伪码扩频，第二级调制是将第一级调制的组合码再分别调制在两个载波信号 L_1 和 L_2 上，最后卫星向地面发射两种已调波。

在载波 L_1 上调制了 C/A 码和 P 码，在 L_2 上调制了 P 码。

(2)C/A 码和 P 码

在 GPS 系统中使用了两种伪随机码，一种用于搜索卫星信号，是粗测、不保密的 C/A 码(Coarse/Access)；另一种是保密、精测的 P 码(Precise of Protect)。

C/A 码的码率为 1.023MHz，码长为 1 023 位，周期为 1ms。它具有良好的自相关性，适用于卫星采用码分多址方式，使各卫星在同一频段同时发射，接收时相互间不存在严重干扰。由于 C/A 码码长很短，易于捕获，所以 C/A 码除了作为粗测码外，还作为 GPS 卫星信号的捕获码，并由此过渡到捕获 P 码。为了捕获 C/A 码，通常需对 C/A 码逐个搜索，以 50 码元/s 计算，搜索时间约 20.5s。

C/A 码的码元宽度较大，假设两个序列的码元对齐误差为码元宽度的 1/100～1/10，则利用 C/A 码测距，测距误差为 2.93～29.3m，由于精度较低，故 C/A 码也称为粗码。

P 码是一种长周期码，其码率为 10.23MHz，码长位，周期为一星期。由于 P 码的码长很长，采用 C/A 码搜索方式是无法实现的，一般是先捕获 C/A 码，然后根据导航电文给出的有关信息实现 P 码的捕获。

由于 P 码的码元宽度为 C/A 码的 1/10，若码元的相关精度仍为码元宽度的 1/100～1/10，则由此引起的误差为 0.293～2.93m。

(3)导航电文

导航电文是卫星提供给用户的信息，它包括卫星状态、卫星星历、电离层修正参数和卫星钟偏差校正参数以及时间等内容。图 6-6 是导航电文结构示意图。

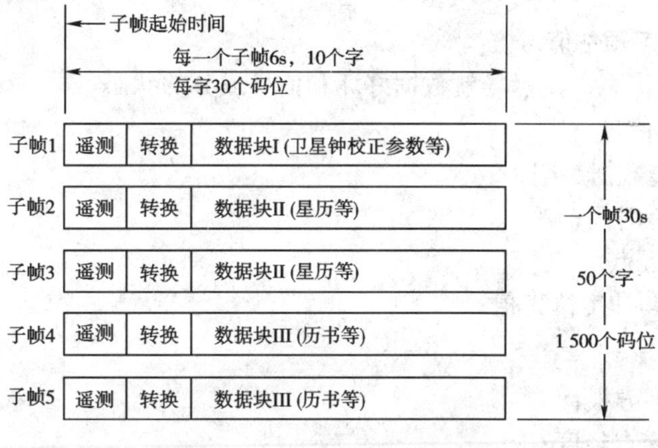

图 6-6　导航电文结构示意图

导航电文的基本单位称为“帧”。一帧导航电文长 1 500bit，含 5 个子帧。每个子帧分别含有 10 个字，每个字含 30bit 电文，故每一子帧共 300bit 电文。电文的播发速率为每秒 50bit，所以播发一子帧电文的持续播发时间为 6s，而播发一帧电文的时间需要 30s。

第 1、2、3 子帧含卫星广播星历和卫星钟修正参数，第 4、5 子帧含 24 颗卫星的历书(星历参数的一个简化子集)信息。子帧 4、5 各含有 25 页。子帧 1、2、3 与子帧 4、5 的每一页均构成一帧电文。每 25 帧导航电文组成一个主帧。

为了记载多达 25 颗 GPS 卫星的星历，规定子帧 4、5 含有 25 页。子帧 1、2、3 与子帧 4、5 的每一页均构成一帧电文。每 25 帧导航电文组成一个主帧。在每 帧电文中，1、2、3 子帧的内容每 30s 重复一次，每小时更新一次，而子帧 4、5 的内容仅在卫星注入新的导航数据后才更新。

每个子帧的头 2 个字都是遥测字(TEL)和转换字(HOW)，由星载设备产生。每个子帧的第一个字都是遥测字。它的主要作用是:指明卫星注入数据的状态,作为捕获导航数据的前导。每个子帧的第二个字都是转换字。它的主要作用是提供下一子帧起始点时间,向用户提供用于捕获P码的Z计数,帮助用户从所获的C/A码转换到P码的捕获。

每帧导航数据共有3个数据块,数据块一在第1子帧的第3～10字,数据块二位于第2、3子帧的第3～10字,数据块三位于第4、5子帧第3～10字。

①第一数据块的信息

a. 数据块I的参考时间 t_{oc},从GPST(即GPS时)每周历元开始度量(每周历元指格林尼治时星期六到星期日的子夜零点)。

b. 卫星钟校正参数 a_0、a_1、a_3。

c. 卫星钟校正参数的数据龄期AODC,它是数据块I的参考时间 t_{oc} 与最近一次估计校正参数的测量校正时间 t_L 之差,它为用户提供卫星时钟校正参数的可信度。

d. 供单频接收机用户校正电波群延迟用的延迟校正参数 t_{GD} 和8个电离层校正参数。

e. 当前星期编号(WN)。它表示自1980年1月6日UTC(世界协调时)的零时作为起算的星期数目。

f. 调制码标识。它指示 L_2 载波是采用P码或C/A码调制。"01"为P码调制,"10"为C/A码调制。

g. 卫星测距精度URA。表示用户使用该卫星可能达到的测距精度。

$$\text{URA} \leqslant 2^N \quad (\text{m}) \tag{6-9}$$

当 $N=15$ 时,缺乏预估值。

h. 卫星工作状态标志。指示导航数据好坏和信号成分的状态。

②第二数据块的信息

a. ADOE:星历表数据龄期;

b. t_{oe}:星历表参考时间;

c. M_0:t_{oe}时的平近点角;

d. Δn:卫星平均角速度修正值;

e. e:偏心率;

f. $\sqrt{a}$:长半轴的平方根;

g. Ω_0:t_{oe}时的升交点经度;

h. i_0:t_{oe}时的轨道面倾角;

i. ω:近地点角距;

j. $\dot{\Omega}$:升交点经度变化率;

k. $\dot{i}_0$:轨道倾角变化率;

l. C_{uc}:升交距角的余弦调和改正项振幅;

m. C_{us}:升交距角的正弦调和改正项振幅;

n. C_{rc}:轨道半径的余弦调和改正项振幅;

o. C_{rs}:轨道半径的正弦调和改正项振幅;

p. C_{ic}:轨道倾角的余弦调和改正项振幅;

q. C_{is}:轨道倾角的正弦调和改正项振幅。

③第三数据块的信息

数据块III提供各卫星的历书(即粗略的星历)、时钟校正参数、卫星识别码和卫星工作状态等数据。

数据块 III 共有 25 个子帧，每个子帧 30s，因此 25 个子帧中每一子帧都是每隔 750s 重复出现一次，即要 25 次转发才是一个完整的历书。

设置数据块 III，使用户只要收到一颗卫星的信号，并收集到一个完整的历书，就可粗略知道其他所有卫星的情况，它有助于迅速选择提供最好导航解的卫星。

2. 卫星位置的计算

利用卫星电文提供的轨道参数，可由下列公式计算出卫星在地球固联坐标系中的坐标 (x_k, y_k, z_k)。

(1)卫星轨道长半径 a

$$a = (\sqrt{a})^2 \tag{6-10}$$

参数 $\sqrt{A}$ 由导航电文提供。

(2)卫星平均角速度 n_0

$$n_0 = \frac{2\pi}{T} = (\mu/a^3)^{1/2} \tag{6-11}$$

在 WGS-84 系统中，地球引力常数 $\mu = 3.986\ 005 \times 10^{14} \mathrm{m}^3 \cdot \mathrm{s}^{-2}$。

(3)修正后的平均角速度 n

$$n = n_0 + \Delta n \tag{6-12}$$

修正量 Δn 由导航电文提供。

(4)时差 Δt_k

$$\Delta t_k = t - t_{oe} \tag{6-13}$$

(5)平均近点角 M_k

$$M_k = M_0 + n\Delta t_k \tag{6-14}$$

(6)偏近点角 E_k

$$E_k = M_k + e\sin E_k \tag{6-15}$$

(7)真近点角 ν_k

$$\nu_k = \arctan\frac{\sqrt{1-e^2}\sin E_k}{\cos E_k - e} \tag{6-16}$$

(8)升交距角(升交点角距) φ_k

$$\varphi_k = \nu_k + \omega \tag{6-17}$$

(9)轨道修正

升交距角修正量 δ_{uk}：

$$\delta_{uk} = C_{uc}\cos 2\varphi_k + C_{us}\sin 2\varphi_k \tag{6-18}$$

向径修正量 δ_{rk}：

$$\delta_{rk} = C_{rc}\cos 2\varphi_k + C_{rs}\sin 2\varphi_k \tag{6-19}$$

修正后的升交距角 u_k：

$$u_k = \varphi_k + \delta_{uk} \tag{6-20}$$

修正后的向径 r_k：

$$r_k = a(1 - e\cos E_k) + \delta_{rk} \tag{6-21}$$

(10)卫星在轨道直角坐标系中的位置 (X'_k, Y'_k, Z'_k)

轨道直角坐标系以地心为原点，X 轴指向卫星升交点方向，Z 轴垂直于轨道平面，Y 轴与

X 轴、Z 轴构成右手直角坐标系(图 6-7)。

$$\begin{cases} X'_k = r_k \cos u_k \\ Y'_k = r_k \sin u_k \\ Z'_k = 0 \end{cases} \tag{6-22}$$

(11)修正后的轨道倾角 i

倾角修正量:

$$\begin{aligned} \delta_{ik} &= C_{ic}\cos 2\varphi_k + C_{is}\sin 2\varphi_k \\ i_k &= i_0 + \delta_{ik} + \dot{i}\Delta t_k \end{aligned} \tag{6-23}$$

(12)观测时刻的升交点经度 Ω_k

观测时刻 t 的升交点经度 Ω_k,为该时刻升交点赤经 Ω(升交点与春分点之间的角距)与格林尼治视恒星时 GAST(春分点与格林尼治子午线之间的角距)之差,即:

$$\Omega_k = \Omega - \text{GAST} \tag{6-24}$$

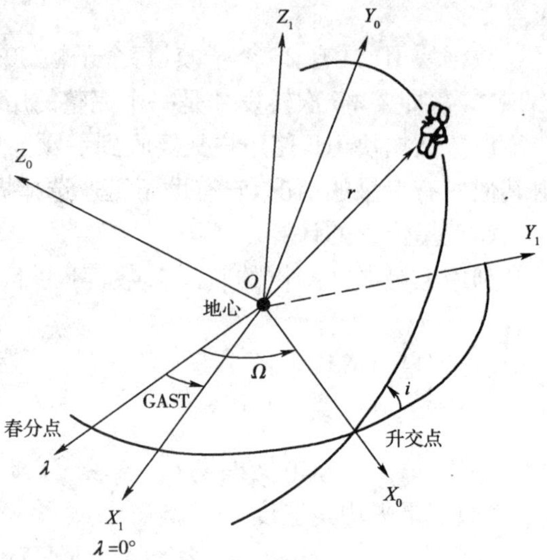

图 6-7 轨道直角坐标系

t 时刻的升交点赤经 Ω 可由下式得到:

$$\Omega = \Omega_{oe} + \dot{\Omega}(\Delta t_k) \tag{6-25}$$

式中:Ω_{oe}——参考时刻 t_{oe} 的升交点赤经。

卫星导航电文提供了一个星期开始时刻(星期六午夜至星期日子夜的交换时刻)的格林尼治视恒星时 GAST_w。故观测时刻 t 的格林尼治视恒星时 GAST 可表示为:

$$\text{GAST} = \text{GAST}_w + \omega_e t \tag{6-26}$$

式中:$\omega_e = 7.292\,115 \times 10^{-5}$ 为地球自转速率(rad/s)。

所以:

$$\Omega_k = \Omega_{oe} + \dot{\Omega}(\Delta t_k) - \text{GAST}_w - \omega_e t \tag{6-27}$$

令:$\Omega_0 = \Omega_{oe} - \text{GAST}_w$ 因 $t = \Delta t_k + t_{oe}$

所以:

$$\Omega_k = \Omega_0 + (\dot{\Omega} - \omega_e)\Delta t_k - \omega_e t_{oe} \tag{6-28}$$

参数 Ω_0、$\dot{\Omega}$、t_{oe} 由导航电文提供。

(13)卫星在地球固联坐标系中的位置(X_k, Y_k, Z_k)

将卫星在轨道直角坐标系中的位置(X'_k, Y'_k, Z'_k)进行旋转变换,可得到卫星在地球固联坐标系中的位置(X_k, Y_k, Z_k)。

$$\begin{cases} X_k = X'_k \cos\Omega_k - Y' \cos i_k \sin\Omega_k \\ Y_k = X'_k \sin\Omega_k + Y'_k \cos i_k \cos\Omega_k \\ Z_k = Y'_k \sin i_k \end{cases} \tag{6-29}$$

3. 伪距测量

GPS 中,测者(GPS 接收机)到卫星的距离是由卫星发出的测距信号到达用户接收机的传播时间与信号传播速度(光速)的乘积求得。而卫星信号传播时间通过测量卫星信号的伪码(C/A 码或 P 码)与用户接收机内产生的同类码相关所需要的相移求得。由于卫星时钟与接收机时钟不可能完全同步,同时无线电信号经过电离层和对流层时会产生延迟,实际测量的距离与接收机到卫星的真实距离存在偏差,因此称为伪距。

GPS卫星发出某一结构的测距码，该测距码经过 τ 时间的传播后到达接收机。用户接收机产生与卫星发射的测距码结构完全相同的测距码(复制码)，通过接收机中时间延迟器将复制码进行延迟并对两组测距码进行相关处理，当相关系数为1时，接收到的卫星测距码与接收机的复制码完全对齐，复制码所需的延迟时间 τ' 即为卫星测距码到达接收机的传播时间 τ。τ' 与光速的乘积即是伪距 ρ。

4. 观测方程与用户位置计算

设在ECEF坐标系中，用户的位置坐标为 (x_u, y_u, z_u)，卫星的位置坐标为 (x_s, y_s, z_s)。卫星到用户的距离 r 为：

$$r = [(x_s - x_u)^2 + (y_s - y_u)^2 + (z_s - z_u)^2]^{1/2} \tag{6-30}$$

有一系列影响距离 r 测量精度的误差源，但与时钟不同步造成的误差相比，这些误差均可忽略。由测距码相关过程所得到的伪距 ρ 由3部分组成：

(1)从卫星到用户的真实距离 r；

(2)用户时钟与系统时钟之间的偏移 t_u 造成的误差；

(3)卫星时钟与系统时之间的偏移 δ_t 造成的误差。

伪距：

$$\rho = r + c(t_u - \delta_t) \tag{6-31}$$

式中：c——光速。

卫星时钟与系统时之间的偏移 δt 可利用卫星导航电文中的卫星钟校正参数进行校正，校正后的 δ_t 可忽略。因此前面的方程可记为：

$$\rho = r + ct_u$$

$$\rho = [(x_s - x_u)^2 + (y_s - y_u)^2 + (z_s - z_u)^2]^{1/2} + ct_u \tag{6-32}$$

为了确定用户的三维位置 (x_u, y_u, z_u) 和偏移量 t_u，对4颗卫星进行伪距测量，产生方程组：

$$\rho_j = [(x_s - x_u)^2 + (y_s - y_u)^2 + (z_s - z_u)^2]^{1/2} + ct_u \tag{6-33}$$

式中：$j=1、2、3、4$。

通过将上述非线性方程组线性化，即可求解出用户的位置坐标 (x_u, y_u, z_u)。依据式(6-3)可将直角坐标 (x_u, y_u, z_u) 变换为大地坐标 (φ, λ, h)。

第三节 地图匹配

地图匹配可以解决两方面的问题：一方面能够根据定位轨迹和数字地图中的道路网信息确定出车辆所行驶的道路和其在道路上的准确位置，以满足导航功能的需要；另一方面还可以利用较高精度的道路信息来修正定位系统的误差，从而使系统性能得到改善。本章主要介绍第一方面的问题。

地图匹配是一种基于软件技术的定位修正方法，其基本思想是将车辆定位轨迹与数字地图中的道路网信息联系起来，并由此确定车辆相对于地图的位置。地图匹配技术的应用有两个前提条件：

(1)用于匹配的数字地图包含高精度的道路位置坐标；

(2)车辆应行驶在道路上。当上述条件满足时，就可以把定位数据和车辆运行轨迹同数字化地图所提供的道路位置信息相比较，通过适当的匹配过程确定出车辆最可能的行驶路段以及车辆在该路段中的最大可能位置。

一、导航数字地图

1. 数字地图的基本表示

数字地图在计算机中的存储方式一般有两种：一种是以数字图像的方式存储；另一种是以矢量编码结构存储。以数字图像方式存储的地图易于制作，但这种类型的地图存储空间大，在要求利用数学模型或各种计算的车辆定位和导航系统中难以使用。矢量编码的地图只需较少的存储空间并具有较快的存储速度。在矢量地图中，地图要素的数据结构在各种要素之间建立了隐含关系，所以矢量地图操作更灵活、方便，并反映了地图要素之间的固有关系。

矢量编码是一种基于解析几何的道路网的特征表示。特征表示真实世界中存在的地物，把每个特征与一个或多个基元：点、线、面联系起来建立特征模型。点由参考坐标系中的坐标表示，线由两个相连的点表示，面由一系列的闭合线段表示。数字地图数据库旨在定义道路网和基于数字制图信息的相关属性；然后，把它编译成文件或文件集合，该文件或文件集合易于车辆定位和导航系统中的其他模块存取。数字制图信息是以数字形式编码的地理信息，属性包括：道路类型、街道名称、地址范围、要求的行驶速度、连通性、标志和信号、转弯限制及感兴趣的点等。

数字道路网一般使用线段表示道路数据，它的端点（节点）用经度、纬度表示，有时加高度。为了更好地理解数字地图数据库，需要定义节点、线段和形状点的概念。

节点是道路的交叉点或端点，用于表示道路的交叉路口或终点。在地图数据库中，节点通常用经度和纬度表示。

线段是两节点间的一段道路，用于表示分段道路。一个节点可以是一条线段的端点，但不能是形状线段的端点。

形状点是点的有序集，它把给定线段（不包括端点）的弯曲部分映射到一系列相邻的直线段（称之为形状线段）。用这种方法使得计算出的线段距离接近于实际长度。

线段、节点和形状点的例子如图 6-8 所示。

根据上述定义，我们知道道路一般表示成一系列直线（如果考虑行驶方向就叫矢量），所选择的直线近似于道路的实际弯曲程度。

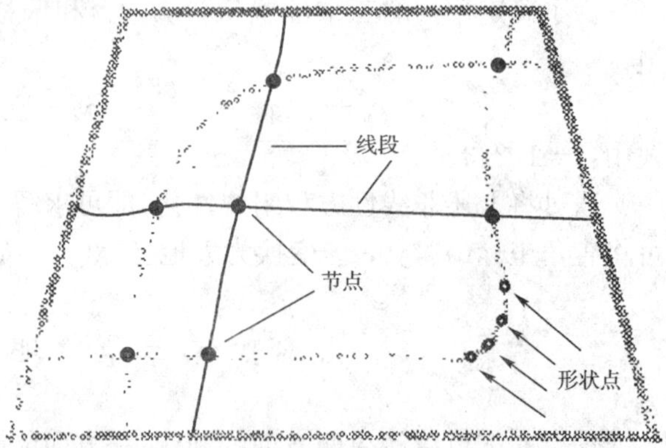

图 6-8　线段、节点和形状点示例

数字地图数据库是定位和导航系统的重要组成部分。一旦确定了车辆的位置（坐标），数字地图可提供与位置相关的特征。车载数字地图数据库可作为定位和显示车辆的参照基准。地图匹配算法可利用道路网的几何参数和拓扑结构帮助确定车辆的位置（见本节三中内容），因此，数字地图数据库不只是位置的图像表示，而且可作为提供车辆位置的工具。

2. 导航数字地图标准

导航数字地图的格式标准主要有两类，一类是导航数字地图交换格式，另一类是导航数字地图物理存储格式。图 6-9 表明了在数字地图生产过程中两类标准所起的作用。

(1)导航数据交换格式

导航数据交换格式主要在数字地图生产和提供过程中使用，如图 6-9 所示，它一般作为导航数据库的输入界面和输出界面。输入界面面向各类数据源，输出界面面向各类用户。其作用主要体现在如下两个方面：作为各个导航数据生产企业之间提供数据的标准；作为数字地图生产企业和导航产品生产企业之间的界面。导航产品生产企业可以在此基础上开发自己的产品。导航数据交换格式在各个数据生产商、各种数据格式之间提供了一个公共界面，供方只需将自己的数据转换成该格式，需方只需利用该格式读取数据，就可实现导航数据共享，在各类用户之间搭起了一座桥梁。

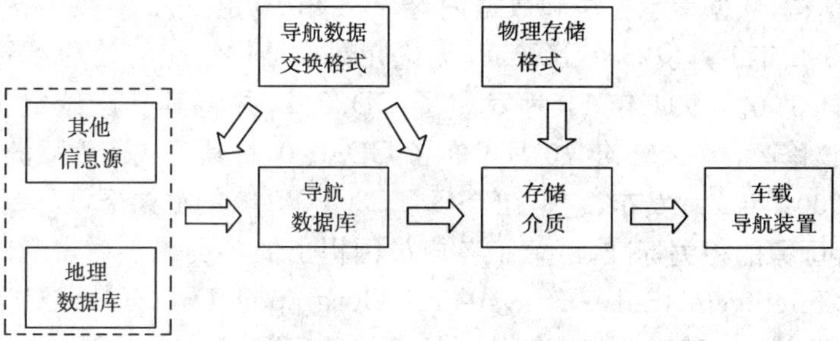

图 6-9 数字地图格式标准的作用

设计导航数据交换格式主要考虑如下因素：

①完整性。保持导航数据描述的完整性，不能丢失和导航应用有关的任何数据。

②公开性。面对所有用户，便于实现数据共享。

③简明性。虽然要求交换格式能够描述丰富的道路交通信息，但最终格式应该简单明了，易懂易读。

④灵活性。能够满足不同导航用户的需要。

⑤连续性。由于是公众使用的共享界面，因此要保持相对的稳定性，在格式扩展时要保持向下兼容。

(2)导航数字地图物理存储格式

导航数据物理存储格式是在存储介质（如 VCD、DVD、HDD、Flash 等）上存储导航数据使用的格式。导航设备经由驱动设备、解码器从存储介质上读取导航数据，供导航软件处理和使用。物理存储格式的数据可以利用格式转换软件从交换格式的数据转换获得，也可以从数据库中的数据直接转换获得。通常，生产导航数据和制作存储介质为同一个企业时，可以从数据库直接转换。如果不是一个企业，一般由生产导航数据的企业向制作存储介质（例如光盘）的企业提供交换格式的数据，然后转换成物理存储格式的数据制作成存储介质。物理存储格式在整个导航软件系统中扮演着承上启下的角色，对数字地图的生产工艺和导航产品的功能性能有巨大的影响力，它的水平高低直接影响导航产品的功能、性能和质量。因此，物理存储格式是导航产品中关键技术之一。

设计物理存储格式考虑的因素和数据交换格式有很大不同，主要考虑如下几个因素：

①数据组织要充分考虑导航产品各项功能实现的方便性。

②提高各项功能实现的综合效率。

③考虑承载和使用导航数据的物理环境。

④注意数据压缩，在有限的空间内尽可能多地存储导航数据。

⑤保证数据安全。

⑥留有格式扩展的结构，以便使产品多样化。

3. 主要的格式标准

目前，国际上流行的导航数字地图交换格式以 GDF4.0 为代表，导航数字地图的物理存储格式以日本的 Kiwi 格式和美国 NavTech 公司的 SDAL 格式为代表。

(1)GDF

GDF (Geographic Data Files)第 1 版 GDF1.0 是欧洲尤里卡(EUREKA)计划中由 Philips 和 Bosch 承担的 DEMETER 工程的产品，于 1988 年 10 月发布。该标准说明了用于车辆导航系统的数据结构、数据表示方法和数据内容。GDF2.0 由欧洲数字道路图任务组的 3532 工作组开发，于 1992 年 1 月发布。GDF2.0 无论在数据结构组织的处理，还是技术术语的使用上都不同于 GDF1.0。1994 年 11 月发布了 GDF2.2，并将其提交给欧洲标准化委员会(CEN)。经过审议修改，于 1995 年 10 月发布了 GDF3.0，将其正式作为欧洲标准。

GDF4.0 于 2001 年 2 月发布，它是在 ISO/TC204/WG3 的框架下，以 GDF3.0 为基础，综合了美国、日本等国家的相关标准，汇总了各成员国提出的各类需求后得到的成果，ISO 已将其作为国际标准(Intelligent transport systems - Geographic Data Files (GDF)- Overall data specification (ISO/DIS 14825:2002)，智能运输系统地理数据文件(GDF)总的数据规范)。

在此之前，虽然有许多类型的数据交换格式，但都不是专门为交通导航数据设计的，都无法完整描述导航数据。GDF4.0 全面系统地描述了用于导航的道路交通数据概念模型、逻辑模型和存储模型，有很强的实用性、适用性和灵活性。

(2)中国导航数据交换格式

国家质量监督检验检疫总局 2005 年发布了“导航地理数据模型与交换格式”国家标准(GB/T 19711—2005)，于 2005 年 10 月 1 日起实施。该标准以 GDF4.0 作为基础，根据我国国情作了少量修改。“导航地理数据模型与交换格式”在我国的推广应用，将消除不同导航数据之间数据交换的障碍，使其在全国范围兼容和共享；使数据生产企业从整体上减少重复生产，充分利用我国现有数字地图数据资源；为建立全国范围的稳定可靠的数字地图服务保障体系，使导航产品生产者能够获得全国范围的高质量、规范化的数字地图产品提供了切实可行的技术手段。

(3)Kiwi 格式

Kiwi 格式是用于光盘的导航数据物理存储格式，主要在日本产品上使用。我国 2002 年生产的天津“威驰”轿车上安装的导航仪采用的就是 Kiwi 格式。

1996 年 9 月，日本成立了 Kiwi 研讨委员会开始研究 Kiwi 格式，该委员会主要由生产导航产品的有关公司参加。该委员会在总结日本导航产品发展经验的基础上，于 1997 年 1 月完成了 Kiwi 1.0。1997 年 12 月，在完成 Kiwi 1.1 之后，Kiwi 研讨委员会曾向国际标准化组织推荐 Kiwi 格式作为国际标准发布。为了让国际标准化组织选择该标准作为国际标准，之后又对格式不断进行修改，加入了适合欧美地区使用的数据结构，于 2000 年 5 月推出了 Kiwi 1.22，但到目前为止，国际标准化委员会还没有采用该标准。

目前绝大多数日本产品都采用 Kiwi 格式或该格式的扩展，Kiwi 格式主要描述如下数据：

①数据库控制数据。

②地图数据。

③引导数据。

④道路网络(路径规划)数据。

⑤检索/索引数据。

⑥图像数据/语音数据。

⑦参数数据。

⑧相应的交通信息数据。

(4)SDAL 格式

SDAL 格式也是一种用于光盘的导航数据物理存储格式，是美国 NavTech 公司推出的。该格式广泛应用于欧洲、北美厂商生产的产品中。NavTech 公司在发布 SDAL 格式的同时，还推出了图形显示、路经计算、路径引导等 5 个 API 软件包，开发厂商可以购买部分或全部软件包，在此基础上进行导航软件的开发，这样可以避免直接在 SDAL 格式上进行项目开发带来的诸多不便，减少开发难度，缩短开发周期。

SDAL 格式首先描述数据组织，其中主要描述存储介质上的文件组织、数据包的类型、划分原则和组织方式，SDAL 使用的各种索引、数据包和数据记录的压缩等内容。其次描述全局介质数据，其中包括全局介质头、全局介质索引包、元数据、参考数据、图标数据等。第三部分描述空间数据的内容和组织，空间数据包括路径计算数据、图形数据、交叉路口数据等，还包括路径计算数据、图形数据、POI 数据之间的交叉引用数据。空间数据按照地理位置进行划分，按照邻近的原则进行排序，空间数据主要用 kd-tree 进行索引。第四部分描述非空间数据的内容和组织，非空间数据包括 POI 数据、连接数据、地名数据、邮政编码数据等。非空间数据按照索引值划分，主要用 B-tree 进行索引。

二、坐标转换与投影

数字地图所显示的位置信息是基于平面坐标系统，GPS 系统使用的坐标系是 WGS-84 大地坐标系，要使 GPS 定位信息正确地显示在数字地图上，必须将 GPS 定位结果变换为地图平面坐标。坐标转换过程包含两个步骤：先将 WGS-84 大地坐标转换为国家大地坐标，然后进行地图投影，将大地坐标转换为地图平面坐标。

1. 不同坐标系之间的变换

(1)国家大地坐标系

我国目前常用的两个国家大地坐标系是 1954 年北京坐标系和 1980 年西安坐标系。

1954 年北京坐标系采用原苏联的克拉索夫斯基椭球，其参数是长半轴 $a=6\ 378\ 245$m，扁率 $f=1/298.3$，原点位于原苏联的普尔科沃。1954 年北京坐标系虽然是原苏联 1942 年坐标系的延伸，但又不完全相同。大地点高程是以 1956 年青岛验潮站的黄海平均海水面为基准，高程异常是以原苏联 1955 年大地水准面重新平差结果为起算数据，按我国天文水准路线推算而得。

为解决 1954 年北京坐标系所存在的缺点，1978 年我国决定建立新的国家坐标系，即 1980 年西安坐标系。1980 年西安坐标系原点位于我国中部——陕西省泾阳县永乐镇，椭球参数采用 1975 年国际大地测量与物理学联合会第 16 届大会推荐值，由此可得椭球的长半轴 $a=6\ 378\ 140$m，扁率 $f=1/298.257$。椭球的短轴平行于由地球质心指向 1 968.0 地极原点(JYD)的方向，其实大地子午面平行于格林尼治天文台子午面，长度基准与国际统一长度基准一致。椭球定位以我国范围高程异常值平方和最小为原则求解参数。高程基准是 1956 年青岛验潮站求出的黄海平均海平面。

(2)不同直角坐标系间的变换

直角坐标系间的变换模型主要有 3 种：布尔莎—沃尔夫(Bursa-Wolf)模型、莫洛金斯

(Molodensky)模型、武测模型。

设(X_1,Y_1,Z_1)和(X_2,Y_2,Z_2)分别为同一点在两个不同坐标系 $O_1\text{-}X_1Y_1Z_1$ 和 $O_2\text{-}X_2Y_2Z_2$ 中的直角坐标,坐标转换的布尔莎—沃尔夫模型为:

$$\begin{bmatrix} X_2 \\ Y_2 \\ Z_2 \end{bmatrix} = \begin{bmatrix} \Delta X \\ \Delta Y \\ \Delta Z \end{bmatrix} + (1+m)\begin{bmatrix} X_1 \\ Y_1 \\ Z_1 \end{bmatrix} + \begin{bmatrix} 0 & \varepsilon_Z & -\varepsilon_Y \\ -\varepsilon_Z & 0 & \varepsilon_X \\ \varepsilon_Y & -\varepsilon_X & 0 \end{bmatrix}\begin{bmatrix} X_1 \\ Y_1 \\ Z_1 \end{bmatrix} \tag{6-34}$$

式(6-34)中,$(\Delta X,\Delta Y,\Delta Z)$为坐标系 $O_1\text{-}X_1Y_1Z_1$ 相对 $O_2\text{-}X_2Y_2Z_2$ 的坐标原点平移量,ε_Z、ε_Y、ε_X 依次为坐标系 $O_1\text{-}X_1Y_1Z_1$ 相对 $O_2\text{-}X_2Y_2Z_2$ 的逆时针旋转角(从坐标轴正向看),m 为尺度因子。实际应用中,上述 7 个参数可采用地面控制点平差的方法求解。

(3)不同大地坐标系间的变换

不同大地坐标系的变换,除了包含三个平移参数、三个旋转参数和一个尺度变化参数外,还包括两个地球椭球元素变化参数。下面给出大地坐标变换的布尔沙公式,见式(6-35)。

$$\begin{bmatrix} \mathrm{d}B \\ \mathrm{d}L \\ \mathrm{d}H \end{bmatrix} = \begin{bmatrix} -\dfrac{\sin B\cos L}{M+H} & -\dfrac{\sin B\sin L}{M+H} & \dfrac{\cos B}{M+H} \\ -\dfrac{\sin L}{(N+H)\cos B} & \dfrac{\cos L}{(N+H)\cos B} & 0 \\ \cos B\cos L & \cos B\sin L & \sin B \end{bmatrix}\begin{bmatrix} \Delta X \\ \Delta Y \\ \Delta Z \end{bmatrix} +$$

$$\begin{bmatrix} -\sin L & \cos L & 0 \\ \tan B\cos L & \tan B\sin L & -1 \\ -Ne^2\sin B\cos B\sin L & Ne^2\sin B\cos B\cos L & 0 \end{bmatrix}\begin{bmatrix} \varepsilon_X \\ \varepsilon_Y \\ \varepsilon_Z \end{bmatrix} + \begin{bmatrix} -\dfrac{N}{M}e^2\sin B\cos B \\ 0 \\ N(1-e^2\sin^2 B) \end{bmatrix} m +$$

$$\begin{bmatrix} 0 & 0 \\ \dfrac{N}{(M+H)a}e^2\sin B\cos B & \dfrac{M(2-e^2\sin^2 B)}{(M+H)(1-f)}\sin B\cos B \\ -\dfrac{N}{a}(1-e^2\sin^2 B) & \dfrac{M}{1-f}(1-e^2\sin^2 B)\sin^2 B \end{bmatrix}\begin{bmatrix} \mathrm{d}a \\ \mathrm{d}f \end{bmatrix} \tag{6-35}$$

式中,$(\Delta X,\Delta Y,\Delta Z)$为两个坐标系的坐标原点平移量,$\varepsilon_Z$、$\varepsilon_Y$、$\varepsilon_X$ 为两坐标系坐标轴间的相对旋转角,N、M 分别是椭球的卯酉圈和子午圈曲率半径,a、f 分别为椭球的长半径和扁率。

$$M = \frac{a(1-e^2)}{(\sqrt{1-e^2\sin^2\varphi})^3}$$

$$f = \frac{a-b}{a}$$

式(6-35)通常称为广义大地坐标微分公式或广义变换椭球微分公式。如略去旋转参数和尺度变化参数的影响,即简化为一般的大地坐标微分公式。

2. 高斯投影及高斯平面坐标系

(1)高斯投影的基本概念

为了把不同坐标系间的坐标换算成统一标准的平面坐标就需要进行地图投影。所谓地图投影,就是将椭球面各元素(包括坐标、方向和长度)按一定的数学法则投影到平面上。我们知道,椭球面是一个凸起的、不可展平的曲面。如果将这个曲面上的元素(如一条线段、一个角度、一个图形)投影到平面上,就会和原来的长度、角度、图形呈现差异,这一差异称作投影的变形。地图投影必然产生变形,投影变形一般分为角度变形、长度变形和面积变形3种。在地图投影时,尽管变形是不可避免的,但是人们可以根据需要来掌握和控制它,可以使某一种变形为零,也可以使全部变形都减小到某一适当程度。因此,在地图投影中产生了所谓等角投影(正形投影)、等距投影以及等积投影等。

我国目前使用的地图投影是高斯投影。高斯投影又称横轴椭圆柱等角投影,它是德国测量学家高斯于1825~1830年首先提出的。直到1912年,由德国另一位测量学家克吕格推导出实用的坐标投影公式后,这种投影才得到推广,所以该投影又称高斯—克吕格投影。

设想用一个断面与参考椭球体子午圈相等的椭圆柱套在参考椭球上,椭圆柱面与某一选定的子午线(称为中央子午线或轴子午线)相切(见图6-10),然后在保持正形投影的条件下,将参考椭球体上的子午线、赤道和各点均投影到椭圆柱面上。将椭圆柱面沿轴线,并通过N、S两端切开,展开所得的平面即为高斯平面。

高斯平面坐标系:中央子午线与赤道的交点为原点,中央子午线为X轴,赤道面与椭圆柱面相交成一条直线,该直线与中央子午线正交,构成Y轴(见图6-11)。

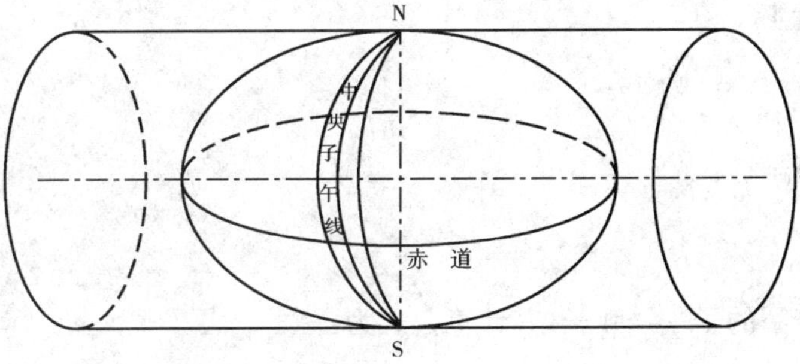

图6-10 高斯投影示意图

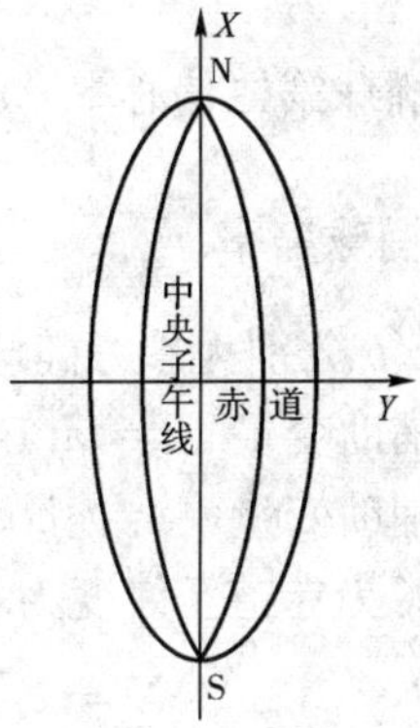

图6-11 高斯平面

在投影面上中央子午线和赤道的投影都是直线,并且以中央子午线和赤道的交点O作为坐标原点,以中央子午线的投影为纵坐标轴,以赤道的投影为横坐标轴,这样便形成了高斯平面直角坐标系。

在高斯投影中,椭球面上的任一角度,投影后保持不变,中央子午线上没有长度变形,其他均有长度变形。为了限制长度变形对定位精度的损害,通常还要进行投影分带,将投影区域限定在中央子午线两侧。每一个投影带设有一个平面坐标系,为了避免Y坐标出现负值,在中央子午线上的各点Y坐标定为500km,即将X轴向西平移500km。

我国规定按经差6°和3°进行投影分带。高斯投影6°带,自0°子午线起每隔经差6°自西向东分带。依次编号1,2,3,…。我国6°带中央子午线的经度,由69°起每隔6°至135°,共计12带,带号用n表示,中央子午线的经度用L_0表示,它们的关系是$L_0=6n-3$。

高斯投影3°带是在6°带的基础上形成的,它的中央子午线一部分同6°带中央子午线重合,一部分同6°带的分界子午线重合。如用n'表示3°带的带号。L表示3°带中央子午线经度,它们的关系为$L=3n'$。

在我国,x坐标都是正的,y坐标的最大值约为330km。为了避免出现负的横坐标,可在横坐标上加上500 000m。此外还应在坐标前面再冠以带号。这种坐标称为国家统一坐标。

例如，有一点 $Y=19\ 123\ 456.789\text{m}$，该点位在 19°带内，其相对于中央子午线而言的横坐标则是：首先去掉带号，再减去 500 000m，最后得 $y=-376\ 543.211\text{m}$。

(2)高斯投影正算公式

根据大地坐标经纬度(L,B)，计算高斯平面坐标(x,y)，称为高斯投影正算，计算公式如式(6-36)所示。

$$\left.\begin{aligned} x &= X+\frac{l^2}{2}N\sin B\cos B+\frac{l^4}{24}N\sin B\cos^3 B(5-t^2+9\eta^2+4\eta^4)+\frac{l^6}{720}N\sin B\cos^5 B(61-58t^2+t^4) \\ y &= lN\cos B+\frac{l^3}{6}N\cos^3 B(1-t^2+\eta^2)+\frac{l^5}{120}N\cos^5 B(5-18t^2+t^4+14\eta^2-58\eta^2 t^2) \end{aligned}\right\} \tag{6-36}$$

式中：$l=L-L_0$，L_0 为投影带中央子午线经度；

卯酉圈曲率半径　$N=\dfrac{a}{\sqrt{1-e^2\sin^2 B}}$；

椭球第一偏心率　$e=\sqrt{1-\dfrac{b^2}{a^2}}$；

椭球第二偏心率　$e'=\sqrt{\dfrac{a^2}{b^2}-1}$；

椭球扁率　$f=\dfrac{a-b}{a}$；

a、b 分别为参考椭球的长、短半径；

辅助变量　$t=\tan B$；

辅助变量　$\eta=e'\cos B$；

X 为赤道至纬度为 B 的平行圈的子午线弧长，其计算公式为：

$$X=c[\beta_0 B+(\beta_2\cos B+\beta_4\cos^3 B+\beta_6\cos^5 B+\beta_8\cos^7 B)\sin B] \tag{6-37}$$

式中：$\beta_0=1-\dfrac{3}{4}e'^2+\dfrac{45}{64}e'^4-\dfrac{175}{256}e'^6+\dfrac{11\ 025}{16\ 384}e'^8$；

$\beta_2=\beta_0-1$；

$\beta_4=\dfrac{15}{32}e'^4-\dfrac{175}{384}e'^6+\dfrac{3\ 675}{8\ 192}e'^8$；

$\beta_6=-\dfrac{35}{96}e'^6+\dfrac{735}{2\ 048}e'^8$；

$\beta_8=\dfrac{315}{1\ 024}e'^8$；

c 为极曲率半径，$c=\dfrac{a^2}{b}=\dfrac{a}{\sqrt{1-e^2}}$（两极的子午圈曲率半径）。

式(6-36)称为高斯正算公式，它舍去了 6 次以上高阶项，计算精度为 0.001m。

三、地图匹配

1. 地图匹配的数学描述

考虑车辆在一个有限的道路网 N 中行驶，已知车辆在 t 时刻的测量位置 $P(t)$，地图匹配

的目标是确定 t 时刻车辆所处的路段 L，并在路段 L 上确定匹配点 $\overline{P}(t)$ 作为车辆的匹配位置。

地图匹配算法主要包括误差区域确定、最佳匹配路段选取、最佳匹配位置确定 3 个过程，算法流程如图 6-12 所示。

2. 误差区域的确定

误差区域是指可能包含车辆真实位置的区域，误差区域内的路段为候选路段。确定误差区域的目的是为了减少地图匹配时间。误差区域应根据传感器定位结果和误差情况确定。有许多方法可用于计算与特定定位系统相关的误差区域，其中一种方法是获得一个误差椭圆，该误差椭圆以一定的概率包含车辆的实际位置。假设系统的方差、协方差矩阵模型化为：

$$P=\begin{bmatrix}\sigma_x^2 & \sigma_{xy}\\ \sigma_{yx} & \sigma_y^2\end{bmatrix}$$

其中，σ_x^2 和 σ_y^2 是传感器测量误差的方差，σ_{xy} 和 σ_{yx} 是协方差。可由下面的方程式推导出误差椭圆：

$$\begin{cases} a=\hat{\sigma}_0\sqrt{1/2(\sigma_x^2+\sigma_y^2+\sqrt{(\sigma_x^2-\sigma_y^2)^2+4\sigma_{xy}^2})} \\ b=\hat{\sigma}_0\sqrt{1/2(\sigma_x^2+\sigma_y^2-\sqrt{(\sigma_x^2-\sigma_y^2)^2+4\sigma_{xy}^2})} \\ \phi=\dfrac{\pi}{2}-\dfrac{1}{2}\arctan\left(\dfrac{2\sigma_{xy}}{\sigma_x^2-\sigma_y^2}\right) \end{cases} \tag{6-38}$$

式中：a——椭圆长半轴；

b——椭圆的短半轴；

ϕ——椭圆长半轴的取向与正北方向的夹角（图 6-13）；

$\hat{\sigma}_0$——单位权值的后验方差，又称扩展因子。

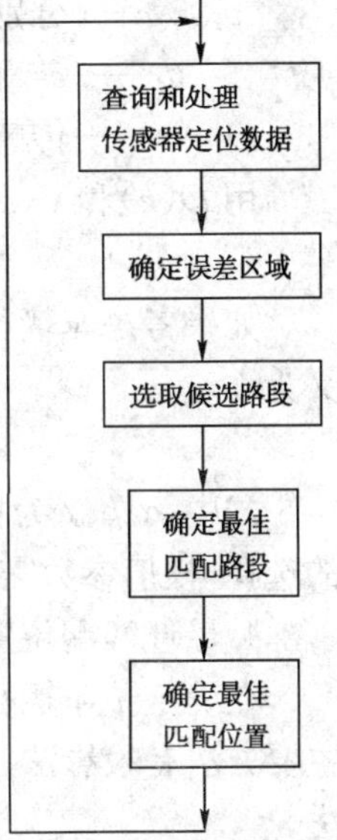

图 6-12　地图匹配算法流程

假设测量误差的分布是标准正态分布，标准椭圆（$\hat{\sigma}_0=1$）对应于 39％的置信区域。可调整椭圆的大小以表示不同置信度，$\hat{\sigma}_0=2.15$ 时，可得 95％的置信度，$\hat{\sigma}_0=3.03$ 时，可获得 99％的置信度。如果使用 GPS 接收机作为定位手段，方差和协方差数据可以直接从 GPS 接收机的输出获得。

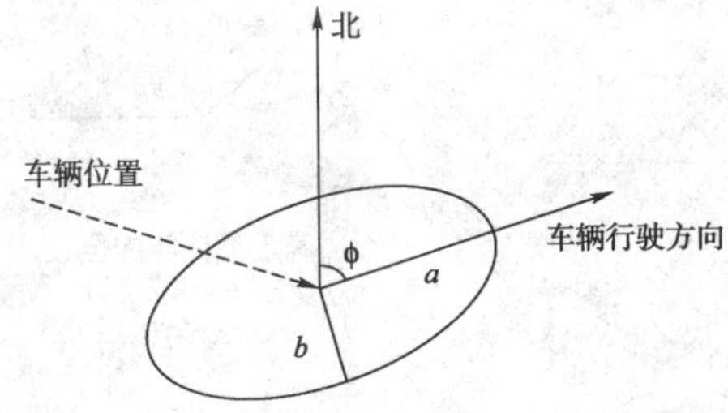

图 6-13　误差椭圆

3. 最佳匹配路段确定

在确定误差区域获取候选路段后，下一个环节就是从候选路段中选取最佳匹配路段（车辆行驶路段）。目前解决这一问题的方法主要有 Q 因子算法、基于条件概率的方法、基于滤波的方法等，本节简要介绍 Q 因子算法的思路。

Q 因子算法的基本思路是：为每一条候选路段 i 定义一个匹配度 Q_i，以衡量该候选路段是车辆真实行驶路段可能性的大小，在计算出所有落入误差区域的候选路段的匹配度后，对它们进行比较，车辆真实行驶路段的匹配度应满足以下两个条件：

（1）车辆真实行驶路段的匹配度大于所有其他候选路段的匹配度；

(2)车辆真实行驶路段的匹配度大于阈值 Q_T。

车辆行驶路段的选择主要考虑两个因素：一个是传感器定位位置与候选路段之间的距离，另一个是传感器定位轨迹与道路形状的相似程度，可用下面两个公式表示：

$$D(p_c, p_r) = \frac{1}{1 + \frac{\| p_c - p_r \|^2}{\sigma^2}} \tag{6-39}$$

$$V(\vec{v}_c, \vec{v}_r) = \frac{(\vec{v}_c \cdot \vec{v}_r)^2}{\| \vec{v}_c \|^2 \| \vec{v}_r \|^2} = \cos\theta_\delta \tag{6-40}$$

式中：p_c、$\vec{v}_c$——分别为传感器测量的车辆位置和速度；

p_r、$\vec{v}_r$——分别为车辆投影在道路上的位置和速度；

θ_δ——$\vec{v}_c$ 和 $\vec{v}_r$ 之间的夹角；

σ——传感器定位误差的均方差。

用 $D(k)$ 和 $V(k)$ 分别表示 k 时刻对应的 $D(p_c, p_r)$ 和 $V(\vec{v}_c, \vec{v}_r)$，则 Q 因子可定义为：

$$Q(k) = \alpha D(k) + \beta V(k) \tag{6-41}$$

如果考虑车辆行驶的连续性，当前时刻的 Q 因子受上一时刻 Q 因子影响，则 Q 因子可定义为：

$$Q(k) = \alpha D(k) + \beta V(k) + \gamma Q(k-1) \tag{6-42}$$

式中，α、β、γ 为权值，在 0 和 1 之间取值。Q 因子算法的性能很大程度上依赖于权值参数的选择，权值参数需要根据路况进行调整。

4.最佳匹配位置确定

在确定了车辆行驶路段后，下一步的工作就是确定最佳匹配位置。确定最佳匹配位置的主要方法有投影法、最大后验概率 MAP 估计器和滤波法等，这里主要介绍简单常用的投影法。

假设在道路网中，P 为定位传感器测量的车辆位置，AB 为确定的最佳匹配路段，可依据投影法确定 P 在路段 AB 上的最佳匹配位置 $P_M(x_{PM}, y_{PM})$，如图 6-14 所示。

$$\begin{cases} |\overrightarrow{AP_M}| = \dfrac{\overrightarrow{AP} \cdot \overrightarrow{AB}}{|\overrightarrow{AB}|} \\ x_{PM} = long_A + \dfrac{|\overrightarrow{AP_M}|}{|\overrightarrow{AB}|}(long_B - long_A) \\ y_{PM} = lat_A + \dfrac{|\overrightarrow{AP_M}|}{|\overrightarrow{AB}|}(lat_B - lat_A) \end{cases} \tag{6-43}$$

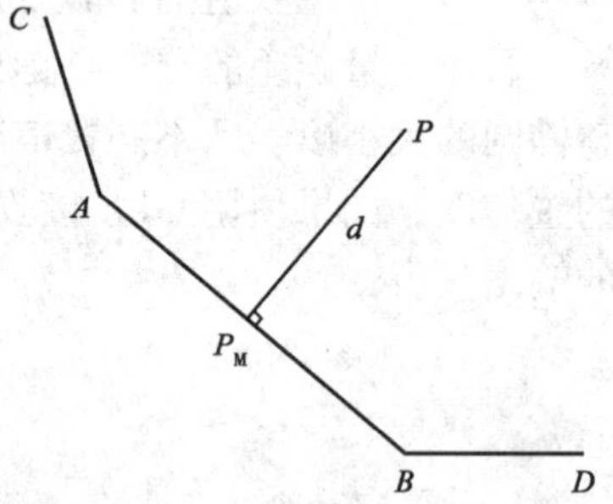

图 6-14　投影法确定最佳匹配位置

式中，· 表示向量的点积，$(long_A, lat_A)$、$(long_B, lat_B)$ 分别表示 A 点、B 点的坐标。

投影距离 d 为：

$$d = |\overrightarrow{PP_M}| = \frac{|\overrightarrow{AP} \times \overrightarrow{AB}|}{|\overrightarrow{AB}|} \tag{6-44}$$

式中，× 表示向量的叉积。

投影法实现简单，但投影法仅能消除传感器测量值中垂直于道路方向的误差，无法消除沿道路方向的误差，容易导致超前、滞后现象的发生。

第四节　路径规划与引导

一、概述

路径规划是帮助驾驶员在旅行前或旅行途中规划行驶线路的过程，是车辆导航中的一个基本问题，也是实现导航功能的前提条件。按照规划目的，路径规划可分为多车辆路径规划和单车辆路径规划，前者多用于车队调度和交通管制，后者则广泛应用于各种导航系统。车辆定位导航系统的路径规划属于单车辆规划的范畴，它要解决的主要问题是在给定道路网中寻找从出发点到目的地之间的最优路径。针对实际应用的不同要求，在路径规划中可以采用的优化标准有很多，如最短行车距离、最少旅行时间、最低通行收费等。无论采用何种标准，最优路径规划最终都可以归结为在特定道路网中寻找具有最小代价的最短路径问题，即图论中的最短路问题。

路径引导是指挥驾驶员沿着由路径规划模块计算出的路线行驶的过程。路径引导过程可以在旅行前或在途中以实时方式进行。行驶前的引导信息可以用打印机打印出来，提供给驾驶员。这类似与旅行代办处提供的旅行提示，但打印出的信息包括详细的车辆行驶中依次转向的指令。这些指令可以包括转向、街道名称、行驶距离和路标。行进中的路径引导需要向驾驶员提供实时的依次转向行驶指令，需要一个导航地图数据库、准确的定位模块和具有实时计算能力的软件。

路径引导模块利用路径规划模块和定位子系统引导车辆行驶。除数字地图数据库模块外，定位系统可以仅包括定位模块，或者包括定位模块和地图匹配模块。一旦由路径规划模块计算出特定的路径且定位子系统已经确定了车辆的位置，路径引导模块与这些子系统协同工作以向驾驶员提供适当的引导。引导信息的表达借助于人机接口模块。引导模块与其他模块相互作用的简化功能框图如图 6-15 所示。

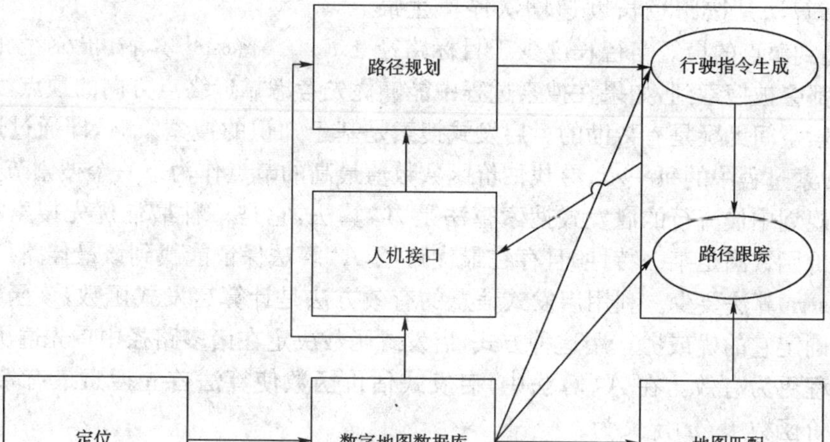

图 6-15　路径引导模块与其他模块的关系

随着车辆行驶，实时路径导航要求车辆的位置作为时间的函数不断地与路径规划模块产生的最佳路径相比较。根据车辆当前的位置、走向及行驶道路的信息，实时路径引导系统不断地更新这些信息。当转弯或者行驶指令到达时，路径引导系统使用可视信号、声频信号或者行驶指令提醒驾驶员。

二、路径规划

本节主要讨论路径规划的两种常用算法：最短路径算法和双向搜索算法，路径规划的其他算法，如双向搜索算法、分层搜索算法、分区域搜索算法等请参阅参考文献[44]。

1. 最短路径算法

最短路径算法主要代表之一是迪杰斯特拉（Dijkstra）算法。该算法采用了在优化问题中常用的贪心技巧。贪心算法在每一步都选择局部最优解以期望产生一个全局最优解。给定一个加权有向图，如图6-16所示，Dijkstra算法保存一个节点集合（即带有数字的小圆圈），节点相对于原节点的最小费用（即节点间的权值）是已知的。开始时，这个集合仅包含原节点，其他各节点为“剩余节点”。在每一步，向集合加入一个“剩余节点”，它的费用相对于原节点尽可能小。假设所有线段的费用都是非负的，那么，总能找到一条从原节点到“剩余节点”的最短路径，这条路径经过的节点都是集合中的节点，我们称这样的路径为“特殊的”。在算法的每一步，用一个数组记录每一节点的最短路径长度，一旦该集合包含所有节点的最短距离，所有路径都是“特殊的”，因此这个数组将存储从原节点到每一节点的最短路径。

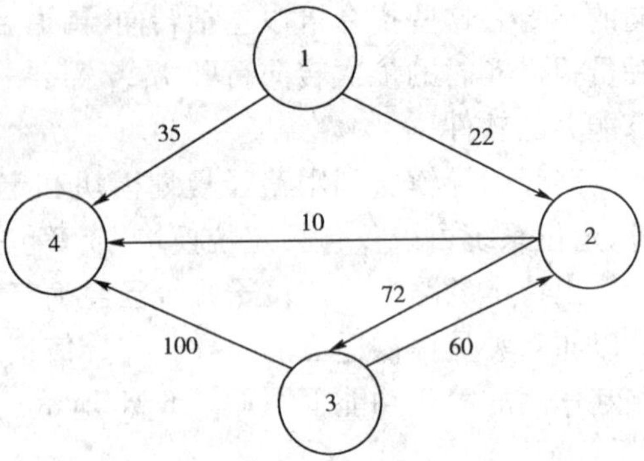

图 6-16 具有费用权的有向图

用这个算法的一个必要条件是对每个有向线段来说费用必须是非负的，这在车辆导航中总是真的。一个有向线段意味着每个路段有一个和它相关联的旅行方向。若非负的费用值的条件成立，则Dijkstra算法将会求出从原节点到其他各节点的最优解。在图6-16的例子中，这意味着该算法分别求出从节点1到节点2、3、4的最小费用路径。

2. 启发式搜索算法

Dijkstra算法是按路径长度递增次序产生最短路径，凡是到源点的最短路径长度少于目标路径长度的顶点都会被搜索到，如果在搜索过程中能够优先考虑靠近终点方向的顶点，那么对于减小算法的搜索空间无疑是有帮助的。启发式搜索是基于知识的搜索策略，即通过选定一种估价函数，在搜索过程中的每一步，寻找估价函数数值最高的节点作为下一个搜索节点。

在路径规划中最流行的启发式搜索算法是A^*算法，它是一种最佳优先搜索算法。如果所选择的估价函数满足某一特性，且存在最优路径，A^*算法保证能找到该最佳路径，而其搜索空间比Dijkstra算法要少。利用启发式信息的有效方法是计算启发式函数，该函数估价每一生成节点以确定它的优或劣。用这种方式，启发式函数决定在诸多路径中首先遍历哪条路径，以便搜索过程更为有效。在A^*算法中，启发式估价函数使算法首先搜索最有希望的节点。节点n的估价函数$f'(n)$定义为：

$$f'(n) = g(n) + h'(n) \tag{6-45}$$

式中：$g(n)$——从原节点到当前节点n的实际费用；

$h'(n)$——从当前节点n到目标节点最小费用路径的估计。

如果$h'(n)=0$，即没有利用任何启发式信息，这时A^*的算法就变成了普通的Dijkstra算法。$h'(n)$具体形式的选择取决于路径优化标准，在选择时，$h'(n)$要满足一个要求，就是不能

过高估计当前顶点 n 的最小费用，这被称为可纳性条件。只要满足可纳性条件，且原问题存在最优解，则 A^* 算法一定能够计算出最优路径。

对于路径规划问题，如果选择最短距离为优化标准，可定义顶点 n 的启发式估价函数为：

$$f'(n)=t'(n)=g(n)+h'(n)=\sum_{i=1}^{n}d_i(n)+d'(n) \tag{6-46}$$

式中：$d_i(n)$——路段 i 的长度；

$d'(n)$——当前顶点到终点的欧式距离。

如果选择最少出行时间为优化标准，则可定义顶点 n 的启发式估价函数为：

$$f'(n)=t'(n)=g(n)+h'(n)=\sum_{i=1}^{n}\frac{d_i(n)}{v_i(n)}+\frac{d'(n)}{v'} \tag{6-47}$$

式中：$t'(n)$——出行时间；

$v_i(n)$——路段 i 的最大行驶速度；

v'——估价的最大行驶速度。

三、路径引导

1. 途中引导

路径引导模块的主要功能是确定何时及如何引导驾驶员行驶。路径引导包括行驶指令的产生和规划路径的跟踪两个任务。行驶指令的产生主要是生成一个由规划路径跟踪所遵循的行驶指令列表。行驶指令的产生以适当的行驶指令和转弯信息向列表中的路段添加信息，这些信息通过人机接口以特定的视、听指令加以解释，行驶指令与转弯类型的不同组合对应于向驾驶员提供不同的视听表达。规划的路径包括通往目的地的一系列路段，在途中的任一点，车辆应行驶在规划出路径中的某一路段上，路径跟踪的任务是实时监视车辆处于该路段上的位置以确定何时采用适当的引导行动。一旦路径跟踪识别出驾驶员下一步的行驶指令，它必须借助于一种方式把该指令信息传递给驾驶员。目前导航系统所采用的最流行的方法是提供一个或一系列声音预告，以事先通知驾驶员即将到来的行驶指令，以便采取适当的行动。可通过扬声器利用事先录制的人的声音或语音合成发出预告；另一种方法是把行驶指令显示在屏幕上，并提供简单的声调。

引导信息一般分为早期信息、准备信息和到达信息 3 种。早期信息事先通知驾驶员一条即将到来的行驶指令；准备信息在到达路口、出口的一定区域内给出，通知驾驶员注意路标、出口标志，做好转向准备等；到达信息在接近路口处给出，提示驾驶员准备执行行驶指令。

2. 偏离路径的引导

驾驶员可能由于各种原因偶尔地偏离规划的路径行驶，他们可能在指示的交叉路口转错了弯，对于一个交叉路口可能不能行驶到正确的车道，也可能临时离开路径等。一旦系统确定车辆不再行驶在给定的路径(或没用行驶在预先确定的附近任何路段上)，系统必须具有使车辆回到正确路径上的机制。

可采用不同的方法解决这个问题。一旦确定车辆偏离了路径，一个简单的解决办法是提醒驾驶员车辆偏离了路径，接着在屏幕上显示一个方向箭头指向原来目的地方向。驾驶员应该利用这一大致方向返回到原来的道路或者找到一条到达目的地的道路。另一种解决办法是通知驾驶员车辆已经偏离了路径，需要重新规划一条通往目的地的最优路径。再一种选择是从当前偏离路径位置规划一条到达原路径的最短路径，在这种情况下，车辆偏离路径地方的下一规划路段可作为间接目的地。也可以使用原来的目的地重新规划一条路径，问题的关键是路径规划系统如何确定新的起点。如果出现偏离路径后车辆停下来，车辆的当前位置可作为起点；否则，必须在车辆当前行驶方向前面选择起点。选择候选起点的原则是车辆到达该点的行驶时间等于重新规划新的路径所需的最大时间。

3.利用动态信息的引导

在前面的讨论中，我们隐含地假设路径引导模块是基于静态路径规划。静态路径规划利用每条路段的静态旅行代价计算最小代价路径并引导车辆沿着该路径行驶。旅行代价可包括距离、行驶时间和转弯数等。静态代价可以是从预先存储的地图数据库中导出的值，该值不以一天的时间所变化；或者是统计值，对于特定路段在某时间段内该统计值已预先确定。在现实环境中，旅行代价是取决于特定时间交通条件的动态值，用于引导的路径要基于每条特定路段的实时代价来计算。

下面讨论一种动态路径引导算法。这一算法的主要思想是尽可能多地依靠动态行驶代价进行路径引导。为了达到这一目的，车载导航计算机必须能够接收动态代价数据，把静态数据库变成动态数据库。一种方法是在车上保留一个静态数据库，在路径引导过程中，该数据库能动态地更新以反映新的代价信息。图 6-17 中描述的算法首先使用静态代价规划路径，驾驶员沿着规划的路径行驶时，车载系统不断地监视由交通管理中心广播的新消息。为简单起见，假设消息包含车辆正在行驶区域的行驶路段代价数据，当系统接收到一条消息时，判断消息是否包含车辆附近的路段信息。如果消息包含这样的数据，在静态数据库受影响的路段使用新的路段代价信息进行更新。如果一个或几个受影响的路段恰好落在车辆还没有驶过的预先规划的部分，则自动触发路径规划模块，基于这些动态代价计算一条可选路径。如果该可选路径比当前路径好，通知驾驶员已经发现一条最短的路径。驾驶员可接收或拒绝这一建议。如果驾驶员接受这一路径，系统将放弃当前的路径并引导驾驶员沿着新的路径行驶。算法流程图如图 6-17 所示。

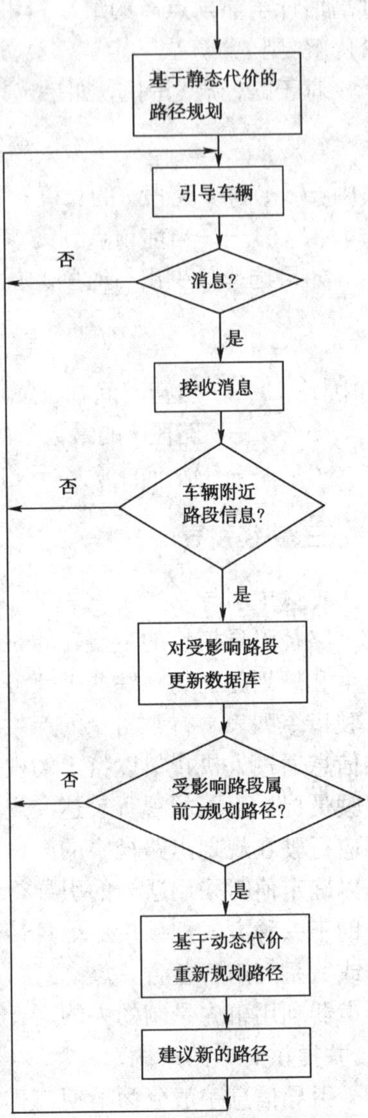

图 6-17　动态路径引导算法流程图

第五节　移动通信技术

移动通信系统是车辆定位与导航系统的一个重要组成部分，利用移动通信技术，驾驶员和车载导航系统可接收到最新的交通信息以引导其行驶，而交通管理中心可利用来自车辆的当前交通反馈信息作出管理决策。本节重点介绍车辆定位与导航中的移动通信技术。

车辆定位与导航中应用的移动通信方式可以归纳为：常规通信、集群通信、蜂窝通信、无线数据广播、专用数据通信和卫星通信。

1.常规通信数据传输

最简单的车辆定位系统采用常规通信方法，即建立一个管理中心，M 个用户共用一个或多个信道，系统一旦设定完毕，各用户仅能利用自己的信道进行数据传输。在该方式下，移动车辆与管理中心的空中接口方法一般有两种：

①TDMA 方案；

②管理中心顺序查询各车俩的信息，本质上仍为 TDMA。

前者适用于连续的动态跟踪，而后者需用更多的时间才能实现车辆的跟踪，动态性和实时性比前者差。

基于常规通信网进行数据传输组成的车辆定位系统作用范围与信道的波段、中心站天线高度、发射功率等因素有关。

2. 集群通信网数据传输

集群通信系统是专用调度通信系统，其特点是“频率共用”，即系统内用户共同使用一组频率，用户每次建立通话前首先向调度台提出申请，调度台将搜索到的空闲信道分配给该用户。集群通信为用户提供的基本业务有话音通信、保密话音通信、数据及状态信息传输，并具有多种呼叫接续方式，如移动台到移动台，移动台到调度台双向。有线接续等呼叫类型有单呼、组呼、全呼、有无线互联呼叫等。

集群通信系统的分类方法有多种，按照信令类型分有模拟信令、数字信令及混合信令系统；按照信令方式分有共路信令方式和随路信令方式；按照话音信号分有数字集群、模拟集群；按控制方式分有集中控制，分散控制等。目前较为广泛使用的为集中控制方式的模拟集群系统，信令有 MPT-1327 标准的，也有非公开标准的。基于 MPT-1327 标准信令的系统，传输车辆定位数据可以在信令信道中进行，也可以在话音信道中进行；而非公开信令标准的集群系统，车辆定位数据只能在话音信道中进行。相应地，对车辆的数字信息必须进行调制才能在话音信道中传输。

3. 蜂窝移动通信方式

集群通信系统和常规通信系统都属于专用移动通信，由某一部门独立建设和使用，一般都只能是在某一特定地区、特定部门中使用，覆盖范围较小，这严重限制了车辆定位导航系统的应用范围，而且容量比较小，在有些专业频率十分拥挤的地方已无频率可以申请以至于无法建网。蜂窝移动通信方式利用频率复用技术实现频率资源的有效利用，目前已经从模拟制式发展到数字制式，网络覆盖基本上已经达到全国范围。充分利用已有的蜂窝网实现无线数据传输业务是一种既有效又经济的手段。

(1)蜂窝数字分组数据(CDPD)通信

CDPD(Cellular Digital Packet Data)是蜂窝数字分组数据系统，以 800MHz 模拟蜂窝 AMPS 移动网为基础，与 AMPS 共用一频段，频宽为 30kHz。它使用蜂窝系统的空闲话音信道传送数据，也可以指定一个专用信道传送数据。其突出特点是采用开放的 TCP/IP 协议，应用软件较易开发，便于用户使用。CDPD 适用于短的突发信息，以及速率低于 19200bit/s 的低、中速率业务。目前，美国 ITS 联合会已经将 CDPD 系统确定为提供道路交通信息及为驾驶员进行路径导航的通信网络。利用该技术也可以在 800MHz 频段上建立专门的只传送数据的 CDPD 网。CDPD 网投资少，效益高，其通信性能优于电路交换型数据传输，而成本和覆盖范围又优于专用无线分组网。

(2)GSM 短消息业务

短消息业务是 GSM(Global System for Mobile Communications)网所提供的电信业务之

一。所谓的短消息是指长度不超过160个字符的文本消息，传送给移动台的短消息在用户识别模块(SIM)上存储。GSM数字蜂窝移动通信系统是作为公用电话网的一部分，它的服务一般是建立在呼叫连接的基础上的。而短消息是GSM中唯一不要求建立端到端路径的业务，即使移动台已处于通话(或数据传输)过程中亦可进行短消息传输。这样不需要使用其他的通信方式或占用另外的信道就可以同时进行车辆消息的传送和通话。

短消息业务是由短消息服务中心来完成的，短消息服务中心被认为是处于GSM外部的，它与移动交换中心相连，通过基站与移动台通信。GSM的第五种互通功能(IWF5)支持短消息业务，包括移动台起始的点对点短消息和移动台终止的点对点短消息。当某一用户要发送短消息时，他首先编辑好要发的短消息内容，然后给出目的地用户地址，并指明短消息的有效时间期限，把短消息发送到短消息服务中心即可；短消息服务中心收到该短消息后，把它存储下来，然后根据目的地地址发送给最终用户，如果发送失败则在有效时间期限内定时重发，过期则丢弃该条短消息。点对点的短消息每次发送的信息量限制在160个字符以内，广播式短消息限93个字符以内。由于短消息传输用的是信令信道，采用的是存储转发的方式而不是像话音和数据那样建立电路连接，不占用业务信道，因此短消息服务费用低，传输延时较数据长而且不固定。

(3)通用分组无线业务(GPRS)

通用分组无线业务GPRS(General Packet Radio Service)是在GSM网上开发的针对突发性数据分组传送的一种新业务，其业务种类与短消息业务类似，提供两类业务，即点到点业务和一点到多点业务。GPRS采用4种信道编码方案以支持不同的数据传输速率，如表6-1所示。

GPRS信道编码方案与数据传输速率　　表6-1

编码方案	每时隙所传输数据速率(kbit/s)	最大数据传输速率(kbit/s)
CS-1	9.05	72.4
CS-2	13.4	107.2
CS-3	15.6	124.8
CS-4	21.4	171.2

若干个GPRS用户可以共享一个无线信道，而一个移动数据用户也可同时利用多个信道，因此GPRS用户的实际通信速率非常灵活，可以低于100bit/s，也可能高于100bit/s。如果采用GSM上的增强数据速率EDGE或带宽码分多址WCDMA技术，改变现有的无线调制方式8PSK/QAM，则可以实现300bit/s至2Mbit/s的数据通信速率。GPRS的另一个优点是资费的合理性，用户只需按数据通信量付费即可，而不是像电路交换方式那样需对整个链路占用时间付费。

4.专用无线数据通信网

在国际上较流行的无线数据通信还有采用Mobitex和Datatac技术的专用分组无线网络。Mobitex技术由Ericcson公司和瑞典电信联合开发，用于美国的RAM网以及挪威、芬兰、比利时、荷兰、澳大利亚、加拿大、法国、韩国等的移动数据网，工作在900MHz或450MHz频段，理论传输速率为8kbit/s，实际有效吞吐量为2.4～4.8 kbit/s。Datatac技术由Motorola公司开发，在美国的Ardis网及德国、英国、加拿大等的移动数据网中应用，其理论传输率达到9.6kbit/s和19.2kbit/s，实际吞吐量为2～8 kbit/s。

5. 广播数据通信(RDS)

RDS 首先由欧洲广播联盟和各个欧洲广播公司,尤其是瑞典的 Telecom Radio(STR)和 BBC 所定义,是在调频立体声广播(VIF/FM)中利用附加信道来传送数据信息,是对调频广播的重大发展。RDS 以 57kHz 为副载波,带宽为 4.8kHz,数据率为 1.118 75kbit/s。

目前,RDS 在欧洲已经广泛地应用于交通信息的广播发送,在国内,清华大学 GPS 研究室于 1996 年成功地开发了基于 RDS 的 DGPS 系统。

6. 卫星通信方式

卫星通信是利用通信卫星提供转发功能,实现远距离、覆盖面广的通信。目前,INMARSAT－A、B、C、M、D＋等地面站已经建立,组建大范围的车辆定位导航系统可以选用卫星通信方式。其中,基于 INMARSAT－C 的 Ctrack 系统已经被广泛采用。另外,美国高通公司的 OmniTRACS 系统应用领域也非常广泛。

利用卫星通信作为车辆定位的数据传输方式适用于需要覆盖全国乃至全球范围的车辆。但系统的车载终端价格较高,通信费用也较高,因此,对小范围的车辆导航并不适用。而且,其实时性也不能保证,一般采用主动查询的方式对各移动车辆的定位数据进行采集。

第七章　高速公路交通管理系统

第一节　概　　述

世界上第一条高速公路于1932年在德国建立。由于高速公路的“安全、快速、高效、舒适、方便”和对经济的巨大促进作用，使它在世界范围内迅速发展。但随着交通需求的不断增加，高速公路交通拥挤、交通事故频繁发生，由此带来经济、环境等方面的巨大损失，迫使人们寻求管理手段解决交通拥挤问题。

高速公路交通管理系统是通过控制和诱导交通流来改善交通状况，其主要目标如下：

(1)连续监视交通流的运行情况，必要时采取合适的交通控制措施来缓解交通拥挤；

(2)减少常发性交通拥挤发生的频率，缓解它带来的影响；

(3)通过使通行能力快速恢复到正常水平来尽可能地减少偶发性交通拥挤的持续时间和危害；

(4)提高交通运行效率，改善交通安全；

(5)向驾驶员提供有关交通运行的实时信息，以便他们能作出另外的选择。

高速公路交通管理系统一般包括以下几方面的功能，如图7-1所示。

(1)交通监视

包括对交通流运行状况和交通环境的数据采集和闭路电视。交通监视为其他功能的实现提供基本的数据。

(2)匝道控制

匝道控制是通过控制入口匝道(包括对入口匝道的关闭)，提高高速公路总的运行效率，减少匝道汇合处的交通紊乱，改善交通安全性。

(3)事件管理

包括事件检测与确认、事件的响应与清除、事件发生后的交通管理(比如将交通转移到其他路线)等。事件管理的目标是在事件发生后使高速公路迅速恢复其通行能力，尽可能地减少事件产生的负面影响。

(4)信息发布

向公众发布有关交通状况的实时信息，以便他们能够选择更多的路径，作出更多的选择。所发布的信息包括：事件发生的时间地点、可供选择的路径、高速公路的构造和预测的天气情况。

(5)车道使用控制

控制和调整车道与路肩的使用，尽可能提高现有交通供给的使用率，如在高峰期开放路肩以及变向车道控制等。主线控制是通过对高速公路主线上的交通进行调节、诱导和警告，来改善高速公路运行的安全和效率，缓解主线上的交通拥挤和交通瓶颈对交通的影响。

(6)高利用率车辆的优先措施

通过给予高利用率车辆(High-Occupancy Vehicle,HOV)在通行时间和空间上的优先来鼓励高利用率车辆的使用,包括在匝道入口给予高利用率车辆优先权,采用特殊的监控方式快速检测和清除高利用率车辆车道上的交通事件,采用技术手段加强高利用率车辆的管理等。

本章以下部分重点介绍高速公路交通管理系统中的匝道控制、事件管理和信息发布这几项功能。

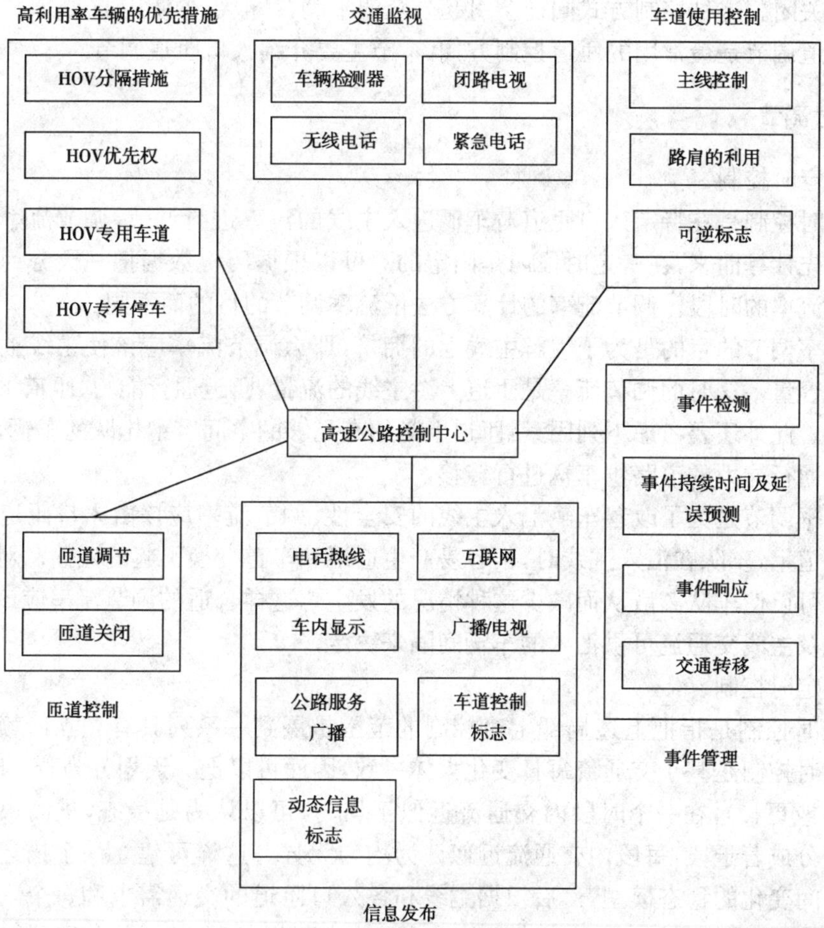

图 7-1 高速公路交通管理系统的功能

第二节 匝道控制

一、匝道控制分类

匝道控制可以分为入口匝道调节、入口匝道关闭和出口匝道关闭 3 大类。

1. 入口匝道调节

入口匝道调节就是根据历史或实时交通量对入口匝道的车辆驶入率进行调节。按调节方式不同,入口匝道调节可以分为定时调节和响应式调节两种形式。

2. 入口匝道关闭

入口匝道关闭是在入口匝道通过自动路栏和人工设置路障来禁止车辆进入高速公路。入口匝道关闭，可以是永久性关闭，或者是在高峰期以及偶发性拥挤期短期关闭。这种控制方式一般会引起公众的强烈不满，只有在极端情况下在才予采用。

3. 出口匝道关闭

出口匝道关闭是在出口匝道通过自动路栏禁止车辆驶出高速公路。当接近高速公路主线的交叉口发生拥挤，管理者希望车辆从有足够通行能力的其他出口匝道驶出的情况下，可以使用出口匝道关闭。这种控制方式同样会引起公众的不满，一般很少使用。

入口匝道调节是最常用的匝道控制方式，本节主要介绍入口匝道调节。

二、定时调节

1. 局部定时控制

局部定时控制是在特定入口匝道对车辆进入主线的流率进行调节，调节流率是根据历史交通数据预先计算而来，在一定时段内是固定的。可以根据历史数据把一天分为具有若干具有不同调节流率的时段。调节流率的计算方法依流率调节的目的而不同。

如果流率调节的目的是为了缓解主线上的拥挤，那么调节流率应该使主线上的交通需求小于其交通容量。这时的调节流率是匝道上游主线的流量、匝道通行能力、匝道下游主线通行能力的函数。此外还要考虑下列因素：匝道上必须有足够的空间容纳排队的车辆，通道上应该有满足一定通行能力的道路供车辆进行转移。

如果流率调节是为了改善车辆汇入主线的安全性，调节流率应该由入口匝道的汇入条件决定。在匝道上，车队在汇入主线时，很容易产生追尾和车道变换引起的碰撞。对入口匝道进行流率调节可以使车队离散从而减少这种情况的发生。这样合适的调节流率应该由入口匝道的几何形状及主线交通流可供汇入的车辆间隔来决定。

2. 协调定时控制

协调定时控制是指把上述局部定时控制的范围扩展到一系列具有相互依赖性的入口匝道。协调定时控制是基于交通流每日变化大体一致，因而可以把一天划分为若干时段(大约每段为 15min 或更长)，在一个时段内交通流近似于均匀，可以认为是稳态，进而根据实际情况把高速公路分成若干段，每段内交通流近似认为均匀无异。这样可建立一个描述交通流状态只随道路空间变化的稳态模型，然后根据主线和各入口匝道的交通需求和每个入口匝道下游的容量，按照某种性能指标，即在每时段确定一组最佳调节率(常数)，使各路段变通状况总体最优。

(1)控制系统的性能指标

控制系统的性能指标是控制系统方案设计及评价的依据。不同的控制系统具有不同的性能指标。高速公路控制系统常用的性能指标有总行程时间最小指标、总服务流量最大指标、“动能”最大指标等。

①总行程时间最小性能指标

总行程时间最小的性能指标等价于驶入流率最大指标，即：

$$\sum_{i=1}^{N} r_i \rightarrow \max \tag{7-1}$$

式中：r_i——第 i 个入口匝道的调节率；

N——控制范围内匝道的个数。

该性能指标适应交通密度低，希望能提供高的服务水平的情况。另外在城市高速公路上，短途行驶车辆所占比例大，尽量让最多的车从入口进入高速公路，可减轻入口排队的同时又不引起交通密度增加太多（短途车在高速公路上行驶路程较短，对路段交通密度带来的不利影响较小），使总的行程时间减少，因而依据该性能指标设计的控制系统，适用于短途车比例大的城市高速公路的控制。

②总服务流量最大性能指标

总服务流量最大的性能指标等价于：

$$\sum_{j=1}^{N}\Delta_j\sum_{i=1}^{j}a_{ij}r_i\rightarrow\max \tag{7-2}$$

式中：Δ_j——高速公路第 j 段的长度；

a_{ij}——从路段 i 的入口匝道进入的车辆中有 a_{ij} 比例到达路段 j。

总服务流量最大指标适合于长途车辆比例大的城间高速公路的控制。

(2)匝道调节率计算方法

协调定时控制就是根据历史资料确定的交通需求、道路容量和交通模型，按照上述某项性能指标，并考虑一些约束条件，求解一组最优的入口匝道调节率。例如，取总服务流量最大性能指标时，求解最优入口匝道调节率 $r_i(i=1,2,\cdots,N)$算法如下：

$$\sum_{j=1}^{N}\Delta_j\sum_{i=1}^{j}a_{ij}r_i\rightarrow\max \tag{7-3}$$

约束条件为：

$$\sum_{i=1}^{j}a_{ij}r_i\leqslant c_{aj}\qquad(j=1,2,\cdots,N)$$

$$r_1=d_1$$

$$r_{i,\min}\leqslant r_i\leqslant\min\{r_{i,\max},d_i\}\qquad(i=2,3,\cdots,N) \tag{7-4}$$

式中：a_{ij}——从入口 i 进入的车辆到达路段 j 的百分比；

c_{aj}——路段 i 的道路容量；

d_i——路段 i 内入口匝道的交通需求；第一路段无匝道入口，主线始端流量被视为第一匝道 r_1 调节率；

$r_{i,\min}$、$r_{i,\max}$——第 i 路段内入口匝道调节率的最大值和最小值。

三、响应式调节

局部定时控制与协调定时控制的区别只是控制范围大小不同，在本质上都是定时控制的方法。定时控制所采用的调节率是根据历史交通状况而来，无法对短时间的交通变化作出响应，尤其是在交通量无规律的匝道口或面对偶然事件引发的拥挤时，其缺点更加突出。而响应调节方式可在一定程度上克服定时调节的这种弊端。其特点是调节率的变化不再依赖过去历史交通状况，而是以实时检测到的交通数据为依据来确定匝道调节率，因而能适应交通流的随机变化。

1. 局部响应式调节

局部响应式调节方法主要有需求容量控制、占有率控制、闭环反馈控制等。

(1)需求容量控制

这种控制的特征是在实时比较匝道上游交通量和下游容量的基础上选择匝道调节率，其目标是很好地利用有效道路容量。调节率 r(k)的计算公式为：

$$r(k)=\begin{cases}c_a-q_d(k-1), & o_{out}\leqslant o_{cr}\\ r_{\min} & 其他\end{cases} \tag{7-5}$$

约束条件为 $$r_{\min} \leqslant r(k) \leqslant r_{\max}$$

式中：$q_d(k-1)$——$k-1$ 周期内的匝道上游交通流量测量值；

o_{out}、o_{cr}——匝道下游占有率测量值和临界占有率(交通量最大时的占有率值)；

c_a——匝道下游容量；

$r(k)$——匝道调节率；

$r_{\min}$、$r_{\max}$——匝道的最小、最大调节率。

(2)占有率控制

占有率控制通过实时测量入口匝道上游占有率，估算下游剩余的通行能力，从而确定入口匝道调节率。

$$r(k)=\begin{cases} r_{\max} & o(k-1) \leqslant \dfrac{2}{3}o_{cr} \\ c_a\left(1-\dfrac{o(k-1)}{o_{cr}}\right)^2 & \dfrac{2}{3}o_{cr} < o(k-1) \leqslant o_{cr} \\ r_{\min} & o(k-1) > o_{cr} \end{cases} \tag{7-6}$$

式中：c_a——匝道上游的容量；

o_{cr}——临界占有率；

$r(k)$——在时间间隔 k 时的调节率；

$o(k-1)$——时间间隔 $k-1$ 时测量的匝道下游占有率值；

$r_{\min}$、$r_{\max}$——匝道的最小、最大调节率。

(3)闭环反馈控制

ALINEA 是一种局部响应式反馈控制，其控制策略如下：

$$r(k)=r(k-1)+K_R[\hat{o}-o_{out}(k)] \tag{7-7}$$

式中：$\hat{o}$——下游占有率期望值，通常(但不是必须)$\hat{o}=o_{cr}$，在该占有率下，匝道下游的交通流量接近于饱和流量 c_a；

K_R——调节参数，根据现场试验，ALINEA 对调节参数 K_R 的选取并不十分敏感。

ALINEA 能够根据 $\hat{o}-o_{out}(k)$的微小差值对控制量进行缓慢的调整，使交通量稳定在一个高的输出水平上，以此避免拥挤的发生。$\hat{o}$ 随时都可以改变，因此 ALINEA 可以被嵌入到分层控制系统中，各个匝道的 $\hat{o}$ 值由总协调层或者操作员实时确定。

2. 协调响应式调节

(1)多变量调节法

局部响应控制是基于局部交通状况而单独实施的，而协调响应控制则是在一段高速公路上，利用所有主线的观测值 $o_i(k), i=1,\cdots,n$，同时计算该路段所有可控匝道的调节流率 $r_i(k), i=1,\cdots,m$。由于利用了更加丰富的信息和协调控制，这种方法相对于局部匝道控制具有一定的优势。本节介绍一种协调响应控制法，即 METALINE 法。METALINE 可以被看作是 ALINEA 的一种扩展，入口匝道的流率由下式确定：

$$\boldsymbol{r}(k)=\boldsymbol{r}(k-1)-\boldsymbol{K}_1[\boldsymbol{o}(k)-\boldsymbol{o}(k-1)]+\boldsymbol{K}_2[\hat{\boldsymbol{O}}-\boldsymbol{O}(k)] \tag{7-8}$$

式中，$\boldsymbol{r}=[r_1\cdots r_m]^{\mathrm{T}}$ 是一个表示可控匝道流量的 m 维向量，$\boldsymbol{o}=[o_1\cdots o_n]^{\mathrm{T}}$ 是表示各路段占有率测量值的 n 维向量，$\boldsymbol{O}=[O_1\cdots O_m]^{\mathrm{T}}$ 是 $\boldsymbol{o}$ 的一个子向量，它包含 m 个占有率，向量 $\hat{\boldsymbol{O}}=[\hat{O}_1\cdots\hat{O}_m]^{\mathrm{T}}$ 是向量 $\boldsymbol{O}$ 的预先设定值。应该注意到，根据控制理论，预先设定占有率值的数量不能超过可控入口匝道的数量。一般而言，向量 $\boldsymbol{O}$ 的元素是每个被控入口匝道下游的瓶颈路

段的占有率。$\boldsymbol{K}_1$ 和 $\boldsymbol{K}_2$ 是常值增益矩阵，其值必须合理设计。

根据现场试验和仿真结果对 METALINE 和 ALINEA 进行对比，得到如下结论：

①ALINEA 几乎不需要进行任何设计，而 METALINE 需要一个基于先进控制理论（LQ 最优控制）的复杂设计过程。

②对城市高速公路而言，入口匝道的密度很大。在常发性拥挤的情况下，METALINE 相对 ALINEA 没有优势。

③在偶发性拥挤的情况下（比如发生了事故），由于能够利用更全面的测量信息，METALINE 比 ALINEA 的效果要好。

(2)非线性最优控制

这种优化控制方法能够在未来一段时间内使整个路网的各控制变量达到一组预定值，以达到以下目标：

①满足所有的约束条件；

②使总的目标函数值最小。

非线性交通动态过程可用以下动态模型描述：

$$\boldsymbol{x}(k+1)=\boldsymbol{f}[\boldsymbol{x}(k),\boldsymbol{r}(k),\boldsymbol{d}(k)] \tag{7-9}$$

式中，状态向量 $\boldsymbol{x}$ 包含所有路段的交通密度和平均速度以及所有的匝道排队长度，控制向量 $\boldsymbol{r}$ 包括所有可控匝道的交通流量，扰动向量 $\boldsymbol{d}$ 包含所有入口匝道的交通需求。控制量的约束条件由式(7-4)给出，排队长度的约束如下：

$$l_i(k)\leqslant l_{i,\max} \tag{7-10}$$

式中：l_i——排队长度（以车辆数计）。

在 K 时间段内系统的总行程时间可表示如下：

$$T_s=T\sum_{k=0}^{K}[\sum_{i=1}^{n}\rho_i(k)\Delta_i+\sum_{i=1}^{m}l_i(k)] \tag{7-11}$$

式中：$\rho_i(k)$——时间段 kT 内路段 i 的交通密度。

对于给定的当前（初始）状态 $\boldsymbol{x}(0)$ 及交通需求预测 $\boldsymbol{d}(k)$，$k=0,\cdots,K-1$，问题等价于：根据交通量动态变化模型(7-9)和约束式(7-4)、式(7-10)，确定入口匝道流量 $r(k)$，$k=0,\cdots,K-1$，以此使总的行程时间式(7-11)最小。

第三节　事 件 管 理

事件是指那些发生时间或位置不可准确预测的、造成道路通行能力临时下降的事情，例如，交通事故、车辆抛锚、不正当驾驶行为、货物散落等，其定义也可扩充到包括恶劣天气、路面失修等其他一些引起道路通行能力下降的环境、道路条件。当高速公路上发生事件时，发生事件地点的通行能力就会下降。如果它下降到低于交通需求时，就产生了交通拥挤（偶发性拥挤）。

事件管理是在交通事件发生后，为使交通流恢复到正常状态而对一个或多个相关部门所采取措施的协调。事件管理通过多个相关部门的协调合作，可以减少事件的影响时间，从而减少事件造成的影响。一次组织、协调良好的事件管理应该能减少事件产生的延误和燃油消耗。事件管理包括事件检测与确认、事件响应、事件清除、事件恢复 4 个阶段。

(1)事件检测与确认。事件检测即证实某一事件已经发生，而事件确认即是对事件发生的性质与地点的确定。事件检测方法可分为人工(非自动)方法和自动方法两类。人工方法包括事件报告热线、民用无线电、紧急电话、闭路电视(CCTV)、服务巡逻等;自动方法包括直接检测方法和间接检测方法。间接检测方法通过车辆检测器检测交通流参数,根据交通流的变化来间接地判断交通事件的存在。直接检测方法是指使用图像处理及模式识别技术来识别交通事件。可使用CCTV对事件进行确认,CCTV能使操作人员在监控中心直接观察所监视区域的交通状况,极大地缩短事件确认的时间;在没有CCTV的系统或区域,事件的确认一般采用调派巡逻车的方式。

(2)事件响应。事件响应是对人员和设备进行动员、协调和管理以清除事件。事件响应可分为两个阶段。第一阶段涉及识别最近的清除事件响应机构,与这些机构联系、协调他们之间的活动,建议为有效处理事件所需要的资源;第二阶段涉及为减小事件造成影响所采取的各种交通管理和控制措施。这些措施包括通过可变信息标志VMS和其他信息发布设备向公众提供交通信息,执行匝道控制、交通转移策略以及通道交通控制等。事件响应的主要目标是优化资源分配、减小响应时间。

(3)事件清除。事件清除是指安全及时地清除交通事件。小事件的反应与清除策略包括警察巡逻车、服务巡逻车、拖引车等;严重的事件,尽管发生次数少,但对交通有重大影响,并且清除过程复杂。人员伤亡事故、翻车和有害物质泄漏等事件都可能对救援造成挑战,需要大量的人员参与,事件管理需要采用协调合作的方式,必须预先规划和准备,一旦发生严重事件,有关人员和机构能够及时响应。

(4)事件恢复。一旦事件被完全清除,交通应该回到正常状态。事件处理结束时要考虑交通恢复到正常状态的时间。恢复阶段的主要目标是采取有效的交通管理技术恢复正常交通流状态,以避免引起更严重的交通拥挤,防止拥挤对交通网络其他部分产生影响。

本节以下部分对事件管理中的事件检测、事件持续时间预测和延误估计、事件反应计划制定、交通转移控制等核心问题作一简要介绍。

一、事件检测

1.检测算法

快速地检测事件与确认事件是减少事件引起的延误的关键环节之一。间接检测方法通过车辆检测器检测交通流参数,根据交通流的变化来间接地判断是否存在交通事件,主要算法包括模式识别算法、统计算法、交通模型与理论法、人工智能法等。

模式识别算法监测事件发生处上下游道路占有率,算法的一个基本的准则是,事件发生会导致上游占有率的提高和下游占有率的下降。运用一个决策树逻辑判断,把实际测得的交通流数据和预设的门限值相比较。如果超过这个门限值,就判断有事件发生。加利福尼亚算法是最著名的模式识别算法,由美国加利福尼亚州运输部开发。

统计算法是根据实时采集的交通数据对交通特性变量进行短期预测,将预测值与采样值相比较,发现交通流参数的突变来检测事件。代表性算法有标准正常偏差法、贝叶斯算法、时间序列和滤波算法等。

交通流理论模型算法中最著名的是McMaster算法,它运用突变理论来模拟交通流突变。把容量—占有率特性曲线平面分为4个区域,每一个区域都和一个特定的交通流状态相关,算法将实际交通数据与该图进行比较:如果发生拥挤,该算法通过检验下游检测器的交通状态来得出事件发生的位置。

人工智能算法包括神经网络算法和模糊逻辑算法等。人工神经网络算法用交通数据训练后的神经网络来描述交通流规律；基于模糊逻辑的检测算法消除了传统算法由于采用阈值而引起的临界决策区。

下面对加利福尼亚算法作一简要介绍，其他检测算法请参考有关文献。加利福尼亚算法基于事件发生时上游截面占有率将增加，下游检测截面占有率将减少这一事实，用一分钟平均占有率 $OCC(i,t)$，即在时刻 t 从检测站 $i=1,2,\cdots,n$ 得到的平均占有率，依据下面三个条件，判断事件是否发生。

$$\mathrm{OCCDF} = \mathrm{OCC}(i,t) - \mathrm{OCC}(i+1,t) \geqslant K_1 \tag{7-12}$$

$$\mathrm{OCCRDF} = \frac{\mathrm{OCC}(i,t) - \mathrm{OCC}(i+1,t)}{\mathrm{OCC}(i,t)} \geqslant K_2 \tag{7-13}$$

$$\mathrm{DOCCTD} = \frac{\mathrm{OCC}(i+1,t-2) - \mathrm{OCC}(i+1,t)}{\mathrm{OCC}(i+1,t-2)} \geqslant K_3 \tag{7-14}$$

式中： i——上游检测站；

$i+1$——相邻下游检测站；

K_1、K_2、K_3——分别表示相应的门限值。

如果上面 3 个条件都满足，则判断事件发生。式(7-12)衡量上下游占有率差值；式(7-13)衡量上下游占有率的相对差值；式(7-14)衡量下游处前后 2min 内占有率相对差值，事件发生之初，该处占有率下降。

算法所用到的门限值根据路段特点及一天中的时间(高峰时间及其他时间)适当选取，门限值的选择决定检测效果。

2.算法评价

事件检测算法的优劣通常采用下述指标衡量。

(1)检测率

检测率是指使用某种事件检测算法时，在一定时间内，所检测到的事件数与实际发生的事件数的比值，即：

$$\mathrm{TP} = \frac{\mathrm{DR}}{S} \times 100(\%) \tag{7-15}$$

式中：TP——检测率；

DR——检测到的事件数；

S——实际发生的事件数。

(2)误报率

误报率是指在一定时间内，误报事件的次数占检测到的事件总数的百分比，即：

$$\mathrm{FAR} = \frac{\mathrm{FN}}{\mathrm{DR}} \times 100(\%) \tag{7-16}$$

式中：FAR——误报率；

FN——误报次数；

DR——检测到的事件数。

(3)平均检测时间

平均检测时间是指在一定时间内，从事件发生到被算法检测到的时间差的平均值，即：

$$\mathrm{MTD} = \frac{1}{n}\sum_{i=1}^{n}[\mathrm{TI}(i) - \mathrm{AT}(i)] \tag{7-17}$$

式中：MTD——平均检测时间；

TI(i)——被算法检测到的事件 i 实际发生的时间；

AT(i)——算法检测到事件 i 报警的时间；

n——算法检测到的事件数。

一个理想的事件检测算法应满足 TP=100%，FAR=0，MTD=0。实际选择算法时，通常要在这些性能指标之间进行权衡，要达到高的检测率往往以高的误报率为代价，反之亦然。

二、事件持续时间及延误预测

事件持续时间及延误预测是事件管理中很重要的一步。事件持续时间预测是确定事件响应所需资源的根据，同时也可以发布给驾驶者作为其决策的参考；事件引起的延误估计直接决定了是否有必要进行交通分流。

事件持续时间及延误的实时预测要求预测模型所采用的参数可以在实时状态下获得，此外，要求模型算法能在实时状态下以足够快的速度运行。

本节对一些典型的事件持续时间及延误预测方法作一简要介绍。

1. 事件持续时间预测

(1)决策树法

作为 ADVANCE 计划的一部分，美国西北大学对事件清除预测进行了研究，该研究共使用了 801 个交通事件数据，所有交通事件被分为以下几类：

①交通停滞(TSA)；

②驾驶员援助(车辆抛锚、轮胎漏气等)(MA)；

③产生人员伤亡的事件(ACPI)；

④产生财产损失的事件(ACPD)；

⑤严重事件(SI)，包括货物散落、火灾等事件。

首先进行数据预分析以获取事件清除时间分布。研究发现极大多数事件(超过一半)清除时间非常短，低于 10min，一部分事件(19.8%)会持续超过 40min，甚至有一些事件(10%)超过 1h。预分析也对不同事件类型、不同道路类型、道路上不同拥堵级别(由每天的不同时段表示)的平均事件持续时间的差别进行检验，并按时间顺序排列。数据分析结果显示，事故持续时间与事件类型密切相关，但拥堵级别和道路类型与每种事件类型持续时间的关系不大。

在预分析的基础上，进一步分析事件类型、道路类型、拥堵级别(按所处时段分级)、救援车数量(警车、救火车、救护车等)对事件平均持续时间的影响，采用方差分析法(ANOVA)进行统计分析，基于统计分析结果，生成事件持续时间估算决策树，如图 7-2 所示。在图 7-2 中，对每种类型的事件，根据调配的警察车辆数量(NP)、救火车辆或救护车数量(NF)决定事件平均持续时间。例如，对 ACPI 事件，3 个不同平均持续时间如下：

a. NP 和 NF 之和小于 3 的情况，平均事件持续时间经估算为 45min。

b. NP 和 NF 之和介于 4 到 5 之间，平均事件持续时间估算为 61min。

c. 如果有 NP 和 NF 之和超过 6，平均事件持续时间估算为 74min。

这种方法简单、实用、高效，但对事件的分类过于简单。例如对严重事件的分类就不太清楚。严重事件包括危险品事件、车辆火灾、货车事件等，相应的事件清理时间有明显的差别。

(2)回归分析法

Garib 使用 I-880 数据集，采用回归方法开发了事件持续时间估计模型。回归模型如下：

$$\log(d) = 0.87 + 0.027X_1 X_2 + 0.2X_5 - 0.17X_6 + 0.68X_7 - 0.24X_8 \quad (7\text{-}18)$$

式中：d——事件持续时间；

X_1——受事件影响的车道数；

X_2——事件中涉及的车辆数；

X_5——表示事件中是否包含货车的虚拟变量(不包含货车为 0,反之则为 10)；

X_6——表示时段的虚拟变量(上午峰值时刻为 0,下午峰值时刻为 1)；

X_7——响应时间(从事件发生到警察到达现场的时间)的自然对数；

X_8——表示天气状况的虚拟变量(不下雨为 0,下雨为 1)。

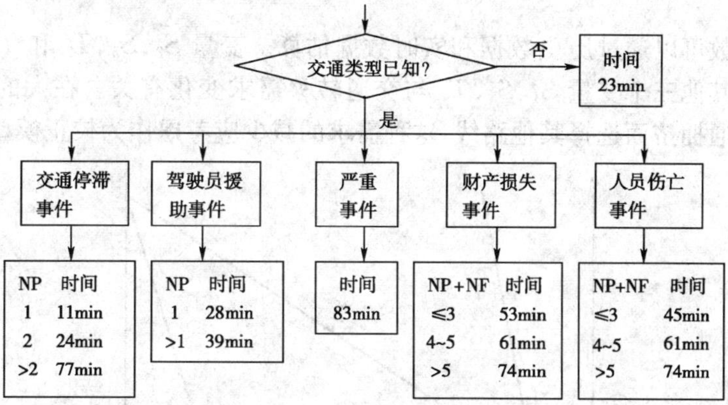

图 7-2 事件持续时间预测决策树

研究表明,该模型可以预测 81%的上午和下午交通高峰值时段的事件持续时间,增加其他变量并不能明显提高预测精确度。

2. 事件延误预测

(1)排队法

事件延误预测最常用的方法是确定性排队法,它利用车辆到达—离去曲线进行事件延误预测,如图 7-3 所示。

算法基于两个假设：

①假定需求和容量是常数；

②假设起始需求小于容量。

基于这两个假设,从确定性车辆排队图中可以计算出事件发生至交通流恢复正常所需总时间 TNF 和车辆总延误 D(两条曲线间的面积)。

$$\mathrm{TNF} = \frac{T_1(S_1 - S_3) + T_2 S_1 + T_3(S_1 - S_4) + T_4(S_2 - S_5)}{(S_1 - S_5)} \quad (7\text{-}19)$$

式中：S_1——路段通行能力；

S_2——初始交通需求流量；

S_3——瓶颈处初始交通流量；

S_4——调整的瓶颈交通流量；

S_5——修正的交通需求流量,取值范围为的 15%～30%；

T_1——事件开始至第一次变化所需持续时间；

T_2——关闭道路总持续时间；

T_3——调整交通流量的事件持续时间；

T_4——初始交通需求的延误时间。

图 7-3 基于确定性排队概念说明事件发生时高速公路上的需求(到达)与供给(离去)的大致关系。从图 7-3 可以看出,到达和离去曲线之间的面积就是事件总延误。Morales 给出了计算总延误的公式:

$$D=\frac{\begin{bmatrix}T_1^2(S_1-S_3)(S_5-S_3)+T_2^2S_1S_5+T_3^2(S_1-S_4)(S_5-S_4)-T_4^2(S_1-S_2)(S_2-S_5)\\+2T_1T_2S_1(S_5-S_4)+2T_1T_3(S_1-S_4)(S_5-S_3)+2T_1T_4(S_1-S_3)(S_2-S_5)\\+2T_2T_3S_5(S_1-S_4)+2T_2T_4S_1(S_2-S_5)+2T_3T_4(S_1-S_4)(S_2-S_5)\end{bmatrix}}{2(S_1-S_5)} \tag{7-20}$$

公式中的参数可以通过历史数据和实时数据估算。变量 S_2、S_3、T_2 和 T_3 与车道拥挤的情况变化有关。其他三个变量 S_4、S_5、T_4 与交通转移需求变化有关。在大的延误事件中,一些车辆为避免交通拥挤而选择其他路线,这种需求的减少应考虑作为校正模型的因素。

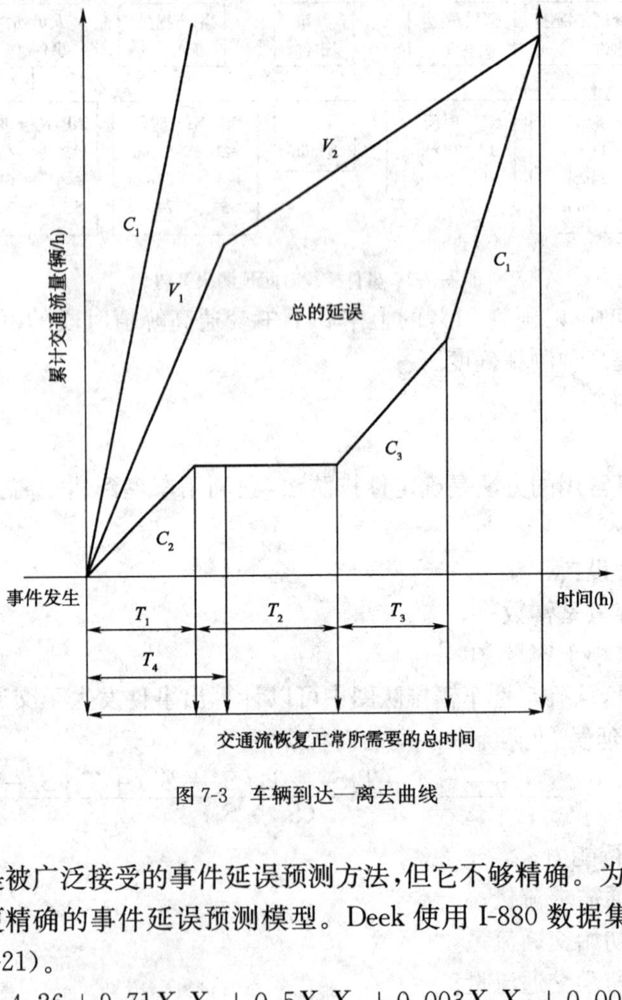

图 7-3　车辆到达—离去曲线

(2)回归分析法

确定性排队法是被广泛接受的事件延误预测方法,但它不够精确。为了解决这一问题,一些研究人员开发了更精确的事件延误预测模型。Deek 使用 I-880 数据集开发了回归模型预测事件延误,见式(7-21)。

$$D=-4.26+9.71X_1X_2+0.5X_1X_3+0.003X_2X_4+0.0006X_3^2 \tag{7-21}$$

式中:D——事件延误;

X_1——受影响的车道数;

X_2——事件中的车辆数;

X_3——事件延误；

X_4——事件前 15min 上游交通需求。

三、事件响应

1. 概述

事件响应是调配合理的响应设备到事件现场，及时有效地清除事件的过程。不同的事件需要不同类型和数量的设备，在事件响应中，通常要根据事件的类型和事件的严重程度与影响来确定响应设备的类型和数量，上一节介绍的事件持续时间和延误预测为制定事件响应策略提供了基础。在事件响应过程中，除了优化调度所需的资源，有关事件对交通的影响信息也需要提供给驾驶员，并制定交通控制策略如交通转移等。

事件响应过程可以分为两个阶段。第一个阶段是从事件检测与鉴别到实际的事件清理行动之前的所有过程，包括确定相应的交通事件响应机构、部署最近的交通响应机构、协调它们之间的行动，并尽可能确定所需的资源(例如：所需要的救护车的数量)。第二阶段是各种交通管理措施，包括信息发布、匝道控制、交通转移等。

2. 事件响应计划制定

在制定事件响应计划中，首先确定检测到的事件的类型，再根据该事件类型的特性确定所需要的事件响应服务，然后根据事件响应服务确定需要参与的事件响应机构，最后确定各响应机构的任务及责任。

在合理地制定事件响应计划程中，需要掌握事件响应的进展情况。通常在检测到交通事件之后，应该尽快地制定交通事件报告。这个报告必须实时更新以反映环境的变化和所需要的清除时间。事件响应过程包括确定事件特性、确定所需的服务、通知机构、清出现场等几个步骤，事件响应过程如图 7-4 所示。图中描述的过程是一个反复的过程，因为在事件现场的救援人员可能发现新的情况，例如，在事件响应的过程中发现危险品泄漏，而这一情况在事件发生初期并未出现。得到这个新的信息后，最初的事件报告就要修改，这样就需要修改事件响应计划，重新开始事件响应过程。

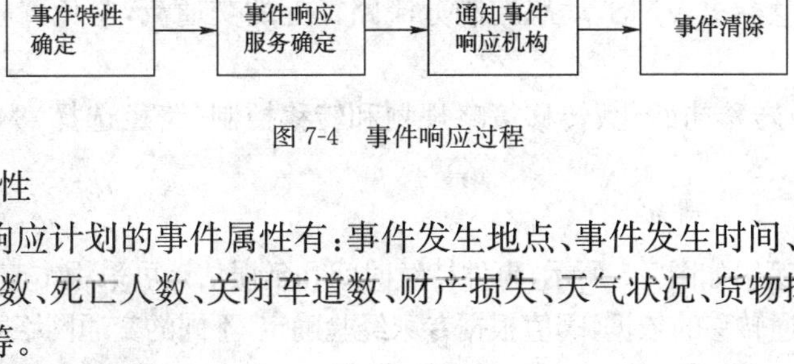

图 7-4　事件响应过程

(1)确定事件特性

用于制定事件响应计划的事件属性有：事件发生地点、事件发生时间、事件检测时间、事件涉及的车辆数、伤员数、死亡人数、关闭车道数、财产损失、天气状况、货物掉落、危险品溢出、车辆抛锚和车辆起火等。

(2)确定事件响应所需的服务

事件的每一个属性都需要一种或多种事件响应服务。事件响应服务包括以下几个方面：

①事件现场管理。大多数事件需要多个响应机构的参与，所以需要设置一个现场管理岗位来协调这些机构的行动、管理事件现场和收集及发布事件信息。通常情况下，由警察部门负责事件现场管理。

②警察调查。根据事件发生的地点，可由警察或高速公里巡逻队来进行事件调查。

③清除故障车辆。根据故障车辆的类型派遣不同型号的拖车来拖走故障车辆。

④交通控制与管理。交通控制与管理包括提供交通信息、转移交通、改变匝道调节率等。

⑤交通信息发布。交通控制中心向驾驶员发布交通状况和有关的交通信息，包括可选择的路径、可能的延误等。

⑥紧急医疗服务。对于产生死亡的事件，在进行紧急医疗服务时，法医必须在移动伤员之前进行鉴定。

⑦灭火。灭火是最重要的任务之一，需要给予更高的优先级。

⑧清除掉落物品和危险品。事件中如果有危险品泄漏，必须由专业人员用专业设备来处理这些危险品，通常是专业的危险品管理机构和相关的环境保护机构。

⑨道路损坏的修复。道路损坏必须由专业人员尽快处理，避免对交通产生不良影响。

(3)通知事件响应机构

对于每个事件，确定所需要的事件响应服务之后，要确定负责这些服务的响应机构。事件响应机构包括：交通控制中心、地方警察机构、高速公路巡警、消防部门、医疗机构、医院、环保部门、媒体等。

(4)事件清除

清除过程包括：为了恢复交通事件发生地的正常交通所做采取的措施，包括把车辆从车道上清除，把乘客从出事的车辆中解救出来，清除洒落的物体等。在清除过程中各个部门的协调尤其重要。为了有效协调各部门的活动，需针对不同的事件，事先制定各个部门的职能。部门协调的最终目的是尽快清除交通事件，避免重复或遗漏某个清除环节。

四、交通转移控制

小的交通事件不需要采取交通转移措施，但对大的交通事故，交通转移通常是缓解交通堵塞的唯一方法。交通转移控制分为以下 3 步：

(1)预测事件的持续时间以决定是否有必要进行交通转移。

(2)决定分流点以及可供选择的分流路径。考虑到时间和设施的限制，如果分流点多于一个，实施分流通常是困难的。因此要针对特定的事件选择最佳的分流点以及对所选分流点选择最佳分流路径。

(3)启动可变信息标志 VMS，动态控制分流路径上的交通流，避免驾驶员对路径建议的过度反应。

交通转移控制由转移初始化、转移策略规划和转移控制(路径选择)3 部分组成，下面分别进行介绍。

1. 转移初始化

交通转移初始化逻辑如图 7-5 所示，事件持续时间和延误估计可采用本节三介绍的方法。延误程度作为是否需要交通转移的依据，阈值根据专家经验确定，不同的交通网络阈值会有所不同。

2. 转移策略规划

在发生事件的情况下，制定一个有效的转移策略往往不需要考虑整个网络。解决这个问题的一个有效方法是确定事件的影响区域,即网络受事件影响的那一部分。对大部分事件而言,事件影响区域小于整个网络。另外,有些路段并不适合作为分流路径,如具有很高流量/容量比(V/C)的路段、正在施工的路段等。

基于知识的转移策略规划逻辑如图 7-6 所示。知识库的开发基于专家经验和已有的文献。知识库由一系列简单的规则组成,这些规则基于事件延误和事件特性确定事件的影响区域,基于实时和历史数据以及特定的路网知识,排除不适合分流的路段。

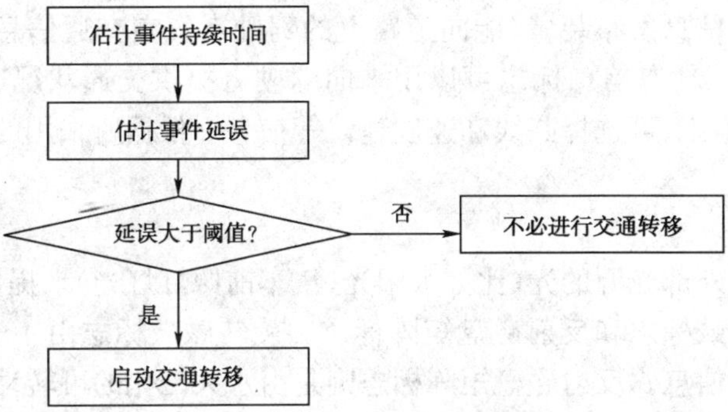

图 7-5　交通转移初始化逻辑

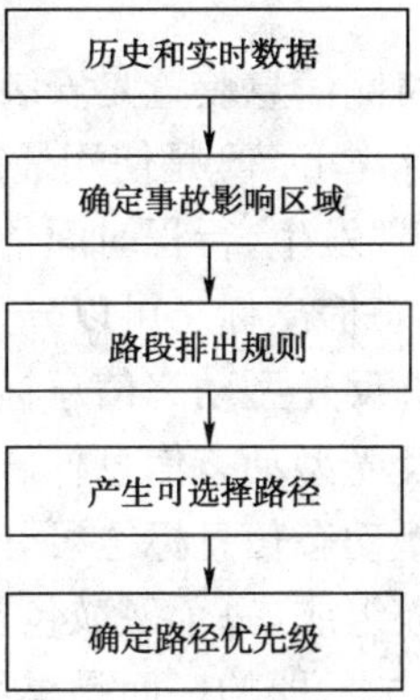

图 7-6　转移策略规划逻辑

3. 转移控制

转移控制的核心就是实时有效的交通控制。转移控制的主要目标是控制转移交通量,避免某些可选择路线上交通量出现饱和,达到系统最优或用户平衡。所谓系统最优是指对整个交通网络而言,特定的交通转移策略所耗费的全部旅行时间是最优的(比其他任何交通转移策略耗费的旅行时间要少);用户平衡是指车辆在可选择的路径上旅行时间相等。

交通转移策略使用反馈控制实现实时交通控制的目标(图 7-7),这与使用脱机优化方法进行交通控制的模型不同。转移控制模型使用传感器数据来确定发布给驾驶员的控制指令。这些控制指令通过可变信息标志(Variable Message Sign,VMS)和公路服务广播(Highway Advisory Radio,HAR)等来发布,并且在每个采样周期,根据道路上传感器获得的数据对控制指令进行修正。

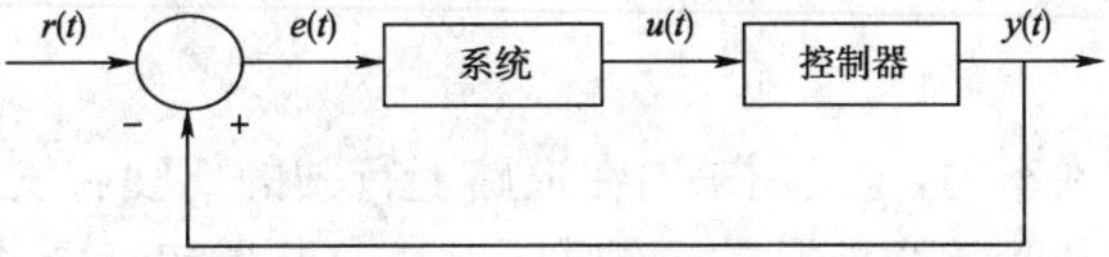

图 7-7　闭环控制

第四节　信息发布

与驾驶员之间进行有效的通信是高速公路管理系统中必不可少的部分,信息发布的目的是在高速公路交通管理系统与出行者之间建立信息的沟通渠道。高速公路管理系统使用几种常用的交通信息发布装置向驾驶员提供高速公路交通状况,这些装置包括可变信息标志 VMS、公路服务广播 HAR、有线电视等。交通信息发布通常分为出发前信息发布和在途信息发布两种形式。

交通信息发布的基本目的是为旅行者提供有关高速公路状况的实时信息，以便旅行者对出行的时间、方式和路径作出更合理的决策。信息发布的有效性至少受3方面的因素影响：信息的可靠性、信息的覆盖面、旅行者对信息的反应。信息发布系统可向驾驶员提供下游的交通状况、可选择的路径、恶劣气候下对驾驶员的预警等。

信息发布装置可分为路侧信息装置、车载信息装置和其他信息装置3类。

一、路侧信息装置

路侧信息装置是安装在路测的信息发布装置，能向道路上的驾驶者发布交通信息。动态信息标志DMS是使用最广的装置。动态信息标志可以用来向驾驶者提供交通状况、天气状况、事件发生、行程时间估计、道路施工、可选择路线和速度建议等信息。根据所采用的技术不同，动态信息标志可以分为3类。

1. 反光型动态信息标志

反光型动态信息标志通过反射外部光源的光（比如太阳光、汽车前照灯灯光）来提供信息。反光型动态信息标志可分为旋转磁鼓标志和反射磁盘矩阵标志。旋转磁鼓标志由1～4个多面磁鼓组成，每个磁鼓包含2～6条信息。反射磁盘矩阵标志则是由永久磁化的可转动指示板构成，指示器的一面是黑色的，另外一面可以反射黄光。当某一点被触发时，将有一个电流使指示器由黑色层翻转到黄色层。反射磁盘矩阵标志比发光型标志价格低廉，在20世纪70年代的高速公路管理系统中得到广泛使用。

2. 发光型动态信息标志

与反光型动态信息标志相反，发光型动态信息标志通过自身所发出的光来提供信息。发光型动态信息标志有发光二极管型和光纤型等。二极管发型动态信息标志用发光二极管来显示像素。而光纤发光型动态信息标志则利用光纤束把光线从光源传输到信息板表面来发光。

3. 混合型动态信息标志

混合型动态信息标志集合了反光型与发光型的特点。最有代表性的混合型动态信息标志是反射磁盘和光纤或发光二极管混合型动态信息标志。在反光型动态信息标志不够清晰的天气情况下，混合型的系统可以用发光型动态信息标志的技术，比如光纤和发光二极管来进行信息发布，当有足够日光时，就关闭发光型标志。

二、车载信息装置

车载信息装置安装在车内，也是用来向在道路上行驶的驾驶者发布信息。车载信息装置可以提供的信息有视觉和听觉两种形式。车载听觉信息装置包括公路服务广播、蜂窝电话热线和商用广播等。

1. 公路服务广播

驾驶者通过AM接收机接受广播信号。为了让驾驶者接收这种信号，必须在道路上游设立提示标志通知驾驶者广播信号的频率。公路服务广播能够提供与动态信息标志类似的信息，相比之下，它的优点是听觉信息可避免视觉信息过多造成精力分散，此外，它提供的信息也比动态信息标志更加丰富。其缺点是驾驶者必须自己调到对应的频率。

2. 蜂窝电话热线

随着蜂窝电话的广泛应用，蜂窝电话热线这种信息发布方式也得到发展。这种信息发布方式是建立一个特定的交通信息蜂窝电话热线系统，驾驶者在道路上可以用蜂窝电话进行交通信息的咨询。这种电话热线系统设有一个触摸菜单，方便驾驶者接受特定路段的交通信息，控制接收信息的类型。

3. 商用广播

可通过商用广播向驾驶员发布交通信息。商用广播存在的主要问题是所发布信息的及时性和针对性。一般来说，交通信息只有在广播节目预定的时间播出，在许多情况下这是不合适的，因为当节目播出的时候，事件可能已经清理完毕。

4. 视频显示终端

三、其他信息发布装置

除了上面介绍的面向道路上驾驶者的信息发布方式之外，还有其他信息发布装置用来向驾驶者提供出行前的信息。这些装置包括有线电视、电话、互联网、个人数字助理 PDA 等。这些信息发布方式可向旅行者提供丰富的出行信息，包括当前的出行条件、警告信息，交通地图可显示路段当前的行驶速度、事件发生的位置以及道路施工区域等。

第八章 电子收费系统

第一节 收费制式与收费方法

一、收费制式

收费制式是指收费站在道路网上的布置位置以及决定收费额的依据。目前,世界各国收费系统常采用的制式可分为3种:均一式(全线均等收费)、开放式(按路段均等收费式)和封闭式(按里程收费)。

1.均一式

均一式收费站一般设置在高速公路的各个匝道入口和主线两端的入口,见图8-1a)。道路使用者不论行驶多少里程,仅需经过一个收费站缴费。收费标准根据车型一个因素确定,与行驶里程无关,而且各个收费站采用统一的收费标准。均一式是最简单的收费制式,收费标准单一。

2.开放式

开放式收费站都建设在高速公路主线上,每隔一定距离设置一个收费站,各个匝道出入口不设收费站,见图8-1b),这样车辆可以自由进出,不受控制,高速公路对外呈现"开放"状态。每个收费站的收费标准和均一式一样,仅根据车型不同而变化,但各个收费站的收费标准则因控制的距离不等而有所区别,长途车辆经过每个收费站都要缴费,体现了依据里程长短决定收费金额的原则。

开放式收费系统中长途车辆需多次交付,易造成时间延误。

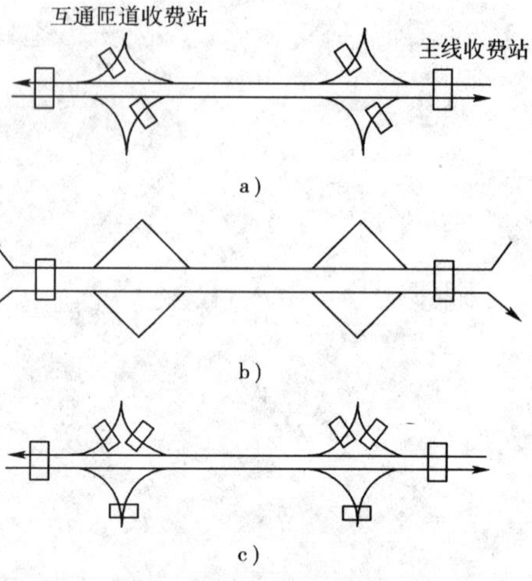

图8-1 收费制式示意图

a)均一式;b)开放式;c)封闭式

3.封闭式

封闭式收费系统的收费站建设在高速公路的所有出入口,高速公路对外呈现"封闭"状态,见图8-1c)。其中建设在主线的收费站称为主线起点、终点收费站,建设在匝道上的收费站称为匝道收费站。

封闭式收费系统可严格按车型和行驶里程收费,交费次数少;但收费站建设投资大,通行费计算复杂。

二、收费方式

收费方式一般可分为:人工收费、半自动收费和全自动收费。

1.人工收费

车辆分类、收费额计算、收钱、找零、开票等环节全部由人工完成。

优点:设备简单。

缺点:停车时间长,差错率高,收费人员徇私舞弊。

2.半自动收费

车辆分类、收费额计算、收钱、找零、开票等一个(或几个)环节采用自动装置完成,但仍需停车交费。可以概括为“人工收费、计算机管理、闭路电视监视”方式,中国目前普遍采用此种收费方式。

(1)计费自动化。交费额的计算由计算机完成。

(2)开票自动化。自动打印发票。

(3)收费状况视频监控。减少差错和舞弊行为。

3.全自动收费

也称为电子收费或电子不停车收费(Electronic Toll Collection, ETC)。全部收费过程由自动化装置完成,实现不停车、电子(无现金)收费,达到无人操作。

第二节 电子收费系统概述

一、电子收费系统的特点

随着交通需求的不断增长,传统的人工收费及半自动收费方式已难以适应交通量的增长,收费站成为高速公路交通的瓶颈地段,电子不停车收费(ETC)系统可以有效解决这一问题。

电子收费系统又称为不停车收费系统,是以现代通信技术、计算机技术等高新技术为基础,通过路侧天线与车载电子标签之间的无线通信,在不需要停车和收费人员操作的情况下,自动完成收费处理过程。不停车、无人操作和无现金交易是电子收费系统的主要特点。

电子收费系统与人工收费及半自动收费系统相比有如下优点。

(1)提高了收费工作效率。采用电子收费系统,使得收费操作可以在机器与机器之间通过电子信号以极快的速度进行,实现了电子货币的付费方式,避免了以往人与人之间现金交互的烦琐。电子收费系统的另一个重要特征,是实现了不停车收费,实现了收费工作的自动化。收费操作所花费的时间从原来手工方式下的十几秒、几十秒甚至更长,缩短到几秒甚至1s以内,收费效率显著提高。

(2)提高了收费站通行能力,减少了公路的交通堵塞和拥挤。现代公路越来越向高速化发展,高速公路上车辆的时速普遍达到80km/h以上。采用传统的人工收费方式,车辆必须在收费站停车,这与路上的高时速形成鲜明的反差,人为地制造了一个瓶颈,限制了道路通行能力的发挥。采用电子收费系统以后,车辆经过收费站时只需稍作减速不必停车,收费口的车辆通行能力大大增强,一般可达到人工收费时的数倍,瓶颈制约作用将明显减弱。同时,使用电子收费系统以后,收费管理工作更加灵活,道路管理部门能够根据不同的时段动态地调整收费标准,以达到控制流量、分散高峰的目的,对路网整体通行能力的提高起到促进作用。

(3)降低了能源消耗和环境污染。由于交费无需停车,收费站上高峰期时的排队等候现象将得到极大的缓解甚至消失。对于车辆来说,这意味着不必再频繁地起动、制动,无谓的油耗和机件、轮胎的损耗将降低。此外,车辆排放的废气也会因为不必再怠速等待而得以减少,这对环境的保护很有益处。

(4)杜绝收费过程中贪污、作弊行为。

由于采用电子货币支付道路通行费，收费人员不再直接接触现金，杜绝了收费中的贪污作弊现象。由于收费工作自动完成，减少了收费过程中人为因素的影响，收费标准能够得到更严格的执行，乱收费现象可以得到有效的遏制。此外，采用电子收费系统还可减少收费站的管理人员数量，降低收费站运营成本。

二、电子收费系统国内外发展概况

1. 国外发展概况

在美国，电子不停车收费方式已经成为美国收回公路投资和养护费用的高效率手段，最著名的联网运行电子不停车收费系统是 E-zPass 系统。从 E-zPass 系统开通起，ETC 的交易量持续增长。E-zPass 系统采用了专用车道、混合车道两种模式，都有收费员值班。

欧洲在不停车收费方面起步较早，自 1986 年挪威的 Bergen 首次不停车收费应用以来，意大利、西班牙、英国、法国等国先后在国内开始了 ETC 的应用。葡萄牙的 ViaVarde 电子收费系统可以算作欧洲具有代表意义的联网电子收费系统之一，收费系统采用封闭式和开放式相结合的模式。事实已证明，ViaVarde 电子收费系统是既有利于道路使用者又有利于道路运营商的有效收费手段。该 ETC 车道的显著特点是没有自动栏杆，车辆能以不低于 80km/h 的速度通行。如果没有 ViaVarde 系统，运营公司将不得不多修建 2 000 多条人工收费车道以解决收费拥堵问题。欧洲计划开发多国间统一的不停车收费系统，取代现有的各国自成体系的收费站，以期给欧洲的公路运输带来巨大的经济效益和综合社会效益。

1993 年 8 月日本政府制定的“道路技术 5 年规划”中明确提出大力支持开发 ETC 方针；在建设省的倡议和组织下，成立了不停车自动收费系统研究论证委员会。以 4 个道路公团为中心成立了 ETC 推进委员会。另外有收费管理经验者及有关部门志士成立了 ETC 评价委员会。三个委员会成立之后便着手开发研究。次年 11 月原建设省和道路公团邀请国内 10 家公司和集团联合进行了历时 5 个月的 ETC 野外试验，同时进行了全国范围内的电磁场测试，为 DSRC 频率的选定提供了技术依据，并于 1999 年 3 月制定出了 ETC 相关设备的技术规格标准。ETC 系统根据车辆类型和行驶里程收费，统一的 ETC 标准能够保证分属不同系统管理的收费道路执行统一的标准。日本采用的是接触式 CPU 卡加两片式电子标签和双 ETC 天线的方案，车道设双向打开的高速栏杆，无人值守，具有很高的安全性和车道通行能力，有完善的密钥扩散机制和电子标签发行流通体系，但车道系统投资和电子标签成本都很高。

2. 国内发展概况

1996 年 10 月，交通部公路科学研究所与日本丰田汽车公司就不停车收费系统进行了中日技术交流和现场演示会，与会各省交通厅及公路管理部门的领导和专家对此项技术表示了极大兴趣。1996 年底，首都高速公路发展公司与美国 Amtech 公司在首都机场高速公路进行了不停车收费试验。1998 年，广东省佛山市通达高技术实业公司引进美国 TI 公司的不停车收费设备，在佛山、顺德、南海等地建立了 20 余条不停车收费车道并投入使用，但是该系统工作在 915MHz 的频段，而该频段在中国已经分配给移动通信使用，并且与中国将采用的 5.8GHz标准不符。为规范和促进不停车收费在国内的应用，交通部于 1998 年组织交通部公路科学研究所等有关单位开展网络环境下不停车收费系统的研究，对有关接口规范和技术指标给出了指导性意见，并在 1999 年组织北京、广东、江苏、四川的交通厅开展示范工程建设。2001 年 11 月，科技部启动实施“十五”国家科技攻关计划重大项目“智能交通系统关键技术开发和示范工程”，该项目通过关键技术开发、环境建设和示范应用，重点解决交通智能控制、集成信息服务、专用短程通信、智能车路和标准规范等关键技术，为我国智能交通系统的开发、应用及产业化奠定了基础。2006 年 9 月科技部实施“十一五”国家科技支撑计划重大项目“国家综合智能交通技术集成应用示范”，开展“国家高速公路联网不停车收费和服务系统”课题研究，旨在攻克基于卫星定位的公路收费、跨省市联网电子不停车收费、国家高速公路收费安全可信等关键技术，选择一条高速公路建设基于卫星定位的不停车收费试验系统；拟在京津冀地区或长三角实施跨省市联网不停车收费系统应用示范。2007 年 5 月中国电子收费专用短程通信标准颁布实施，为中国电子收费系统的发展奠定了基础。

第三节　ETC 系统体系结构

一、ETC 车道分类

电子不停车收费(ETC)按车道的形式可分为 ETC 专用车道和 ETC/MTC(Manual Toll Collection，人工收费系统)混合车道，ETC 专用车道又可分为高速专用车道和低速专用车道，如图 8-2 所示。

ETC 专用车道：只允许配置电子标签的 ETC 车辆通过。

低速 ETC 专用车道：采用车道隔离措施下的不停车收费系统，分为无栏杆和有栏杆两种(图 8-3)。

高速 ETC 专用车道：无车道隔离的不停车收费系统，也称为自由流不停车收费系统(图8-4)。

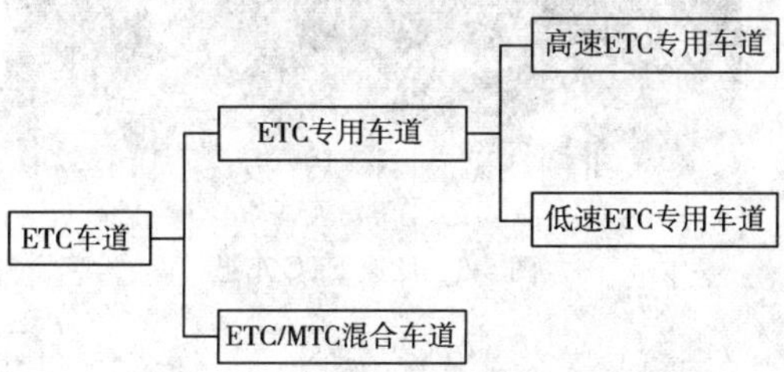

图 8-2　ETC 车道分类

ETC/MTC 混合车道：兼容不停车收费与人工收费两种方式，车道上设置人工收费亭(图 8-5)。

图 8-6 和图 8-7 是 ETC 车道实景图。

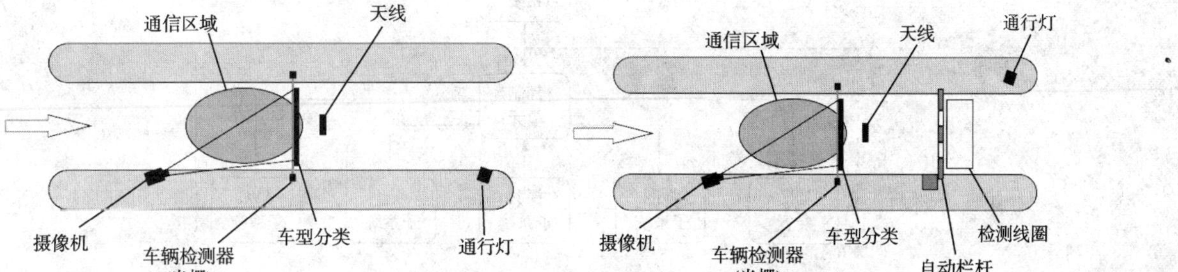

图 8-3　低速 ETC 专用车道示意图

a)无栏杆；b)有栏杆

二、ETC 系统体系结构

ETC 系统由车道系统、收费站系统和中央处理系统组成，如图 8-8 所示。车道系统包括自动车辆识别(Automatic Vehicle Identification，AVI)系统、自动车型分类(Automatic Vehicle Classification，AVC)系统、强制系统或视频稽查(Video/Violation Enforcement，VES)系

统、探测系统和辅助装置等，车辆自动识别系统是车道系统的核心。

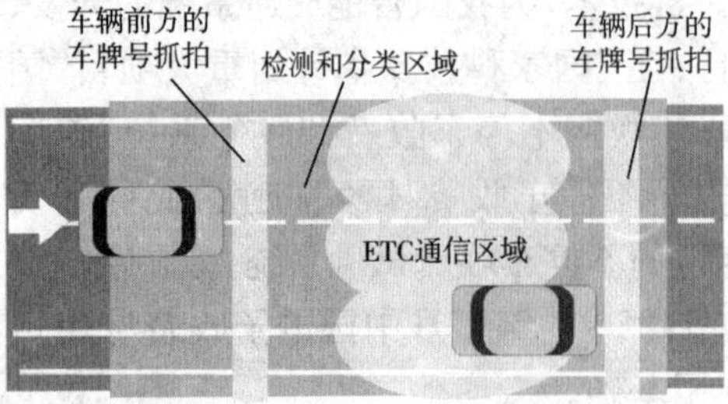

图 8-4 高速 ETC 专用车道示意图

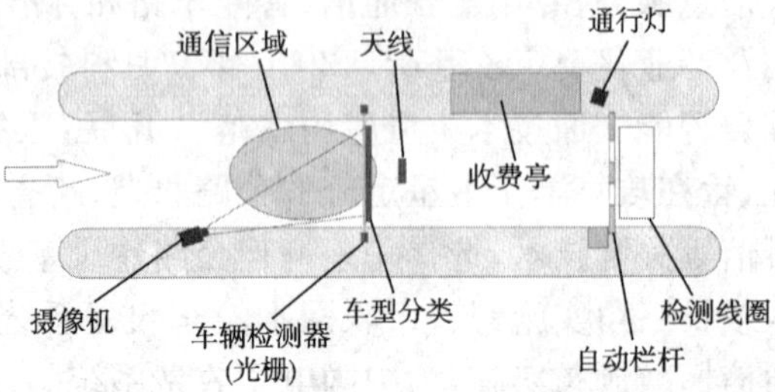

图 8-5 ETC/MTC 混合车道

图 8-6 低速 ETC 车道

图 8-7 高速自由流 ETC 车道

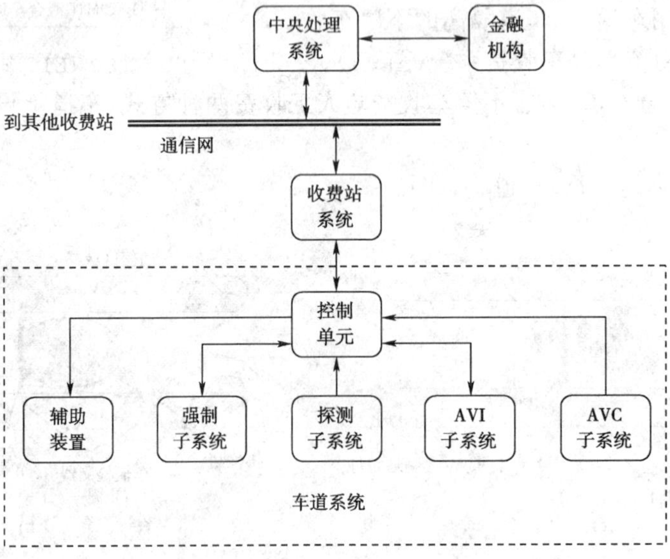

图 8-8 ETC 系统组成

当 ETC 用户车辆进入车道天线的读写范围时，天线控制器从车道控制器接受通信请求，形成符合某种通信协议的数据帧，通过车道天线将数据帧发送给车载电子标签，同时接收、分析从电子标签返回的数据，车道控制器根据接收的信息发出相关指令，完成对电子标签的读写操作，并储存操作结果。这一过程包括确认电子标签的有效性、识别车辆类型、查询费用表、扣除费用等操作。如果通过车辆是非法的 ETC 用户，强制系统或视频稽查系统将启动，对违规车辆进行抓拍、报警、拦截等操作，以进行例外处理。当连续车流通过时，探测系统和辅助装置自动进行对象隔离，确保系统对每一用户的正确操作。图 8-9 是 ETC 系统示意图。

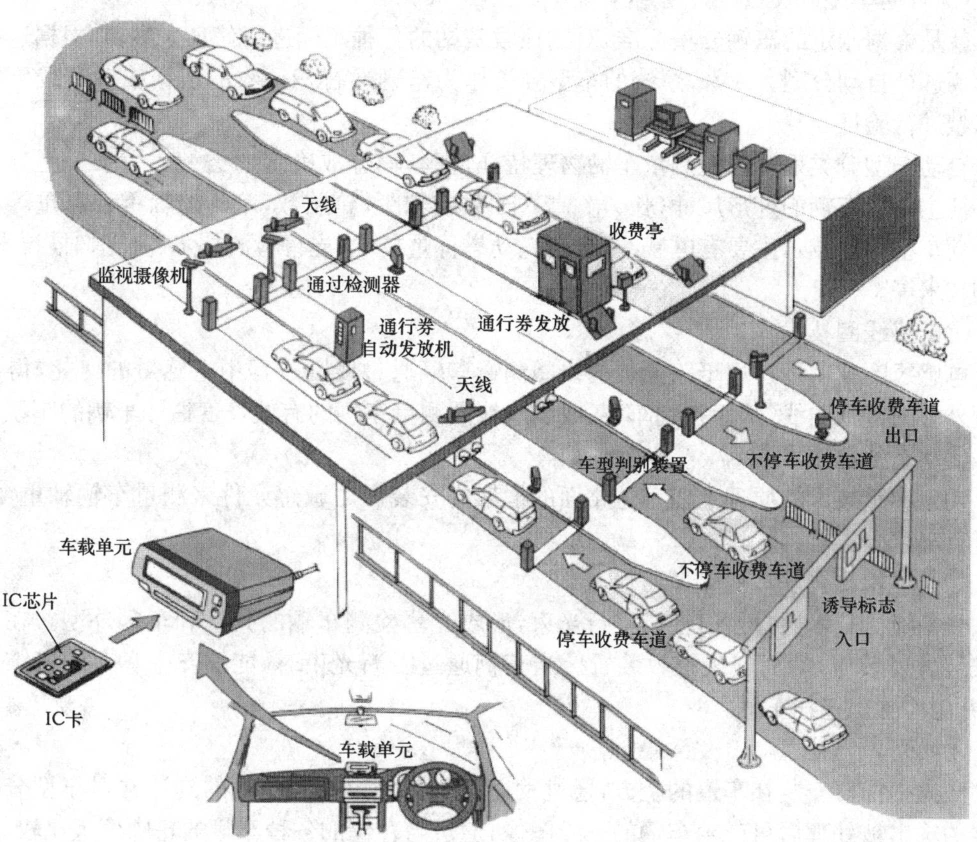

图 8-9　ETC 系统示意图

1. 车道系统

(1)自动车辆识别(AVI)系统

AVI 是实现不停车收费的核心技术。所谓自动车辆识别就是当车辆通过特定位置时，快速自动地识别通过车辆属性的一种技术，以满足自动收费和交通管理的需要。自动识别车辆的过程是：当车辆通过路边的读取单元时，车载收发两用机被触发，发射出能唯一表明通过车辆身份的代码信息，读取单元的天线接收信息后，传输到读取单元内，并进行完整性检查，然后数据代码被传送给计算机系统进行处理和存储。具有双向通信能力的复杂系统还能将数据通过天线传回给车辆。

在车辆自动识别技术的发展过程中，出现了多种不同的自动识别技术，如感应线圈识别技术、声表面波识别技术、条码识别技术、红外通信识别技术和射频/微波识别技术等，但主流是采用射频/微波识别技术作为不停车收费系统的车辆自动识别技术。

不停车收费系统中采用的射频/微波识别技术是专用短程通信技术(Dedicated Short-Range Communication，DSRC)，包括车载单元(On Board Unit，OBU)、路侧单元(Road Side Unit，RSU)。车载单元存储车辆的标识码和其他有关车辆属性的数据，当车辆进入 RSU 的识别区时，能将这些数据传送给 RSU，同时，也可接收、存储由 RSU 发送的有关数据。路侧单元设备安装在路侧和路面上方，用于读取 OBU 内的车辆标识码等数据，并对读取的数据进行处理，也可将有关数据发送给 OBU。有关专用短程通信技术的详细介绍见第四节。

(2)自动车型分类(AVC)系统

就是根据制定的车辆分型标准，对过往收费站的各种车辆进行信息采集，并根据这些信息对车辆进行自动分型。AVC 系统的车型分类作为车辆通行费征收的依据或对车载单元记录的车型进行验证。

自动车型分类系统通过测量车辆物理特征，把车辆分成确定的类型。用于车型分类的物理特征主要有车辆的外形尺寸(长、宽、高)、轴数或轴距、轮胎数、车辆的轴重和总重等。常用的自动车型分类技术主要有电感线圈技术、动态称重技术、光幕检测技术、激光扫描技术、图像识别技术等。

①电感线圈技术

电感线圈技术通过埋于路面下的线圈测量车辆通过线圈过程中电感量的变化，得出反映车辆外形的特征曲线，从而判别车型，或以双线圈测量车辆的有效长度估计车辆的车型。

②动态称重技术

动态称重技术的原理是在车道路面的框架内安装压力敏感元件来测量车辆轴重，根据轴重进行车型分类。

③光幕检测技术

光幕检测技术通过发射多条平行光束，形成光幕检测车辆的到达和车辆外型。在车道一边安装发射装置，对面安装接收装置。当车辆通过阻断光束时，能够产生车辆的二维轮廓图形，并能检测出拖挂车辆。

④激光扫描技术

激光扫描器安装在车道的上方，通过发射扫描激光束探测车辆的到达并对车型分类。扫描器的输出被处理后可产生车辆的三维图像，通过与存储的各种车辆的轮廓模板比较，可确定车辆类型。除激光扫描技术外，还有超声波扫描技术、红外扫描技术可以进行车型分类。

⑤图像处理技术

图像处理技术是利用摄像机拍摄通过车辆的视频图像，通过图像处理、分析技术提取车辆的长、宽、高等轮廓信息进行分类。

(3)强制系统或视频稽查(VES)系统

在电子收费过程中，会出现车辆不正常付费的情况，这可能是因为预付款余额不足等客观原因，也可能是因为驾驶员恶意逃费等主观因素。由于电子收费系统是不停车收费，所以在处理违规车辆方面要比传统收费系统更困难一些。

最基本的处理方法是采用强制系统，是在车道上设置栏杆，拦下不正常付费的车辆。栏杆的工作方式主要有两种，一种是平常栏杆保持开启，仅当车辆付费情况不正常时才自动放下，阻止其通过。另一种方式是无车时栏杆保持关闭，当车辆正常交费时，栏杆开启放行，否则，栏杆不打开。相比之下，前一种方式对栏杆反应、动作速度的要求要比后一种高，而后一种方式由于长期反复动作，对栏杆的质量、寿命等要求更高。一般来说，栏杆主要适用于传统结构的收费岛式收费站，而且由于栏杆机械动作的速度有限，车辆通过收费站的速度会受一定影响。

在强制子系统中，更常用的手段是对违规车辆拍照或摄像，将照片或图像递交有关处理机关，辨认出违规车辆及其所有者后进行处理。在实际使用中，拍摄得到的一般是模拟或数字图像，可以通过通信网络立即传送给有关机构。拍摄的内容大多是车辆的前、后号牌，更完善的系统还包括驾驶员的图像。拍摄的方式有几种，一种是当发现违规车辆时才进行拍摄，另一种是对所有车辆都进行拍摄，但正常付费车辆的图像立刻被消除，只有违规车辆的才保留下来。在拍摄系统方面，一般使用固定式拍摄系统，通常在每个车道上设置一组摄像机，预先设定好角度和焦距等，当待拍车辆到达某一特定位置时，就可以进行拍摄。在更先进的系统中，摄像机可以在一定范围内转动、变焦等，同时系统加装车辆定位装置，它为摄像机提供车辆的位置信息，使摄像机能够自动对准待拍摄的车辆。这使得拍到的图像更加准确，也使车辆的行驶更自由。这样的系统一般适用于门架式的多道自由车流收费站。

对于门架式自由流 ETC 车道，一般采用 VES 系统对不正常付费的车辆进行事后处理。VES 系统采用高速摄像机捕获逃费车辆图像，记录逃费车辆特征，使管理部门有据可查。

VES 系统通过抓拍高质量图像，用于提取车辆牌照信息，包括车辆牌照号码、车型、属地等。利用这些信息，就可以通过车辆属地的车牌号数据库找到逃费车主。VES 系统可以通过人工查阅图像的方法获得车牌号码和属地，但人工方法劳动强度大。车牌识别技术（License Plate Recognition，LPR）可以自动从抓拍的图像中提取车牌号码和属地信息。自动车牌识别技术存在的主要问题是识别的准确度还不够高，常常需要人工介入来读取图像和进一步确认 LPR 的结果。为了改进 LPR 的整体效果，可采用多图像抓拍技术，即同时在不同角度、不同时刻拍下多个车辆图像，如果 LPR 在这些图像上检测到的车牌照信息相同，则说明该检测结果是可信的，不再需要人工审查；若检测到的牌照信息不同，可由人工进行审查确认。

(4)探测系统及辅助装置

探测系统用于检测是否有车辆经过，目的是为了给系统的某些操作提供触发或启动信号，如天线开始通信、VES 系统摄像机拍照等。探测系统常用的技术有压感探测、电磁感应探测、波束探测等。

压感探测利用车辆轮胎碾压到压力传感器上产生的压力变化来判断车辆是否经过预定位置。需要注意的是，车辆一般都有多对轮胎，它们会先后碾压到传感器上，区分碾压是否来自同一辆车，是这种方法必须解决的一个问题。

电磁感应探测在车道的预定位置埋设线圈，线圈中通以一定电流，当车辆从线圈上驶过时，其金属外壳会引起线圈电感的变化，从而探测到车辆。

波束探测通常使用方向性较强、穿透力较弱的波束，在车道的一边以合适的高度发射，另一边接收。当车辆经过时，将遮挡这一波束，由此可判断是否有车辆经过。

在电子收费系统中，还有一些设备，它们不是构成系统所必需的，可以在实际应用中根据具体情况灵活设置，这些装置统称为辅助装置。例如，为了弥补车上单元信息显示功能的不足，可以在收费站车道旁的收费岛上设置一块可变信息显示牌，向驾驶者显示收费的具体情况；还可设置一些诱导信息装置、路侧信号灯、专用车道警示灯等。在岛式收费站上，每个车道还可以安装一些附加的设备，如显示器、手动开关按钮等，便于值守人员直接了解收费过程的信息，必要时可以采取一些人工干预措施，有助于实行现场实时稽核。

(5)控制单元

控制单元的功能是接收其他系统传递来的信息，经过信息处理，产生相应的数据和动作指令，再传递给有关装置，控制它们作出必要的反应，完成电子收费系统的现场控制功能，包括费额计算、通信控制、栏杆、摄像机控制等。

2.收费站系统和中央处理系统

收费站系统的功能主要有两个方面，一方面是对收费站上硬件设施的管理，包括收费道口的控制、各种设备的状态监视与控制等；另一方面是对收费的管理，接收收费车道上传的收费交易数据和其他信息、定期结算、生成相关报表等，以及与上级系统通信，上传各种数据，接受下传的运行参数数据。

中央处理系统，是处于公路收费管理机构一级的管理系统。它负责处理收费系统中全局性的事务和事件，具体包括对下属收费站的管理、系统的财务管理、用户管理，对非法使用者的登记、查实、追踪和处理等。中央处理系统还负责与金融机构的联系。

三、ETC 系统运行过程

电子收费系统有两类付费方式：储值付费方式（预付方式）和记账付费方式（事后支付方式）。储值付费方式用户需预先缴纳一定金额的通行费，交纳金额数被存储在车载单元中，收费操作时，从车载单元中扣除相应的款项，余额继续保存。当余额不足时，用户可以交纳新的预付款；记账付费方式用户需在相关银行申请付费账户，相应的账号存储在车载单元中，收费操作时，凭账号进行记账，然后定期或不定期地结账付款。

电子收费系统运行的主要过程是：首先用户前往发行安装部门，申请安装车载单元，预缴通行费（储值付费方式）或设立付费账户（记账付费方式），相应的信息被存入车载单元中，该车辆便成为 ETC 用户。在进入收费站时，车辆按规定限速通过电子收费车道，识别系统识别该车辆是否属于 ETC 用户，对于 ETC 用户，路侧天线与车载单元进行双向通信，完成收费操作。ETC 收费操作的具体过程是：根据车型按照收费规则确定收费额，核对余额或账号信息。如果余额充足或账号有效，则改写余额或记账以便事后转账支付，完成收费操作；否则（余额不足或账号无效等），控制单元将采取措施，启动强制子系统，将车辆拦下或记录其车牌号码等，以保证通行费最终能被征收。

第四节　专用短程通信技术

专用短程通信（Dedicated Short-Range Communication，DSRC）是一种实现信息短距离无线传输的通信系统，它通过信息的双向传输将车辆和道路有机地连接起来。DSRC 技术是 ETC 系统的核心技术，DSRC 系统主要包括 3 个部分：车载单元（OBU）、路侧单元（RSU）以及专用短程通信协议。

一、车载单元

车载单元又称电子标签，主要由收发信机（Transceiver）与信息存储介质组成。目前国际上使用的车载单元的收发信机大多工作在微波频段，通过车载单元的收发信机与路边单元的收发信机，就可以实现车辆与道路的信息传输。信息存储介质则存储了车辆的个性信息，如车辆的类型、车牌号码、银行缴费账户等。

电子标签可以按通信方式、读写方式、存储介质等进行分类。

1. 按通信方式分类

按电子标签收发信机的通信方式不同，车载单元可以分为主动式和被动式。主动式系统又称为收发器（Transceiver）系统，主动式系统中 OBU 和 RSU 均有振荡器，都可以发射电磁波，当 RSU 向 OBU 发射询问信号后，OBU 利用自身的电池能量发射数据给 RSU，主动式 OBU 必须带有电池。被动式系统又被称为异频收发系统（Transponder System）或反向散射系统(Backscatter System),RSU 发射电磁询问信号后,OBU 被电磁波激活后进入通信状态,并切换到另一种频率反向发送数据给 RSU,被动式 OBU 可以是有电源的,也可以是无电源的。

主动工作方式的通信距离长,数据传输率高,可实现全双工通信(双向的通信同时进行),扩展性强;但被动工作方式的通信装置(主要指车载单元)成本低。主动式与被动式系统的基本技术指标如表 8-1 所示。

电子标签基本参数

表 8-1

项　目	主 动 式	被 动 式
通信距离	约为 30m	约 7m
可同时通信的车辆数	最大 8 台	原则上 1 台
通信信息量	539kbit	46kbit

日本的 ETC 系统采用主动式通信方式,车载电子标签除用于 ETC 收费外,还可以在 ITS 领域发挥其他作用,电子标签价格较昂贵;被动式电子标签在欧美被广泛采用,其显著特点是价格低廉。

2. 按读写方式分类

电子标签按读写方式可分为只读型和读写型。只读型电子标签的信息只能被读出,不能被修改或写入,即车道系统只能读到标签上的信息,不能将新的信息写到标签上,因而较多地应用于开放式收费系统。读写型电子标签的信息既可以被读出,也可以被写入或修改,适宜于按里程计费的封闭式收费系统。比较而言,只读型电子标签技术落后,缺乏未来发展空间,读写型电子标签技术已经发展到成熟稳定的水平,与只读型电子标签相比具有绝对优势。尤其是新一代读写型电子标签的读写头与信息存储单元(IC 卡)分离,使得电子标签不仅可以用于不停车收费,而且可用于其他电子支付,可真正实现一卡多用。

3. 按存储介质分类

电子按信息存储介质可分为单片式与双片式(两片式)。不带 IC 卡的电子标签称为单片式电子标签。带 IC 卡接口并在使用时需要插入 IC 卡的电子标签称为双片式电子标签,见图 8-10。

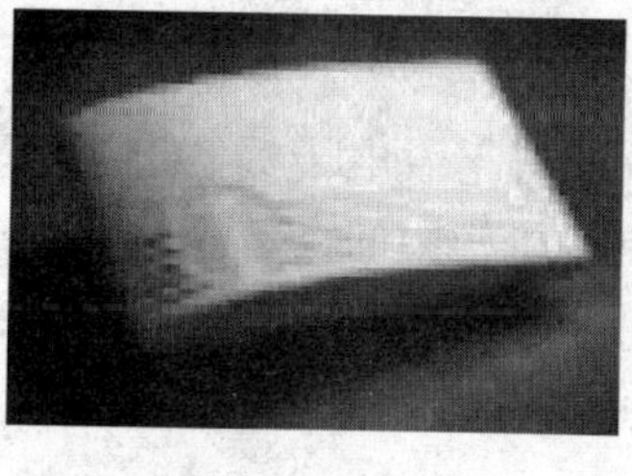

a)

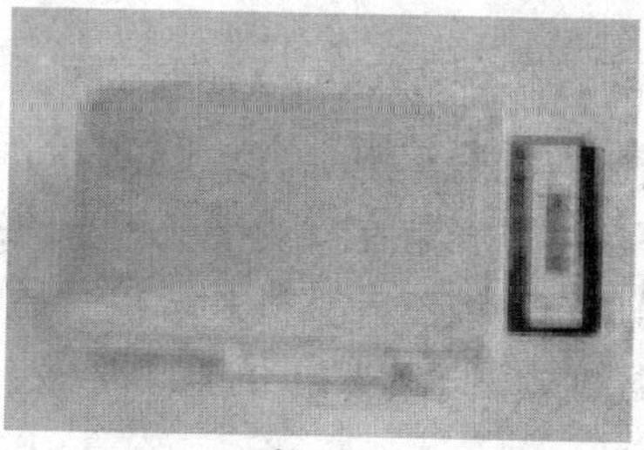

b)

图 8-10　电子标签

a)单片式电子标签;b)双片式电子标签

单片式结构简单,价格也较低,数据信息保存在标签的内置存储器中,只能专用于 ETC 收费。国外多数 ETC 收费系统和国内早期引进的系统中,通常使用单片式电子标签。

两片式电子标签是单片式电子标签的扩展形式,它由固定部分和可插拔的 IC 卡构成。固定部分相当于一个集成了 IC 卡读写器的单片式标签,而 IC 卡则作为标签的外部存储装置。用户的预付款余额或记账账号在 IC 卡中保存,使 IC 卡具有金融卡的性质,可以一卡多用,同时也方便了充值等工作。由于需要对IC卡进行读写,两片式电子标签的处理速度比单片式标签略慢,但其使用相对灵活、方便。

电子标签通常由电源单元、数据处理单元、通信接口单元、外部显示单元和微带天线组成(图8-11)。

电源单元向电子标签中的电路单元提供能量,能量可能来自电池,也可能来自变化的电磁场。能量来自电池的标签,对车道天线的发射功率要求较低,称有源标签。能量来自电磁场的标签,要求车道天线的发射功率较高,称无源标签。

数据处理单元完成协议数据的分析、处理、写入和读出操作,一般由CPU、ROM、EEPROM、RAM等组成。

通信接口单元负责数据处理单元与车道天线之间的通信操作。数据需经过编码、调制、放大等信号处理过程由微带天线发射出去。

显示单元提示有关交易的执行情况,如成功或失败,以及账户余额、电池低电压指示等信息。常见的显示单元有LED、液晶显示器等。

二、路侧单元

路侧单元由路侧天线(图8-12)和天线控制器(交易控制器)组成。路侧单元查询车载电子标签中存储的相应信息,对车载电子标签的存储介质进行读写,扣除相应的通行费。

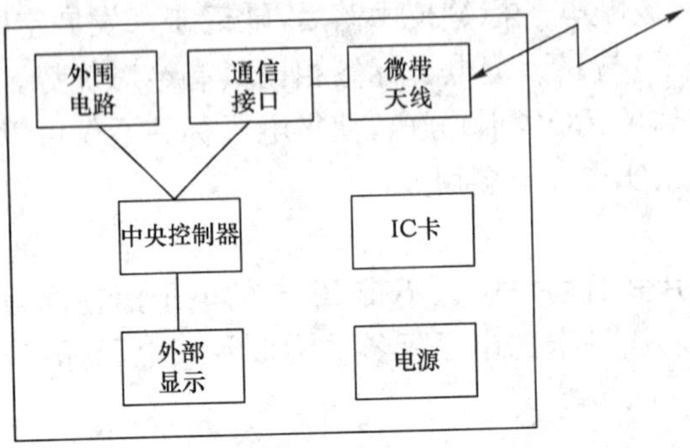

图8-11 电子标签构成示意图

图8-12 路侧天线

车道天线安装在收费车道上方或路测,利用微波与车载电子标签进行DSRC数据通信。天线控制器是一台可以安装在收费亭或者车道控制机机柜中的设备。

读写控制器从车道控制计算机系统接受通信请求,形成符合DSRC标准通信协议的数据帧,通过天线将数据帧发给车辆上的电子标签,并接收和解析从电子标签返回的数据,再上传给车道控制计算机。

三、通信协议

由于车—路通信小范围、实时性的特点,DSRC协议将开放系统互联(OSI)模型的七层模型简化为三层,分别对应于OSI七层模型的物理层、数据链路层和应用层,DSRC体系结构如图8-13所示。

物理层(Physical Layer):规定了机械、电器、功能和过程的参数,以激活、保持和释放通信系统之间的物理连接。物理层的参数主要包括载波频率、发射功率、接收灵敏度、通信速率、编码方式、调制方式、误码率等。其中载波频率是一个很关键的参数，目前欧洲、日本和中国采用5.8GHz系统，而美国同时采用915MHz系统和5.8GHz系统。除了在载波频率方面存在不兼容外，其他物理层的参数也不尽一致，如前面提到的车载单元的工作方式，欧洲采用被动方式，日本采用主动方式，美国则采用主动与被动方式共用。

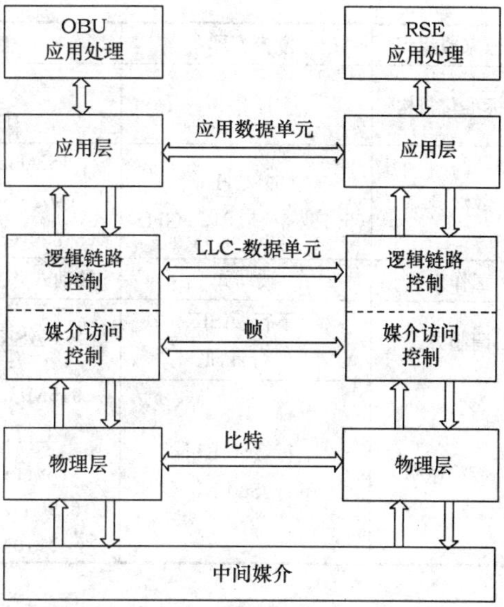

图8-13 DSRC体系结构

数据链路层（Data Link Layer）：分为媒介访问控制（MAC）子层与逻辑链路控制（LLC）子层，其中MAC子层用于多重接入媒体的访问控制，LLC子层用于端到端的链路连接控制、寻址与链路帧的差错控制等。

应用层（Application Layer）：提供了访问传输信息的用户接口，定义了支持文件和信息传输的格式。通过提供一系列原语，实现应用数据传输和初始化服务。同时它还包括鉴别用户身份算法以确保信息安全。

四、专用短程通信标准

目前国际上还没有统一的DSRC标准保证ETC的互换性，但基本形成以欧洲CEN/TC278、美国ASTM/IEEE、日本ISO/TC204为核心的三大DSRC标准化体系。中国DSRC标准于2007年5月1日开始实施，至此，在我国ITS界争论多年的电子不停车收费DSRC标准终于有了结果。

欧洲DSRC标准采用5.8GHz微波频段、被动式通信方式。美国DSRC标准采用915MHz/5.8GHz微波频段，通信方式主被动兼容。日本DSRC标准采用5.8GHz微波频段、主动式通信方式。

中国DSRC标准包括以下5个规范文档：

《电子收费 专用短程通信 第1部分：物理层》（GB/T 20851.1—2007）；

《电子收费 专用短程通信 第2部分：数据链路层》（GB/T 20851.2—2007）；

《电子收费 专用短程通信 第3部分：应用层》（GB/T 20851.3—2007）；

《电子收费 专用短程通信 第4部分：设备应用》（GB/T 20851.4—2007）；

《电子收费 专用短程通信 第5部分：物理层主要参数测试方法》（GB/T 20851.5—2007）。

中国DSRC标准规定的DSRC系统的主要技术特征是车载单元主动式、频分双工（FDD）、小区分割、异步时分多址（AsyncTDMA）、同步通信（SDLC）。该标准采用5.8GHz微波频段、主动式通信制式。物理层有A、B两个可选配置，配置A的速率较低，主要为实时性高而数据量小的应用，配置B的速率较高，主要为远期ITS扩展用途。标准规定了ETC交易采用双片式电子标签，IC卡必须符合《中国金融集成电路（IC）卡规范》的要求。

欧洲、美国、日本、中国DSRC标准部分参数比较见表8-2。

DSRC 标准部分参数比较　表 8-2

国家或组织	欧洲 CEN	美国	日本	中国
标准化机构	TC278	ASTM IEEE	TC204	TC204
载波频率	5.8GHz (5.797 5～5.812 5GHz)	915MHz,5.9GHz (902～928MHz) (5.850～5.925GHz)	5.8GHz	5.8GHz
工作方式	被动式	被动式和主动式共用	主动式	主动式
调制方式	下行:ASK 上行:PSK	ASK,PSK	ASK	配置 A:ASK 配置 B:PSK
传输速率	上行:250 Kbps 下行:500 Kbps	915MHz: 上行:250 Kbps 下行:500 Kbps 5.9GHz: ≥10Mbps	1Mbps 编码后: 2 048 Kbps	配置 A:上行:500 Kbps 下行:250 Kbps 配置 B:上行:1 Mbps 下行:1 Mbps

五、IC 卡

1. IC 卡分类

IC 卡按卡内集成电路可分为逻辑加密卡和 CPU 卡。逻辑加密卡的集成电路具有加密逻辑和 EEPROM,可以执行一些简单的加密功能。CPU 卡也称为智能卡,卡内的集成电路包括中央处理器(CPU)、EEPROM、随机存储器(RAM)以及固化在只读存储器(ROM)中的片内操作系统(COS),有的卡内芯片还集成了加密运算协处理器以提高安全性和工作速度,其安全性远高于逻辑加密卡。

IC 卡按数据传输方式可分为接触式、非接触式和双接口式。接触式 IC 卡通过卡上的触点以接触的方式传输数据,如手机中的移动电话卡。非接触式 IC 卡可在一定范围内与读卡器以非接触方式传输数据,如在城市公共交通领域使用的公交 IC 卡,其在收费系统中扮演电子钱包的角色。双接口式 IC 卡同时支持接触式和非接触式两种读写方式,这种卡也称为双界面卡,在与电子标签进行通信时,以接触式的方式进行读写操作,当需要在人工半自动收费系统使用时,将卡从电子标签中取出,又可以非接触方式与读卡器进行读写操作。

2. IC 卡标准

在接触式 IC 卡领域,ISO 7816 是重要的标准之一。非接触 IC 卡领域重要的国际标准是 ISO 14443。在 ISO 14443 中,ISO 确定了两个主要的非接触卡接口标准,一个是以菲利普、西门子公司为代表的 TYPE A,另一个是以摩托罗拉、意法半导体公司为代表的 TYPE B。

有关金融领域 CPU 卡应用的标准有:

ISO 9992:金融交易卡——集成电路卡与接收设备间的信息;

ISO 10202:金融交易卡——使用集成电路卡的金融交易系统的安全结构;

EMV 规范:Europay、MasterCard、Visa 三大国际信用卡组织联合制定的集成电路智能卡金融支付应用标准;

中国金融集成电路(IC)卡规范:1998 年 3 月中国人民银行等近十家金融单位,以 ISO 标准和 Europay、MasterCard、Visa 三大组织研制的 EMV96 为基础,结合国内 CPU 卡应用的实际需要,对我国金融 CPU 卡的基本应用作了具体规定。

六、电子标签与路侧单元的交易过程

交易过程是指当电子标签通过天线确定的通信区域时，路侧单元和电子标签之间交换数据的过程。从路侧单元发送至电子标签的信息称为下行链路信息，从电子标签发送至路侧单元的信息称为上行链路信息。

图 8-14 显示了单片式电子标签和路侧单元的交易过程。双片式电子标签的交易过程如图 8-15 所示，双片式电子标签由于增加了对 IC 卡的信息处理，增加了交易时间，限制了其在高速自由流 ETC 中的使用。

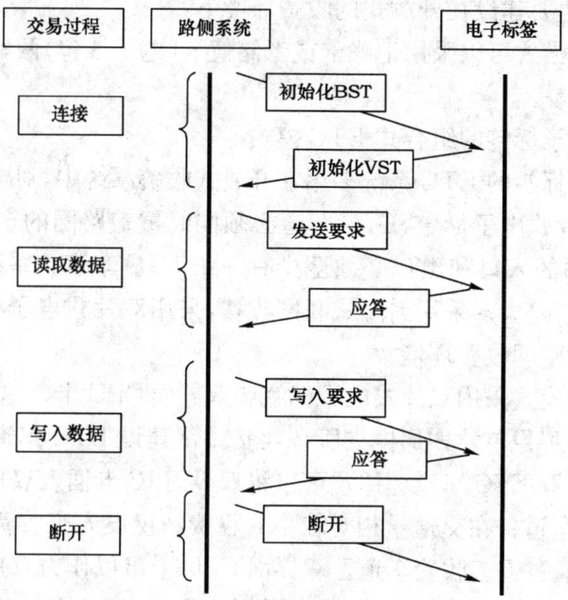

图 8-14　单片式电子标签和路侧单元的交易过程

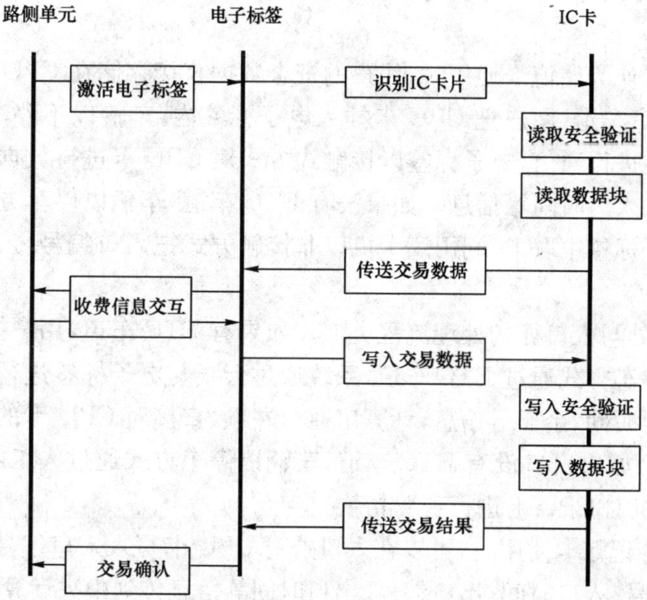

图 8-15　双片式电子标签的交易过程

第五节　ETC 系统技术模式

1. 单片式电子标签模式

此类系统采用单片式电子标签，国外 ETC 系统大多采用这种模式。单片式电子标签模式 ETC 系统与人工收费系统是两套独立的系统，要实现联网收费环境下的不停车收费，需要在所有的收费站设立 ETC 车道，即使在车流量非常小的匝道出入口，也必须设置 ETC 车道，这样必然造成资金投入非常大，不适合我国的联网收费环境。因此在国内运行成功的单片式电子不停车收费系统，主要建设在开放式的收费环境下。

单片式电子标签模式可以采用记账卡或者储值卡（电子钱包）两种方式付费。国外一般采用记账卡方式进行交易。

2. 采用双片式电子标签的组合式 ETC 模式

采用单片式电子标签的 ETC 系统多用在开放式收费系统中，对于采用封闭式收费制式的高速公路，若采用单片式电子标签，ETC 车道必须同时覆盖路网的全部收费站，也就是说，在路网内的所有收费站的入口和出口必须至少有一条 ETC 车道。系统的投资规模大、利用率低。目前，我国高速公路大多采用封闭式联网收费，采用双片式电子标签的组合式 ETC 模式非常适合我国封闭式联网收费环境。

组合式电子收费模式采用双片式电子标签和双界面 CPU 卡，这种模式的优点是 ETC 车道可按需要建设，而不像单片式那样在所有收费站都建设 ETC 车道。在交通量大、易产生交通瓶颈的收费站设置 ETC 车道，用户可以将双界面 IC 卡插入双片式电子标签，以不停车方式通过 ETC 专用车道；在交通量相对较小的收费站仅设人工收费车道，用户可以用双界面 IC 卡以刷卡方式通过人工收费车道。双界面 CPU 卡可以作为双片式电子标签的扩展存储器，在电子收费系统中作预付卡使用。这种采用双界面 CPU 卡的组合式方案，可以有效解决人工半自动收费方式与 ETC 方式的结合问题，且既能支持储值支付方式又能支持记账支付方式。

双界面 CPU 卡作为储值卡使用时，用户的资金数据直接存储在 CPU 卡内。在高速公路入口处，如果有 ETC 车道，用户把 CPU 卡插入电子标签内，车辆以不停车方式通过 ETC 车道，天线与电子标签进行通信，电子标签以接触式方式对 CPU 卡进行数据读写，在 CPU 卡内直接写入入口编号、入口时间等信息。如果没有 ETC 车道，车辆以停车方式通过人工收费车道，用户把卡从电子标签中取出，利用读卡机以非接触方式把入口编号、入口时间等信息写入 CPU 卡中。

高速公路出口处与入口处的处理流程类似。如果有 ETC 车道，用户把 CPU 卡插入电子标签内，车辆以不停车方式通过 ETC 车道，系统通过天线与电子标签进行通信，从 CPU 卡上读取入口编号、入口时间、余额等信息，计算出通行费额，直接对 CPU 卡的资金数据进行现场扣款，并写入余额。如果出口没有 ETC 车道，车辆以停车方式通过人工收费车道，用户取出 CPU 卡，利用读卡机对 CPU 卡进行现场扣款。

当 CPU 卡作为记账卡使用时，可以在入口处对 CPU 卡写入入口编号、入口时间等信息，在出口处把入口编号、入口时间、出口编号、出口时间等信息传到中央计算机，从用户的账户中扣款。如果用户账户内没有余款或余额不足，则下发黑名单给收费车道。

第六节　ETC联网收费系统方案

一、管理体制与结算模式

管理体制采用联网收费/结算中心、路公司收费中心、收费站三级管理模式。联网收费中心在银行开立收费专用账户用于电子收费系统的结算。银行负责收费资金管理，联网收费中心负责用户通行费信息管理。银行将储值卡用户圈存及现金充值的资金归集到储值专用账户；对记账卡，通过三方(联网收费中心、银行及记账卡用户)协议，由银行代为托收或批量扣款。

联网收费中心与各路公司的资金清算由联网收费中心负责，银行负责清算资金的划拨。联网收费中心采集收费站的电子收费数据进行拆账，与各路公司收费中心上报数据核对无误后，将清分数据按照约定的时间算出各业主应得金额，并发送划账指令给结算银行；银行按照联网收费中心发送的划账指令(联网收费中心须与银行签订电子支付协议)，将联网管理中心在银行专用账户的资金，通过银行结算渠道，划转到各路公司在银行的存款账户上。

二、ETC联网收费计算机网络系统

ETC联网收费计算机网络系统由联网收费/结算中心、路公司收费中心、收费站三级组成，同时必须考虑现有MTC的集成。联网收费中心与结算中心逻辑上分为两部分。所有收费站的收费数据由基层的收费车道控制器汇总，通过通信系统提供的传输通道，同时传输到路公司收费中心和联网收费中心。当通信系统发生故障导致通信发生中断时，各收费站的数据可通过专业电信部门的通信线路传输到路公司收费中心和联网收费中心。

1.网络总体设计

根据是否划分虚拟网以及对虚拟网之间数据交换的处理方式，可以把现有的局域网划分为下面的几种类型：不划分虚拟网的平坦型网络、使用集中的路由功能实现虚拟网之间的数据交换、使用分散的路由功能实现虚拟网之间的数据交换。通过对这3种类型的比较，采用的局域网技术是：使用集中的路由功能的方式实现虚拟网之间的数据交换。

这种网络中存在着许多的虚拟网，虚拟网之间的数据通信通过某台功能较强的路由器或第三层交换功能来实现。

ETC网络系统中，为保证计算机网络的通畅，采用网络备份方案，如图8-16所示。在联网收费中心，一台主干路由器通过E1线路与各路公司收费中心的路由器相连接。另外为了在主E1通信线路失效时，各收费站的拆账数据仍能够传到联网收费中心，在联网收费中心采用专业电信公司的外部通信线路作为备份线路，采用主干路由器和备份路由器。当收费站至收费中心的主E1通信线路失效时，收费站路由器通过浮动静态路由切换到外部通信线路，从而保证拆账数据正常汇总至联网收费中心。

2.结算中心计算机网络方案

联网收费中心系统构架采用B/S三层结构，采用两台高性能服务器并行模式作为数据服务器，一台服务器作为应用服务器，一台服务器用于数据传输，客户端通过应用服务器实现对收费数据的统计分析。数据存储采用SAN构架，合理利用存储资源，数据备份采用磁带库。

结算中心与银行通过DDN/Frame Relay连接，完成结算功能。结算中心通过DDN/Frame Relay/PSTN与卡销售和服务网点连接，实现数据交互。系统还提供外部web服务查

询和电话查询功能,外部 web 服务器在防火墙外,确保系统安全。系统拓扑图如图 8-17 所示。

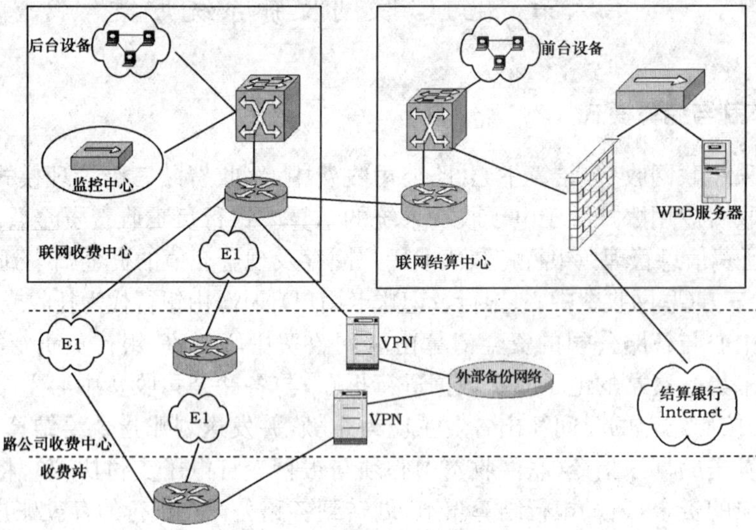

图 8-16 ETC 联网收费计算机网络备份方案

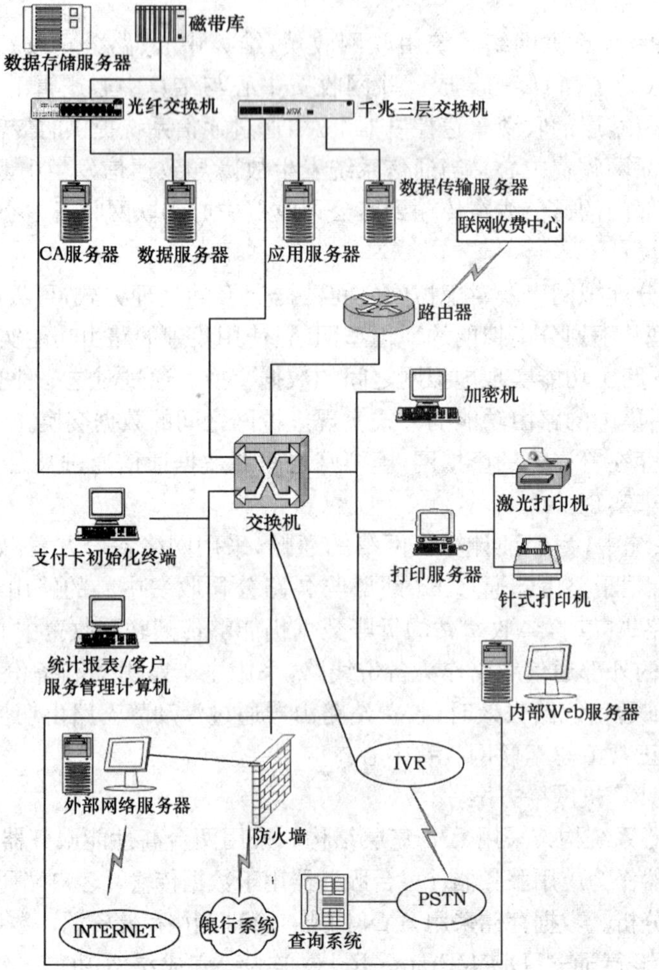

图 8-17 结算中心计算机网络方案

3. 与银行系统的互联网络方案

联网结算中心与银行的通信采用前置机的方式(图 8-18),为防止恶意的入侵和破坏,前置机放置在联网结算中心防火墙的外部,通过电信公网提供的专线与银行通信。系统专门设计了对外服务局域网,通过 DDN 或公网与银行系统连接。为保证结算中心的安全性,对外服务局域网设置了软件与硬件配套的防火墙与系统内部网络隔离。通信标准采用 TCP/IP 协议,支持 ipsec,同时具有加密措施。

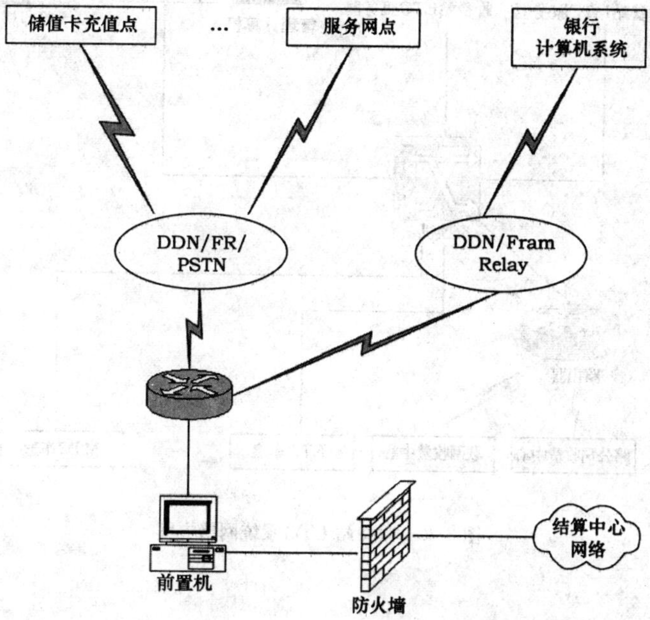

图 8-18 结算中心与银行网络方案

4. 路公司收费中心网络方案

路公司收费中心网络方案如图 8-19 所示,系统通过路由器与收费站和联网收费中心连接,路公司收费中心包含 ETC 分中心服务器和 MTC 分中心服务器,管理计算机和打印机等设备。

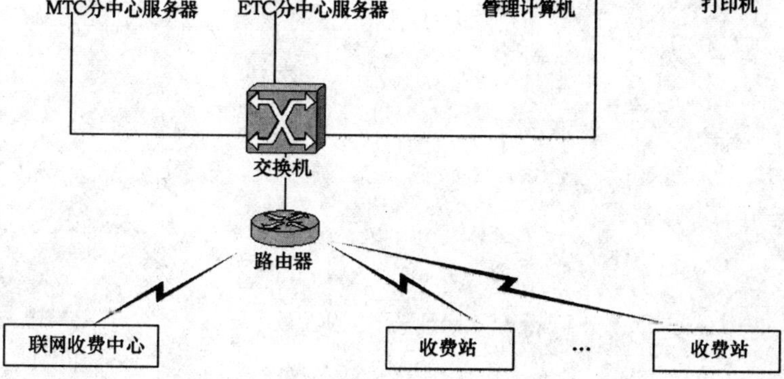

图 8-19 路公司收费中心网络拓扑图

5. 收费站系统网络方案

收费站 ETC 系统网络方案包括 ETC 服务器、MTC 服务器、管理计算机等，收费站 ETC 和 MTC 数据分别存储在独立服务器中，ETC 车道直接把数据传送到收费站 ETC 服务器，收费站 ETC 服务器再把 ETC 数据通过路由传到路公司收费中心（图 8-20）。

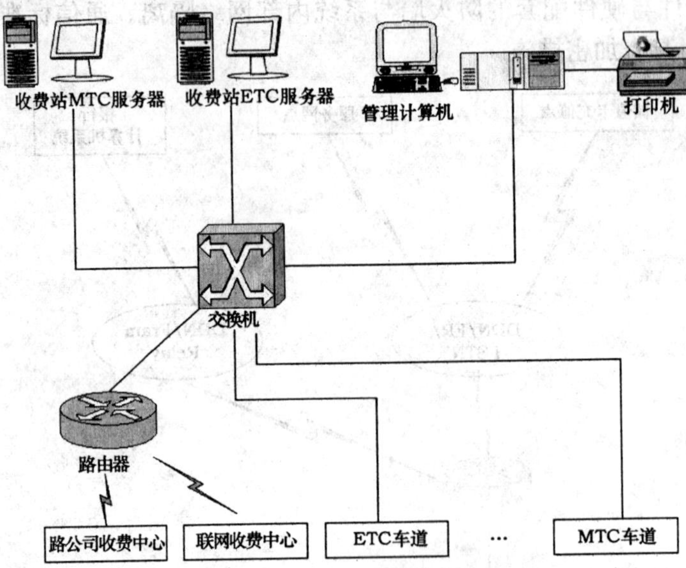

图 8-20　收费站 ETC 系统网络方案

参考文献

[1] 黄卫,陈里得.智能运输系统(ITS)概论.北京:人民交通出版社,1999.

[2] 曹承志,王楠.智能技术.北京:清华大学出版社,2004.

[3] 陈旭梅,于雷,郭继孚,等.美国智能交通系统 ITS 的近期发展综述.中外公路,2003.23(2):9-12.

[4] 史其信. 21世纪的智能交通系统 ITS(上).交通世界,2001.Z1:62-65.

[5] 史其信. 21世纪的智能交通系统 ITS(下).交通世界,2001.(4):30-33.

[6] 陆化普,李瑞敏,朱茵.智能交通系统概论.北京:中国铁道出版社,2004.

[7] 金会庆,戴平,张树林. 智能运输系统(ITS)研究现状及展望.人类工效学,2001.7(3):39-41.

[8] Kan Chen, John C. Miles. ITS Handbook 2000, Artech House, INC., 1999.

[9] Mashrur A. Chowdhury, Adel Sadek. Fundamentals of Intelligent Transportation Systems Planning, Artech House, INC., 2003.

[10] 陆化普,史其信. 智能化的关键技术之二:交通信息服务系统.汽车与社会,1999,(10):26-29.

[11] 张国伍.智能交通系统工程导论.北京:电子工业出版社,2003.

[12] 杨兆升.智能运输系统概论.北京:人民交通出版社,2003.

[13] 张宁,黄卫.智能公交调度中心的规划与设计. 交通运输系统工程与信息,2004,4(3):65-69.

[14] 张国伍.北京市公共交通智能化调度管理系统的建设与开发.北方交通大学学报,1999,23(5):1-6.

[15] [日]社团法人交通工学研究会.智能交通系统.董国良,等,译.北京:人民交通出版社,2000.

[16] James H. Rillings, James W. Lewis. TravTek, IEEE-IEE Vehicle Navigation & Information Systems Conference, Dearborn Michigan America, 1991, Vol. 2: 729-737.

[17] 杨佩昆. 智能交通.上海:同济大学出版社,2002.

[18] 王震宇,黄卫,陆毅.中国智能运输系统体系结构发展研究.东南大学学报(自然科学版),2001,31(3):85-89.

[19] 陆毅.面向对象方法在 ITS 体系框架构建中的应用.南京:东南大学硕士学位论文,2001.

[20]《中国智能运输系统体系框架》专题组.中国智能运输系统体系框架.北京:人民交通出版社,2002.

[21] 张海藩.软件工程.北京:人民邮电出版社,2002.

[22] 王笑京,齐彤岩,蔡华.智能交通系统体系框架原理与应用.北京:中国铁道出版社,2004.

[23] 刘冬梅.智能交通系统(ITS)体系框架开发方法研究.北京:北京工业大学硕士学位论文,2004.

[24] 史其信,胡明伟,郑为中.智能交通系统评价技术与方法.北京:中国铁道出版社,2005.

[25] 沈志云,邓学钧.交通运输工程学.北京:人民交通出版社,2003.
[26] 杨兆升,史其信.智能运输系统概论.北京:人民交通出版社,2003.
[27] 全国智能运输系统标准化技术委员会.全国智能运输系统标准化2003年年度报告,2004年6月.
[28] http://www.its-standards.cn/.
[29] 杨琪,王笑京,齐彤岩,蔡华.智能交通系统标准体系原理与方法.北京:中国铁道出版社,2003.
[30] U.S.DOT. National Architecture for ITS (Version 2). 1998.
[31] 中国智能运输系统体系框架研究总报告.国家科学技术部,2001年7月.
[32] 江苏省ITS体系框架与规划研究总报告.江苏省交通厅,2004年2月.
[33] 徐晓慧,王德章.道路交通控制教程.北京:中国人民公安大学出版社,2005.
[34] 杨佩昆,吴兵.交通管理与控制.北京:人民交通出版社,2003.
[35] 全永燊.城市交通控制.北京:人民交通出版社,1989.
[36] 刘智勇.智能交通控制理论及其应用.北京:科学出版社,2003.
[37] 史忠科,等.交通控制系统导论.北京:科学出版社,2003.
[38] 张飞舟,范耀祖.交通控制工程.北京,中国铁道出版社,2005.
[39] Lawrence A. Klein. Sensor Technologies and Data Requirements for ITS. Artech House, INC. 2001.
[40] Markos Papageorgiou, Christina Diakaki, Vaya Dinopoulou, et al. Review of road traffic control strategies, Proceedings of the IEEE, Vol. 91, No. 12, pp,2043-2067,2003.
[41] D. I. Robertson, "TRANSYT method for area traffic control," Traffic Eng. Control, vol. 10, pp. 276-281, 1969.
[42] J. D. C. Little, M. D. Kelson, and N. H. Gartner, "MAXBAND: A Program for Setting Signals on Arteries and Triangular Networks," U.S. Dept. Transp., Washington, DC, Transp. Res. Record 795, 1981.
[43] P. B. Hunt, D. L. Robertson, and R. D. Bretherton, "The SCOOT on-line traffic signal optimization technique," Traffic Eng. Control, vol. 23, pp. 190-192, 1982.
[44] Yilin Zhao. Vehicle Location and Navigation Systems. Artech House, 1997.
[45] 徐绍铨,等. GPS测量原理及应用(修订版).武汉:武汉大学出版社,2003.
[46] 李天文. GPS原理及应用.北京:科学出版社,2003.
[47] 刘基余. GPS卫星导航定位原理与方法.北京:科学出版社,2003.
[48] 王惠南. GPS导航原理与应用.北京:科学出版社,2003.
[49] 卡普兰[美]GPS原理与应用.邱致和,译.北京:电子工业出版社,2002.
[50] 孔祥元,等.控制测量学(3版).武汉:武汉大学出版社,2006.
[51] 吴广华,张杏谷.卫星导航.北京:人民交通出版社,1998.
[52] 常青,杨东凯,寇艳红,等.车辆导航定位方法及应用.北京:机械工业出版社,2005.
[53] 富立,范耀祖.车辆定位导航系统.北京:中国铁道出版社,2004.
[54] 张其善,吴今培,杨东凯.智能车辆定位导航系统及应用.北京:科学出版社,2002.
[55] 赵亦林[美].车辆定位与导航系统.谭国真,译.北京:电子工业出版社,1999.
[56] 张小京.车载导航产品的数字地图格式.全球定位系统,2004(1):6-9.
[57] 刘大杰,施一民.全球定位系统(GPS)的原理与数据处理.上海:同济大学出版社,1999.

[58] 李征航,黄劲松. GPS测量与数据处理. 武汉:武汉大学出版社,2005.
[59] 刘伟铭,杨兆升. 高速公路系统控制方法. 北京:人民交通出版社,1998.
[60] Kaan Ozbay, Pushkin Kachroo. Incident Management in Intelligent Transportation Systems. Artech House, INC., 1999.
[61] Pushkin Kachroo, Kaan Ozbay. Feedback Ramp Metering in Intelligent Transportation Systems. Kluwer Academic/Plenum Publishers. 2003.
[62] Markos Papageorgiou, Apostolos Kotsialos. Freeway ramp metering: an overview. IEEE Transactions on intelligent transportation systems, 2002, 3(4):271-281.
[63] M. Papageorgiou, H. Hadj-Salem, and J.-M. Blosseville, "ALINEA: a local feedback control law for on-ramp metering," in Transportation Res. Rec., 1991, No. 1320, pp. 58-64.
[64] U.S. Department of Transportation, Federal Highway Administration, Freeway Management Handbook, Report No. FHWA-SA-97-064, 1997.
[65] M. Papageorgiou, J.-M. Blosseville, and H. Hadj-Salem, "Modeling and real-time control of traffic flow on the southern part of Boulevard Périphérique in Paris-Part II: Coordinated on-ramp metering," Transportation Res., vol. 24A, pp. 361-370, 1990.
[66] 潘红,路小波,陈里得,等. 高速公路ETC车道布局研究. 国际运输与物流会议论文集,成都,2004:148-153.
[67] 张光华,路小波. 高速公路ETC联网收费技术方案研究. 国际运输与物流会议论文集,成都,2004:256-261.
[68] 东南大学教育部智能运输系统工程研究中心. 苏南高速公路ETC联网收费应用研究. 2004.
[69] 蒋玮,赵荣华,李蔚. 专用短程通信在智能交通系统中的应用. 电信科学,2001(8):14-16.
[70] 马钺. 基于DSRC的多功能不停车收费系统. 计算机工程及应用,2002(10):246-248.
[71] 杜水荣,刘咏平,罗瑞发. 中国主动式VS欧洲被动式——电子不停车应用中的DSRC技术标准比较. 中国交通信息产业,2006(12):71-73.
[72] Lawrence A. Klein.. Sensor Technologies and Data Requirements for ITS. Artech House, INC., 2001.
[73] 张北海. 联网环境下电子收费系统的兼容性. 公路交通科技,2003,20(4):109-113.
[74] Richard Whelan. Smart Highways, Smart Cars. Norwood MA: Artech House, 1995.
[75] ITS Handbook in Japan, Ministry of Construction, 1997.
[76] Intelligent Transportation Systems (ITS) Projects. U.S. DOT, FHWA 1995.
[77] C. KENNETH ORSKI Assaying Consumer Response to Advance Traveler Information Systems Symposium Summary ITE JOURNAL OCT. 1997.
[78] Chao Wei, The Los Angeles Smart Corridor An ITS Demonstration Project, Proceedings of The Second Asian Pacific Transportation Development Conference and The Tenth ICTPA Annual Meeting. San Francisco California, Feb. 1997.
[79] Automated Highway System (AHS). Public Work Research Institute of Ministry of Construction in Japan, 1998.
[80] 毕仁忠,编译,美国智能运输系统得用户服务功能. 国外公路,1997,17(2):34-38.
[81] 陈洪亮,张保忠,交通路线引导系统及其技术发展跟踪,中国公路学报,1996,9(2):84-89.